KB151730

자본주의 체계의

축 적 과
붕 괴
법 칙

동시에 위기 이론

자본주의 체계의

축 적 과
붕   괴
법   칙
동 시 에 위 기 이 론

헨릭 그로스만

지은이 헨릭 그로스만(1881-1950)

헨릭 그로스만Henryk Grossman은 오스트리아 치하의 폴란드에서 태어났다. 1922-25년 자유폴란드대학의 경제학 교수이자 폴란드 공산당원이었으나 정치적 박해를 피해 탈출했다. 그 후, 그가 비엔나대학에 다닐 적 스승이었던 마르크스주의 경제사학자 칼 그륀베르크의 초청으로 프랑크푸르트대학 사회연구소에 참여했다. 연구소의 초기 출판물 중 하나인 그의 『자본주의 체계의 축적과 붕괴 법칙』은 1929년 주식시장 붕괴가 일어나기 몇 개월 전, 독일 라이프치히에서 발간되었다. 1933년 히틀러 집권 후 그는 파리와 영국을 거쳐 뉴욕으로 향했다. 1949년 동독 라이프치히대학에서 교수직을 맡았으나 그 다음 해에 사망했다.

옮긴이 임필수

1972년 생. 1998년부터 사회진보연대에서 활동 중이다.

자본주의 체계의 축적과 붕괴 법칙
- 동시에 위기이론

2021년 7월 15일 찍음
2021년 7월 20일 펴냄

지은이 **헨릭 그로스만**
옮긴이 **임필수**

펴낸이 **이향규**
펴낸곳 **실크로드**
출판등록 제25100-2005-22호

디자인 **조윤주**

주소 서울시 강동구 성안로25길6 102-1503
팩스 02-323-8126
메일 alba22@hanmail.net

값 **20,000원**
ISBN **978-89-956887-8-6 03320**

일러두기

Das Akkumulations und Zusammenbruchsgesetz des kapitalistischen Systems(Zugleich eine Krisentheorie) [1929년 발간]를 1979년 Jairus Banaji가 영어로 편역한 *The Law of the Accumulation and Breakdown of the Capitalist System-Being also a Theory of Crisis*를 편역자의 허락 아래 우리 말로 옮기었다.

차례

서 론

    이 책은 마르크스 이론 중에서 자본주의 발전 경향을 다루는, 곧 출판될 더 광범위한 작업의 일부다. 이 작업의 기원은 프랑크푸르트 대학 사회연구소의 1926-7년 교육과정에서 준비된 강의다.

    내 연구의 결과는 이중적이다. 1) 지금까지 처음으로, 『자본』의 기저를 이루는 방법론이 재구성되었으며, 2) 이러한 기초 위에서 칼 마르크스의 이론 체계의 중요한 영역이 근본적으로 새로운 관점에서 제시되었다. 새로운 연구 결과 중 하나는 앞으로 자세히 설명할 붕괴이론인데, 붕괴이론은 마르크스의 경제학 체계에서 초석을 형성한다. 수십 년간, 붕괴이론은 격렬한 이론 논쟁의 중심에 있었다. 그렇지만, 그동안 누구도 마르크스의 전체 체계에서 붕괴이론의 지위를 재구성하거나 정의하려고 시도하지 못했다.

    하나의 새로운 해석으로 마르크스주의를 둘러싼 도그마를 늘리는 것은 쓸모없는 일이며, 마르크스주의가 순전히 해석의 문제가 되었다는 관점을 강화시킬 뿐이다. 나의 관점에 따르면, 마르크스에 관한 문헌의 불만족스러운 상태는 궁극적으로 다음과 같은 사실에 기인한다. 즉, 지금까지 누구도 마르크스의 조사연구 방법에 대해 분명한 견해는 고사하고, 어떤 종류의 견해도 제시하지 못했다(어떤 사람에게는 이러한 사실이 이상하게 보일 것이다). 지금까지는 이론의 결과에 집착하는 일반적 경향이 존재했다. 이론의 결과는 비판자나 옹호자에게 모두 관심의 초점이었다. 이 와중에 마르크스의 방법은 완전히 무시되었다. 모든 과학적 조사연구의 기본 원칙은 잊혔다(과학적 조사연구의 결론이 얼마나 매력적이든 간에, 그 결과가 확립되는 방법에 대한 올바른 인식으로부터 분리된 결과는 가치가 없다). 이론의 결론이 그 체계화를 이끈 경로와 완전히 분리될 때, 결국 그 결론은 서로 충돌하는 해석의 문제가 될 뿐이다.

마르크스의 조사연구 방법에 대한 적절한 설명은 나의 주요 작업이 되어야 할 것이다. 내가 보기에, 방법론에 관해 앞으로 나올 짧은 언급은 이 책의 주장을 이해하기 위해서는 필수불가결하다.

구체의 현실세계, 경험적으로 주어진 외양은 조사되어야 하는 대상이다. 그러나 구체의 현실세계 그 자체는 직접 파악하기에는 너무나 복잡하다. 우리는 구체의 현실세계에 단계적으로만 접근할 수 있다. 이를 위하여 우리는 다양한 단순화된 가정을 취하는데, 이런 가정은 우리가 조사하는 대상의 내부 구조를 이해할 수 있게 한다. 이는 현실을 향한 마르크스의 근사화 방법(method of approximation)에서 인식의 첫 번째 단계다. 이는 특수한 방법론적 원리이며, 마르크스의 재생산표식에서 그런 원리의 특유한 반영을 발견한다. 재생산표식은 그의 전체 분석에서 출발점을 형성하며, 『자본』 1권의 논증에서 이미 그 기저를 이룬다. 재생산표식과 관련된 다수의 가정은 다음과 같다. 자본주의 생산양식은 고립된 상태로 존재한다(해외무역은 무시된다), 사회는 자본가와 노동자만으로 구성된다(분석 과정에서 이른바 '제3자'는 사상한다), 상품은 가치대로 교환된다, 신용은 무시된다, 화폐의 가치는 불변이라고 가정한다 등등.

이런 허구적 가정 덕분에, 경험적 현실이 여전히 우리의 설명 목표로 남아 있다고 하더라도, 분명히도 우리는 그 경험적 현실로부터 얼마간 거리를 확보한다. 당연히도, 그런 가정으로 구성된 구조 위에서 확립된 결론은 순전히 잠정적 성격을 지니며, 따라서 인식과정의 초기 단계는 두 번째 단계, 즉 종결 단계로 이어져야 한다. 단순화된 가정의 집합은 후속 정정 과정을 동반할 것인데, 정정 과정은 처음에는 무시한 실제 현실의 요소를 고려한다. 이런 방식으로, 즉 단계적으로 전체 조사연구는 구체적 세계의 복잡한 모습에 더 가까워지며, 구체적 세계와 일치하게 된다.

하지만 거의 믿을 수 없는 일이 벌어졌다. 즉 사람들은 마르크스가 단순화된 가정으로 작업을 수행했다는 것을 알았지만, 초기 단계가 순전히 잠정적 성격을 지닌다는 점을 인식하지 못했고, 체계의 방법론적 구성에서 각각의 허구적이며 단순화된 가정이 그 후 수정된다는 사실을 무시했다. 잠정적 결론은 최종적 결과를 위해 취해졌다. 그렇지 않으면, 어떻게 E. 레더러가 마르크스의 방법을 비난할 수 있는지 결코 이해할 수 없다. 레더러는 단순화가 모든 이론의 일부분이지만, 그 자신은 마르크스처럼 그 방향으로 멀리 나아가기를 원하지 않는다고 주장했다. 왜냐하면, "과잉 단순화는 우리의 이해에 문제를 창출할 뿐이다. 마르크스처럼, 만약 전체 경제세계가 오직 노동자와 자본가로 구성되었다고 우리가 가정한다면, 생산영역은 너무 단순해질 것이다"(Lederer, 1925, p. 368).

마르크스의 방법에 대한 이처럼 순전히 잘못된 해석은 F. 슈테른베르크가 왜 마르크스를 비난하는지 설명한다. 슈테른베르크는 마르크스가 "비非자본주의적 부문은 존재하지 않는다는 매우 비현실적 가정하에서 자본주의를 분석했는데, 이런 분석은 증명되지 않은 가정에 입각한다"라고 비난한다(Sternberg, 1926, p. 301). K. 무흐는 다음과 같이 말할 정도였다. 즉, "마르크스는 추상으로 이루어진 거대한 난장판에 빠졌다", 그리고 "불합리하므로 불가능한 가정, 곧 역사적 과정에 대한 분석을 곤란에 빠뜨릴 수밖에 없는 가정"을 도입했다(Muhs, 1927, p. 10).

마르크스가 취한 방법의 핵심을 파악한 누구라도 이런 비판의 완전히 피상적인 성격에 즉각 충격을 받을 것이며, 그 비판에 대한 반비판은 전혀 불필요할 것이다. 마르크스의 이론에 관한 현존하는 논쟁에서, 왜 매우 거대한 혼란이 발생할 수 있고 또한 발생할 수밖에 없는지 파악하는 것도 어렵지 않다. 현실을 향한 근사화라는 마르크스의 방법은 두 단계로, 때로는 심지어 세 단계로 규정된다. 전체 현상과 문제는 최소한 두 번 다루어진다. 처음에는 단순화된 가정의 집합하에서 다루어지며, 그 다음에는 그 최종 형태 안에서 다루어진다. 이러한 점이 이해하기 어려운 미스터리로 남아 있는 한, 우리는 이론의 개별 부분 간 모순에 반복적으로 부딪칠 것이다. 하나의 사례를 들면, 이는 뵘-바베르크가 찾아낸 바, 『자본』 1권과 3권 간 그 유명한 '모순'의 원천이다.

이 책에서 분석하는 문제는 마르크스가 세 단계로 다루었다. 처음 단계에서, 마르크스는 정상궤도에 있는 재생산 과정을 규정하는 모순을 검토한다. 달리 말하면, 마르크스는 단순재생산을 검토한다. 분석의 두 번째 단계에서, 마르크스는 자본축적의 영향과 그에 따른 붕괴를 향한 경향에 초점을 맞춘다. 마지막으로, 세 번째 단계에서, 마르크스는 붕괴를 향한 경향을 수정하는 요인을 조사한다.

내가 검토하려는 문제는 완전히 발전된 자본주의, 즉 배타적으로 유력하며 보편적으로 확산된 경제 체계로서 그 자신의 자원에만 의존한다고 간주되는 자본주의는 재생산 과정을 무한히, 지속적으로 확대하면서 발전시키는 능력을 포함하는가, 아니면 이러한 확장 과정이 극복할 수 없는 어떤 종류의 한계에 빠질 것인지 여부다. 이런 문제를 검토할 때, 자본주의 생산양식에 특유한 국면을 도출해야 한다. 인류 역사의 출발 이후로, 자신의 노동력(labour power) L을 지닌 개별 노동자는 생산수단(means of productio) M을 점점 더 대규모로 운영할 능력을 보유했는데, 이는 기술적, 경제적 진보를 함의했다. 기술진보와 인류의 생산성 발전은 L에 대비한 M의 성장으로 직접 표현되었다. 다른 모든 경제 형태와 마찬가지로, 사회주의도 $M:L$이라는 직접적으로 자연적 형태로 표현되는 기술진보라는 성격을 지닐 것이다.

자본주의적 상품생산의 특유한 성격은, 상품생산이 단지 생산요소 M과 L에 의해 생산물이 창조되는 노동과정만이 아니라는 사실에서 나타난다. 오히려, 자본주의적 상품생산 형태는 이중적으로 구성된다. 그것은 생산물을 창조하는 노동과정이자, 동시에 가치증식 과정이다. 생산요소 M과 L은 그 자연적 형태로 나타날 뿐 아니라, 동시에 가치로서 각각 불변자본의 가치 c와 가변자본의 가치 v로 나타난다. c와 v는 가치총계 w의 생산을 위해 사용되며, 나아가 사용된 가치 크기 c와 v에 덧붙여 잉여 s가 존재한다는 조건에서만 사용된다(곧, $s = w-c-v$.). 자본주의적 생산 확대 또는 자본축적은, L에 대비한 M의 확장이 가치법칙이라는 기초 위에서 발생한다는 사실에 의해 규정된다. 다시 말해, 자본주의적 생산 확대 또는 자본축적은, 자본 c가 임금의 합계 v에 대비하여 항구적으로 확대되어서, 자본의 두 요소가 필연적으로 성장하게 한다는 특수한 형태를 취한다. 따라서 투하된 자본, 항구적으로 성장하는 자본 $c + v$가 이윤 s(잉여가치)를 보장할 때만, 재생산 과정이 지속되고 더 확대될 수 있다. 문제는 다음과 같이 규정될 수 있다. 이런 종류의 과정이 장기적으로 실현 가능한가?

이제부터 나의 연구는 3장으로 나뉜다. 첫 번째 장은 마르크스의 붕괴이론에 관한 현존 문헌을 개관하고, 자본주의의 종언에 관한 최근 마르크스주의자의 관점을 설명한다. 두 번째 장은 축적과 붕괴에 관한 마르크스의 이론을 재구성하고자 시도하는데(축적과 붕괴이론은 위기이론의 기본적 요소다), 그런데 이는 '반경향'의 작용에 영향을 받지 않은 순수한 형태로 다뤄진다. 마지막 장은 순수한 형태의 붕괴 법칙을 수정하는 반작용 경향을 파악하고자 시도한다. 마지막 장은 이런 방법으로 자본주의의 실제 현실과 자본주의의 순수한 작동 법칙 간에 신뢰할 수 있는 기본적 정합성을 확립하고자 한다.

여기서는 자본주의 환경에서 진행되는 실제 과정을 상세히 설명하는 것이 문제가 아니다. 원칙적으로, 나는 광범위하며 상당히 세부적인 실제 자료를 제시하는 것을 자제할 것이다. 나의 작업은 설명적 성격이 아니라, 이론적 성격을 담고자 한다. 실제 자료가 제시되는 경우, 그 목적은 다양한 이론적 명제와 추론을 실증하는 것이다. 나는 자본주의 최후 단계의 성격을 정의하는 것으로 간주되는 세계 경제의 경향(즉, 독점적 조직, 자본추술, 원료 자원을 분할하기 위한 투쟁 등)이 어떻게 경험적으로 확인될 수 있는지 보여 주고자 했을 뿐이다. 이는 단지 일차적 기초인 자본축적의 본질에서 유래하는 이차적인 외양일 뿐이다. 어떤 특수한 임시변통적 이론에 의지하지 않고도, 이러한 내적 연관성을 통해서 하나의 단일한 원리, 즉 마르크스의 가치법칙을 활용해서 자본주의의 모든 외양을 분명히 설명하는 것이 가능하며, 자본주의 최후 단계 곧 제국주의를 조명하는 것이 가능하다. 이것이 마르크스의 경제학 체계의 대단한 정합성을 분명히 도출할 수 있는 유일한 형태라는 점을 내가 장황하게 설명할 필요는 없다.

이 연구를 자본주의의 붕괴라는 경제적 예상을 설명하는 데 의도적으로 국한했으므로, '순수 경제학'이라는 어떤 의심도 출발점에서부터 불식시키려 한다. 경제학과 정치학 간 연관성에 종이를 낭비할 필요가 없다. 즉 그 연관성은 분명히 존재한다. 하지만, 마르크스주의자는 정치혁명에 관해서는 광범위한 문헌을 저술했지만, 문제가 되는 경제적 측면을 이론적으로 다루는 것을 무시했으며, 마르크스 붕괴이론의 진정한 내용에 담긴 진가를 알아보지 못했다. 여기서 나의 유일한 관심사는 마르크스주의 전통에서 이런 공백을 채우는 일이다. Ⓜ

I

현존 문헌에서
자본주의의 몰락

1장

현존 문헌에서
자본주의의 몰락

1. 쟁점

마르크스보다 시대적으로 앞선 정치경제학자 중 일부는 부르주아 생산양식이 역사적으로 수명이 짧다고 이미 분명히 예감했다. 장 C. L. 시몽드 드 시스몽디는 데이비드 리카도에 맞서면서 처음으로 이를 옹호했다. 시스몽디는 모든 생산양식이 시간이 지나면서 '견딜 수 없게' 되며, '사회질서가 계속 위협을 받아 폭력으로서만 유지될 수 있다'고 주장하였다(Grossman, 1924, p. 63-4에서 인용). 그러나 자본주의에 관해서는 이러한 결론이 생산양식에 대한 경제적 분석이 아니라 순전히 역사적인 유비에 기초한 것이었다. 따라서 마르크스가 다음과 같이 말한 것은 옳았다.

부를 영유하는 **새로운** 형태는 반드시 자본주의 사회 안에서 발전해 온 생산력, 그리고 부를 생산하기 위한 물질적, 사회적 조건에 조응해야 한다는 짐작이 시스몽디의 주장에 깔려 있다. 즉, 부르주아적 [영유] 형태란 일시적이며 모순적인 형태일 뿐이라는 것이다.(Marx, 1972, p. 56)

시스몽디 이후 사반세기가 지나, 리처드 존스는 자본주의가 '사회적 생산의 발전에서 하나의 과도적인 단계'(Marx, 1972, p. 428에서 인용)라고 설명하면서 비슷한 시각을 발전시켰다. 그러나 시스몽디처럼 존스도 주로 연속적인 경제형태에 대한 비교역사적 분석을 통해서, 자본주의가 역사적으로 일시적인 성격을 지닌다는 통찰을 얻었다.

사회적 노동의 생산력 발전은 역사적 진화의 추동력이다. 이전의 생산양식은 사회의 생산력을 더 이상 발전시킬 수 없을 때 해체될 운명에 처했다.

이런 이유로 노동과 소유의 분리, 파열, 대립이라는 필연성이 나타났다 (이런 맥락에서, 생산의 조건인 소유를 이해해야 한다). 이러한 파열의 가장 극단적 형태이자, 사회적 노동의 생산력 역시 가장 강력하게 발전된 형태가 바로 자본이다.(Marx, 1972, p. 423)

다른 곳에서 마르크스는 다음과 같이 쓴다.

자본이 문명화된 측면 중 하나는, 노예제, 농노제 등 선행한 형태와 비견할 때, 생산력과 생산관계를 발전시키고 새롭고 더 우월한 형태로 생산요소를 창출하기에 더 유리한 방법과 조건으로 자본이 이러한 잉여노동을 강요한다는 점이다.(Marx, 1959, p. 819)

자본주의는 역사적 발전의 어떤 시점에서 더 이상 생산력 확대를 추동하는 데 실패한다. 이 시점 이후로 자본주의의 몰락은 경제적으로 불가피하다. 자본주의에 대한 과학적 분석을 통해서 이런 몰락 과정을 정확히 설명하고 몰락의 원인을 파악하는 것이 『자본』에서 마르크스가 스스로 제시한 진정한 과제였다. 시스몽디와 존스를 넘어선 마르크스의 과학적 전진이 바로 『자본』을 구성한다. 그러나 마르크스는 어떻게 이런 분석을 완수할 수 있었나? 마르크스는 말한다. 어떤 단계에서,

> 자본의 독점은 [자본주의] 생산양식의 족쇄가 되는데, [자본주의] 생산양식은 독점과 함께, 독점 하에서 번창했다. 생산수단의 집중과 노동의 사회화는 결국 자본주의라는 외피 안에서는 양립할 수 없는 시점에 도달하게 된다. 이 외피는 산산이 파열한다. 자본주의적 사적 소유에 조종弔鐘이 울린다.(Marx, 1954, p. 715)

마르크스는 생산력과 그것의 자본주의적 외피 사이의 적대를 언급한다. 하지만 그 적대란 무엇인가? 생산력의 발전을 가변자본 v에 대비한 불변자본 c의 증가와 동일시하는 일반적인 인식보다 더 잘못된 것은 없다. 인간 생산성은 자본주의적 외피 안에서 외양 형태를 획득하게 되는데, 이러한 동일시는 그러한 자본주의적 외피와 인간 생산성 그 자체의 본질을 그저 혼동할 따름이다. 생산성의 상승 그 자체는 자본주의적 가치증식 과정과 아무런 관련이 없다. 가치증식 과정은 가치형성 과정으로서, 인간의 추상노동에 그 뿌리가 있다. 마르크스가 언급한 적대는 노동과정의 요소(즉 생산수단과 노동력)로서 물질적 형태를 취하는 생산력과, 특수하게 자본주의적 외피 안에 있는 생산력 간에 존재한다. 자본주의적 형태에서 노동과정의 두 요소는 가치증식 과정에서 가치 c와 v로 나타난다. 『자본』 3권에서 마르크스는

사회적 생산과정을 단순 노동과정으로 혼동하고 동일시하는 것을 [비판했다.] ⋯ 노동과정이 인간과 자연 사이의 과정인 한, 노동과정의 단순한 요소는 발전의 모든 사회적 형태에 공통적인 것으로 남아 있다. 그러나 노동과정의 특수한 역사적 형태 각각은 그 물질적 기초와 사회적 형태를 더욱 발전시킨다. 특수한 역사적 형태가 성숙한 특정 단계에 도달할 때면, 그 형태는 폐기되며 더 높은 수준의 형태에 자리를 내주게 된다. ⋯ 그러면 생산의 물질적 발전과 그 사회적 형태 간의 갈등이 뒤따른다.(Marx, 1959, p. 883-4)

자본주의에 고유한 생산력의 형태, 생산력의 자본주의적 외피($c:v$)는 모든 생산양식이 공통으로 공유하는 생산력의 형태($M:L$)에 대한 족쇄가 된다. 이 문제를 푸는 것이 이 책의 고유한 과제다.

축적과 같은 것에서 어떤 문제도 존재하지 않는다고 부정하는 것은 당대 부르주아 경제학의 지적 위기, 심지어 지적 쇠퇴를 보여 주는 명확한 특징이다. 부르주아 경제학의 변호론적 낙관주의는 현재 생산 메커니즘을 더 깊게 이해하고 분석하려는 관심을 그야말로 소멸시켰다. J. B. 클라크(1907)나 알프레드 마셜(1890)과 같은 경제학자는 자본가가 '저축'하도록 추동하는 심리적, 개인적 동기가 자본축적의 모든 문제를 설명한다고 믿는다. 그들은 자본축적의 범위와 속도, 궁극적으로는 자본축적의 최대 한계를 결정하는 객관적 조건이 존재하느냐고 질문하려 애쓰지 않는다. 만약 축적이 순전히 개인의 주관적 성향의 함수이고, 이들 개인의 수가 계속 증가한다면, 축적의 속도가 가속 국면과 감속 국면의 주기적 교체로 나타난다는 사실을 우리는 어떻게 설명하겠는가? 선진 자본주의 국가에서 그러한 개인의 수가 더 후진적인 국가에 비해 명백히 더 많음에도 불구하고, 후진 자본주의 국가에 비해 선진 자본주의 국가의 축적 속도가 종종 더 느리다는 사실을 우리는 어떻게 설명하겠는가?

다른 곳에서 마셜은 자본에 대한 수요량이 이자율 수준에 의존한다는 지극히 평범한 관찰로 현실을 설명하고자 했다. 그러나 마셜은 진정한 문제가 시작되는 곳에서 그의 분석을 멈추었다. [1차] 세계대전 전에 미국은 국내 이자율이 높았지만, 유럽에 아주 많은 빚을 졌다. 반면에, 1927년에 미국은 총 145억 달러의 자본을 수출했는데, 미국의 국내 이자율이 이미 3.5%로 하락했음에도 불구하고 자본수출은 줄어들 기미가 없었다. 이러한 사실은 G. 카셀의 [마셜과] 유사한 관점과도 모순되는데, 카셀에 따르면 "불황기에 만연한 낮은 이자율은 고정자본의 생산 확대를 위한 강력한 자극제로 작용한다"(Cassel, 1923, p. 570).

왜 미국에서 낮은 이자율에도 불구하고 생산의 확대가 중단되었는가? 또는 왜 자본이 국내에 투자되지 않고 수출되었는가? 만약 누군가가 해외 이자율이 더 높았기 때문이라고 답한다면, 문제는 단지 대체될 뿐이다. 즉, 미국의 이자율은 왜 하락했는가? 미국에서 자본의 '과잉공급' 때문인가? 그렇다면, 어떤 조건에서 그러한 자본의 과잉공급이 발생하는가?

이 질문은 당대 경제학에서는 완전히 무시된 문제로 우리를 이끈다. 이런 측면에서 마르크스는 문제를 제기하는 방법에서 고전파 경제학과 더 가깝다. 하지만 고전 경제학이 무제한적 자본축적의 가능성을 가정한 반면, 마르크스는 자본주의 발전에서 극복할 수 없는 한계와 자본주의의 불가피한 경제적 몰락을 예측하였다.

마르크스는 이를 어떻게 증명했는가? 이 질문은 마르크스가 '사회주의의 필연성'을 정초했던 방식에 관한 유명한 논쟁으로 우리를 인도한다. 카를 딜은 우리에게 이렇게 말한다. "마르크스의 가치이론은 그의 사회주의적 원리에 관한 근본적인 기초를 결코 형성하지 않았다"(K. Diehl, 1898, p. 42). 그에 따르면, 마르크스의 사회주의는 마르크스주의적 가치법칙이 아니라 역사에 대한 마르크스의 유물론적 개념에 기초한 것이다. 딜은 노동가치론이 특별

자본주의 체계의 축적과 붕괴 법칙

히 사회주의적인 것을 거의 포함하지 않는다는 자신의 주장의 근거로 리카도의 사례를 인용하는데, 리카도 역시 노동이 가장 적합한 가치 측정수단이라고 보았다. 딜이 보기에, 소득의 공정한 분배라는 도덕적 원리만이 사회주의와 가치법칙을 연결할 수 있는 고리를 형성한다. 하지만, 마르크스는 그러한 도덕적 원리가 없으므로, 딜은 마르크스 자신이 그러한 관련성을 도출했다는 견해를 거부한다.

이처럼 널리 퍼져 있는 생각은 완전히 오류다. 자본주의 하에서 생산과정의 전체 메커니즘은 가치법칙에 의해 규정된다. 그 메커니즘의 동역학과 경향이 가치법칙을 통해서만 이해될 수 있는 것과 마찬가지로, 그 메커니즘의 최종점, 즉 붕괴도 가치법칙을 통해서만 해명될 수 있다. 사실 마르크스는 이런 설명을 제시했다.

자본주의가 "자연과정의 냉혹함으로 자본주의 자신의 부정을 창출한다"는 견해는 이미 『자본』 1권에 실린 자본축적의 역사적 경향에 관한 절에서 명확히 서술되었다(Marx, 1954, p. 713-15). 그러나 마르크스는 어떻게 이처럼 자본주의를 부정하는 경향이 발현되는지, 어떻게 그 경향이 반드시 자본주의의 경제적 몰락으로 이끄는지, 또는 어떤 직접적 원인을 통해 자본주의 체계가 경제적 몰락에 직면하는지 명확히 언급하지 않았다. 우리가 이에 해당하는 『자본』 3권의 절, 즉 '이윤율 하락의 경향적 법칙'을 다루는 절로 넘어가면, 우리는 즉각 실망한다(Marx, 1959, p. 207-26). 축적과정에 영향을 미치는 바로 그 원인이 이윤율 하락 역시 일으킨다. 그러나 이윤율 하락은 붕괴 경향의 징후인가? 어떻게 붕괴 경향은 스스로 작동하는가? 방법론적으로 말하자면, 여기가 바로 마르크스가 붕괴 경향을 입증해야 했던 곳이다. 실제로 마르크스는 이렇게 질문했다. "동일한 원인에서 기인하는 이윤율 하락과, 이와 동시에 발생하는 이윤 절대량의 증가라는 이처럼 양면적인 법칙의 형태는 이제 무엇이어야만 하는가?" 우리는 이제 결정적인 대답이 나올 것이라고 생각한다. 그러나 그렇지 않다.

이미 1872년에 페테르부르크의 한 논평가는 『자본』 1권에 대해 다음과 같이 썼다. "이런 연구의 과학적 가치는 특정 사회유기체의 기원, 존재, 발전과 사멸을 규제하며, 그 사회유기체가 더 높은 수준의 또 다른 사회유기체로 대체되도록 규제하는 특수한 법칙을 밝히는 데 있다"(Marx, 1954, p. 28). 마르크스는 이 문구를 인용하면서, 이 문구가 마르크스 자신의 방법에 대한 "뛰어난 설명"을 제시한다는 논평을 붙인다. 마르크스는 변증법적 방법에 대해 이렇게 말한다.

> 변증법적 방법이란 사물의 현존 상태를 이해하고 긍정적으로 인정하면서도, 동시에 현존 상태의 부정, 현존 상태의 불가피한 파멸을 인정한다. 왜냐하면, 변증법적 방법은 역사적으로 발전된 모든 사회 형태가 유동적인 운동 상태에 있다고 간주하며, 따라서 사회 형태가 일시적인 성격을 지닌다는 점, 즉 적어도 일시적 존재라는 점을 고려하기 때문이다.(Marx, 1954, p. 29)

이런 의미에서 보면, 에두아르트 베른슈타인이 자본주의의 종말에 관한 사회민주주의의 관점에 반대하며 다음과 같이 말한 것은 완벽히 옳았다. "만약 사회주의의 승리가 진정으로 [자본주의에] 내재적인 경제적인 필연이라면, 그것은 현존 사회질서의 경제적 붕괴가 불가피하다는 증명에 기초해야만 한다"(『전진(Vorwarts)』, 1899년 3월 26일). 하지만 베른슈타인 자신은 그런 증명이 불가능하고, 따라서 사회주의는 어떤 경제적 강제로부터 연역될 수 없다고 믿었다. 베른슈타인은 마르크스의 '부정의 부정' 이론에서 단지 '헤겔의 변증법적 방법이 지닌 함정', '헤겔이 제시한 모순의 변증법에서 남은 잔여'의 산물, '헤겔적 노선에 따라 구성된 발전에 관한 도식'을 발견했을 뿐이다 (Bernstein, 1899, p. 22). 베른슈타인에 따르면, 붕괴이론이란 거의 발생한 적 없는 과정에 대한 '순전히 사변적인 예상'이었다. 베른슈타인의 이런 비판은 오로지 경험적 사실에 근거했는데, 즉 노동자계급 중 특정 계층의 물질적 지위가 상승했다는 사실이었다. 베른슈타인이 보기에, 이 사실은 마르크스가 예상했던 것에 비해 '실제 발전이 매우 다른 방향으로 진행되었다'는 증거였다. 자본주의 발전의 특수한 단계에서 노동자계급의 지위가 개선될 가능성을 마치 마르크스가 완전히 부정했다는 듯 말이다.

칼 카우츠키는 베른슈타인의 비판에 어떻게 답했는가? 만약 카우츠키가 (생산물 단위로 측정된) 실질임금이 상승하더라도 상대 임금이 하락할 수 있다는 점을 보여 주고자 했다면, 심지어 이처럼 실질임금이 상승하는 우호적인 상황 속에서도 노동자계급의 사회적 궁핍과 자본에 대한 의존이 증가한다는 점을 보여 주고자 했다면, 그는 마르크스 이론을 심화시키는 데 기여했을 것이다.[1] 그러나 카우츠키는 그야말로 붕괴이론을 부정하며, "마르크스나 엥겔스는 붕괴에 관한 어떤 특별한 이론을 제시한 적이 전혀 없다"라고 주장했다 (Kautsky, 1899, p. 42). 카우츠키는 마르크스주의적 붕괴이론이 자본주의에서 노동자계급의 지위가 궁극적으로 악화되는 경향, 즉 노동자계급의 지위가 절대적으로 악화된다는 강한 의미에서 노동자계급의 경제적 궁핍이 절대적으로 증가하는 경향을 규명한다는 생각을 거부했다.

사실 카우츠키는 정반대의 생각을 제시했다. 카우츠키에 따르면, 마르크스와 엥겔스가 다른 사회주의 사조와 구별되는 것은 그들이 다른 사회주의자와 달리 프롤레타리아의 지위를 하락시키는 경향 외에도 프롤레타리아의

---

1) [역주] 영어 'misery'는 '더할 수 없이 슬프고 끔찍하다'는 의미의 비참悲慘이나 '몹시 가난하다'는 의미의 궁핍窮乏으로 번역할 수 있다. misery의 원래의 뜻은 비참에 가까우나 '궁핍화 이론' (theory of immiseration, theory of increasing misery)이라는 표현처럼 궁핍이라는 번역어가 일반적으로 통용되므로, 이 책에서는 궁핍으로 번역한다.

지위를 상승시키는 긍정적 경향도 예견했다는 점이다. 마르크스와 엥겔스는 단순히 프롤레타리아의 "궁핍의 증가만이 아니라 훈련과 조직, 성숙도와 힘의 증가도" 예견했다(p. 46). "프롤레타리아의 성숙도와 힘이 증대한다는 생각은 마르크스의 자본주의 붕괴이론의 핵심일 뿐만 아니라 붕괴이론을 정의하는 부분이다"(p. 45). 그래서 카우츠키는 베른슈타인의 주장, 즉 사회주의의 승리가 자본주의에 내재적인 경제적인 필연이라면, 기저에 있는 경제적 원인을 추적해야만 한다는 주장을 조용히 무시했다.

카우츠키는 마르크스주의 이론을 다루면서 노동자계급의 지위를 상승시키는 경향을 일방적으로 강조했지만, 바로 그 카우츠키조차 몇 년 뒤에는 긍정적인 경향이 특정 국면부터 정체되기 시작하여 오히려 긍정적 경향에 역행하는 운동이 우세하다는 점을 관찰하게 되었다. "지난 수십 년간 실질임금을 상승시켰던 요인이 이미 완전히 사라졌다"(Kautsky, 1908, p. 54). 카우츠키는 다양한 요인을 분석한다. 카우츠키는 노동조합이 방어선에서 밀려 계속 후퇴한 반면, 자본가는 다양한 단체로 단결하여 힘이 거대하게 팽창했음을 보여준다.

이 모든 것이 의미하는 바는 노동계급이 받는 실질임금이 계층별로 차례차례 상승하던 시기가 끝났으며, 노동계급의 여러 부문이 심지어 임금 삭감에 직면할 것이라는 사실이다. 이는 일시적인 불황기뿐만 아니라 심지어 호황기에도 진실이다.(p. 549)

1년 후(1909년), 카우츠키는 다음과 같이 언급한다.

지난 몇 년간의 호황기에, 즉 산업이 계속 돌아가고 노동이 부족하다는 불만도 계속 나오던 시기에 이미 노동자는 실질임금을 올릴 수 없었고 심지

자본주의 체계의 축적과 붕괴 법칙

어 실질임금이 하락했다고 판명났다는 점은 놀라운 일이다. 비공식적 연구는 독일 노동계급의 다양한 계층에서 이를 증명했다. 미국에서는 전체 노동계급에서 이러한 사실이 공식적으로 인정된다.(Kautsky, 1909, p. 87)

카우츠키는 사실을 보았지만 그의 설명은 순전히 경험적인 수준을 넘어서지 않는다. 카우츠키는 마르크스의 붕괴이론을 거부했기 때문에 마르크스의 이론을 통해서 이런 사실을 설명할 수 없다고 생각한다. 어떤 심층적 원인이 임금의 운동을 지배하는지, 무엇이 근본적 경향인지 카우츠키는 설명하지 못한다. 그리하여 저 유명한 '수정주의 논쟁'에서 자본주의의 경제적 붕괴를 다루는 이론에 관한 진정한 논쟁은 없었는데, 카우츠키와 베른슈타인 양쪽 모두 마르크스의 붕괴이론을 폐기했기 때문이다. 논쟁은 덜 중요한 쟁점을 둘러싸고 벌어졌는데, 그 쟁점은 부분적으로는 용어법과 관련된 것이었다.

베른슈타인-카우츠키 논쟁의 이처럼 놀라운 결말만이『자본』3권에서 자세한 설명이 치명적으로 생략되어서 나타난 유일한 결과는 아니다. 지금까지도 대립하는 관점이 낳은 절대적 혼란이 지배적이다. 그 논쟁에 관련된 개인이 부르주아 저자인지, 또는 노동자운동의 급진파나 온건파에 속하는지 여부와 관계없이 말이다. '수정주의자' M. 투간-바라노프스키 교수와 '마르크스주의자' 루돌프 힐퍼딩, 양자 모두 자본주의의 붕괴, 즉 절대적이며 극복할 수 없는 자본축적의 한계라는 개념을 거부하며, 그 개념을 자본주의의 무제한적인 성장이 가능하다는 이론으로 대체했다. 로자 룩셈부르크는 이러한 '신조화주의자'의 왜곡에 의식적으로 반대할 때『자본』의 기본적 교훈을 고수했고, 자본주의의 지속적 발전은 절대적인 경제적 한계에 부딪친다는 증거를 통해 그 교훈을 강화하고자 했다. 이는 그녀의 위대한 역사적 기여였다.

하지만 솔직히 말하면, 룩셈부르크의 노력은 실패했다. 그녀의 설명에 따르면, 자본주의는 비자본주의적 시장 없이는 존재할 수 없다. 이러한 추론이 옳다면, 붕괴 경향은 자본주의의 시초부터 영구적인 징후였을 것이며, 주기적인 위기나 '제국주의'라고 불리는 자본주의 최후 단계의 특징을 설명할 수 없을 것이다. 그렇지만 룩셈부르크 자신은 붕괴 경향과 제국주의가 오직 축적이 진전된 단계에서만 나타나고 이런 단계에서 유일한 존재 근거를 발견한다고 생각했다. "제국주의의 경제적 뿌리에 대한 설명이 자본축적의 법칙에서 추론되어야 한다는 점은 의심할 여지가 없다"(Luxemburg, 1972, p. 61).

하지만 룩셈부르크 자신은 이러한 추론을 제시하지 않았고, 심지어 이런 방향으로 작업을 시도하지도 않았다. 자본주의의 필연적 몰락에 관한 그녀 자신의 추론은 축적과정의 내재적 법칙에 뿌리를 두지 않고, 오히려 비자본주의적 시장의 부재라는 막연한 사실에 뿌리를 두었다. 룩셈부르크는 자본주의의 결정적 문제를 생산의 영역에서 유통의 영역으로 이동시켰다. 따라서 자본주의의 절대적인 경제적 한계를 증명하는 그녀의 방식은 자본주의가 종점에 다다를 가능성이 멀리 떨어져 있다는 생각에 가까워진다. 왜냐하면 비자본주의 국가들의 자본주의화는 수백 년간에 걸친 과업이기 때문이다. 게다가 자본주의 체계의 붕괴는 기계적인 방식으로 이해된다. 자본이 전 세계를 지배하게 될 때에야 비로소 자본주의의 불가능성이 분명히 나타날 것이다. 이론상, 그 결론은 자본주의가 자동적으로 파괴되는 상황을 예측하는 것이다. 하지만, 우리는 절대적으로 희망이 없는 상황이란 존재하지 않는다는 점을 알고 있다. 그래서 룩셈부르크는 붕괴이론이 가장 고요한 숙명론이며, 그 숙명론에는 계급투쟁의 공간이 존재하지 않는다는 비난에 취약해진다.

[지금까지 언급했던 것 외에는] 자본주의의 '파국(catastrophe)'이라는 문제를 검토하는 다른 시도는 전혀 없었다(신조화주의자는 붕괴를 의도적으로 '파국'이라고 부른다). [다음 절에서 다루는] 몇몇 사례는 마르크스 이론에서 이처럼 결정적으로 중요한 측면에 관해 현재 만연한 기상천외한 혼란을 보여 줄 것이다.

자본주의 체계의 축적과 붕괴 법칙

2. 현존 문헌에서 붕괴 개념

우선 나는 뉴욕 컬럼비아대학의 교수 V. G. 심코비치를 다룬 뒤에, 독일인 교수 베르너 좀바르트와 A. 슈피트호프, 마지막으로 프랑스인 조르주 소렐을 다룰 것이다. 그 다음 나는 사회주의자인 H. 쿠노, A. 브라운탈, G. 차라소프, 보댕, M. 투간-바라노프스키, 오토 바우어, 루돌프 힐퍼딩을 다룰 것이다.

심코비치는 마르크스의 사회주의가 가치이론에 대한 도덕적 해석에 기초한다는 안톤 멩거의 관점에 대해 정당하게 반박한다. 심코비치에 따르면, 멩거의 관점은 초기의 유토피아 사회주의와 현대의 과학적 사회주의 사이의 차이를 그야말로 지워 버린다(Simkhovitch, 1913, p. 2). 딜과 마찬가지로, 심코비치는 마르크스의 붕괴 개념이 가치이론에 기반을 둔 게 아니라 역사적으로 구성된 증거에 기반을 둔다고 주장한다. 붕괴이론의 결정적인 요소는 마르크스가 『공산주의자 선언』에서 자세히 설명한 유물론적 역사 개념인데, 심코비치는 『공산주의자 선언』에서 "가치이론이 전혀 언급되지 않는다"(p. 4)라고 주장한다. 따라서 베른슈타인이 마르크스의 붕괴이론에서 헤겔적 노선에 따라 구성된 발전에 관한 도식을 보았다면, 심코비치는 붕괴이론에서 『공산주의자 선언』을 저술할 당시에 경험적으로 우세했던 실제 상황과 경향에 대한 반영과 그 일반화를 본다. 즉, 마르크스의 궁핍화 이론은 역사적 경험에서 도출되었다.

심코비치에 따르면, 『자본』에서 "마르크스는 이론적으로 각양각색의 고전파를 거래하는 전형적인 교역상에 머물렀다"[즉, 마르크스는 다양한 고전파 이론을 짜깁기한 것에 불과하다](p. 69). 마르크스는 오직 이런 위치 덕분에 그의 궁핍화 이론과 붕괴이론을 정립할 수 있었다. 물론 마르크스는 10시간 노동일과 공장법을 생전에 목격했지만, "그것은 너무 늦었다. 마르크스의 이론은 이미 완성된 형태와 공식을 획득했다. 하나의 이론으로서 마르크스의 이론은 심오

했지만, 마르크스의 눈앞에 펼쳐지는 어떤 사회적 변화와도 전혀 관계를 맺지 못했다"(p. 70). 마르크스는 임금기금설로부터 노동자계급이 결코 자신의 상황을 개선할 수 없다는 가정을 수용했다. 마르크스는 이러한 관점을 지지하기 위해 기계가 노동에 미치는 영향을 다룬 앤드류 유어의 이론을 활용했다(p. 70). "마르크스는 이러한 사실에 입각하여 임금과 인구에 관한 자신의 이론을 구성했다. 이 데이터는 산업사회에서 기술진보가 과잉인구, 실업자의 궁핍화, 저임금을 야기한다고 시사하는 경향이 있었다"(p. 71). 기술진보는 노동자를 해고함으로써 산업예비군을 형성하고, 그 결과로 산업예비군은 임금을 낮게 유지시킬 것이다. 심코비치에 따르면, 따라서 마르크스는 "자본의 지속적 확대를 위협할 수 있는 어떤 임금 인상의 가능성도 미리 배제했다"(p. 71). 마르크스에 따르면, "축적의 진전은 과거보다 훨씬 더 많은 규모의 노동자들을 해고하게 하며, 그 결과는 노동자계급의 점증하는 빈곤이다"라고 심코비치는 말한다(p. 71).

마르크스의 이론을 이렇게 설명하면, 마르크스에 대한 비판은 너무 쉬워진다. 심코비치는 마르크스의 이론을 임금에 관한 데이터와 대조해 검증해 보자고 주장한다. 심코비치는 "모든 산업 국가의 경험은 노동자계급의 지위가 지속적이고 전례 없이 개선되었다는 점을 예외 없이 보여 준다"라고 결론을 내린다(p. 93). 심코비치는 이러한 경험적 사실을 언급함으로써 마르크스의 이론 체계 전체를 처리했다고 믿는다. "왜냐하면 마르크스 이론 체계의 주춧돌은 궁핍화 이론이기 때문이다"(p. 82).

심코비치는 서로 관련이 없으며, 마르크스에게는 전적으로 서로 독립적인 두 가지 문제를 자신이 혼동했다는 점을 깨닫지 못한다. 기계로 노동자를 대체한다는 경험적 사실은 마르크스의 궁핍화 이론과 관련이 없으며, 자본축적의 일반 법칙과 그 역사적 경향 때문에 노동자가 '해고'되는 과정과도 관련이 없다. 마르크스가 자신의 책 『자본』의 묘사적인 장들에서 서술했던 기계에 의한 노동자의 대체는 경험적인 사실이다. 축적에 관한 장에서 자세히 설명된 궁핍화 이론과 붕괴이론은 가치법칙에 기초하여, 자본주의적 축적의 현실로부터 추론된 이론이다. 그것은 가치법칙과 분리되어서는 성립될 수 없는 이론이다.

더 좋은 기계의 도입에 의한 노동자의 대체는 기술적 관계 $M:L$의 결과다. 그것은 기술진보의 표현이며, 사회주의 계획경제를 포함하여 어떤 생산양식에서든 나타나는 특징이다. 다른 한편 마르크스의 궁핍화 이론과 붕괴이론은 자본주의적 축적 과정 하에서 생산수단과 노동력이 그 가치형태인 c와 v로서 사용된다는 사실에서 유래한다. 이러한 가치형태는 가치증식에 절대적으로 필요한 요소의 최초 원천이며, 그 결과는 불완전한 가치증식, 산업예비군 등이다.

> 생산수단과 노동생산성이 생산인구보다 더 빠르게 증가한다는 사실은 … 자본주의적으로는, 자본이 자기 확대를 위해 증가된 노동인구를 고용할 수 있는 조건보다 노동인구가 항상 더 빠르게 증가한다는 역전된 형태로 표현된다.(Marx, 1954, p. 604)

좀바르트가 붕괴이론을 논하는 방식은 피상적일뿐더러 믿을 수 없을 정도로 사실을 거의 무시한다. 좀바르트에 따르면, 마르크스는 자신의 위기이론과 궁핍화 이론에서 프롤레타리아 혁명의 필연성을 발견했다. 좀바르트는 위기이론이 『공산주의자 선언』에서 최초로 제시되었으나, 마르크스나 엥겔스, 또는 그 후 누구도 위기이론을 발전시키지 않았다고 주장한다. 궁핍화 이론의 경우도, 동일한 주장이 마치 진실인 것처럼 간주된다. 천 페이지에 달하며 '마르크스주의'라는 주제에 전념한 두 권의 저작에서 자본주의의 몰락이라는 문제를 다룰 때, 축적이론이 한 번도 언급되지 않았다는 점은 좀바르트가 이론적 문맹이라는 놀라운 징후다. 좀바르트의 절망적인 경험주의는 그가 마르크스의 이론을 끝장내고자 시도하는 방식에서 명확히 나타난다. 좀바르트는 문제가 제기된 두 이론, 즉 위기이론과 궁핍화 이론이 '당시 환경'에 의해 조성된 '상황'이나 '분위기'의 표현이라고 설명한다. 하지만 좀바르트가 보기에 그 시대는 과거로 밀려났고, 경험에 호소하더라도 그 이론이 취약하고 옹호될 수 없다고 규명하기에 충분하다.

『공산주의자 선언』에서 위기이론이 정식화된 후 마르크스가 그 이론을 더 이상 전혀 발전시키지 않았다는 좀바르트의 주장은, 『자본』 2권과 3권에 있는 수십 개의 주요 문단과 『잉여가치 학설사』의 관련 절(2부 17장) 몇 페이지를 단지 대충 훑어봐도 근거가 없다고 입증할 수 있다. 나중에 우리는 마르크스의 궁핍화 이론이 '당시 환경'에 기초해 정식화된 것이 아니라, 마르크스의 가치이론과 축적이론으로부터 논리적으로 도출된 추론이라고 확인할 것이다.

위기이론 분야에서 슈피트호프의 위대한 '발견'은 소비수단에 비해 생산수단을 과잉생산한다는 측면에서 위기를 설명하려는 시도다. 슈피트호프는 마르크스의 이론을 과소소비론으로 제시하고자 한다. 과소소비론은 대중의 불충분한 소비의 결과로서 자본주의의 최종적 붕괴가 뒤따른다고 간주한다(Spiethoff, 1919, p. 439). 슈피트호프는 마르크스의 어디에서 그런 정식을 발견하는지 말하지 않는다. 그러나 [마르크스의 이론을 과소소비론으로 간주함으로써] 그는 사실에 호소하여 마르크스 이론의 오류를 증명할 수 있게 된다. "발전의 실제 과정은 마르크스가 가정했던 것과 매우 달랐다"(p. 440). 슈피트호프에 따르면 자본주의는 한정된 소비 때문에 고통을 받지 않는다. 시장의 가장 첨예한 변동은 생산수단을 생산하는 산업 부문에서 발견되지, 소비수단을 생산하는 부문에서 발견되지 않는다.

다른 곳에서 슈피트호프는 마르크스의 위기이론에 대한 자신의 설명에 몇 가지 더 나아간 내용을 덧붙인다. "마르크스의 출발점은 이윤율의 하락 경향이다"(p. 65). 이러한 이윤율 하락 경향과 위기 사이에 연관성이 있는지, 있다면 어떤 종류의 연관성이 있는지(이 질문은 마르크스의 위기이론을 이해하고자 한다면 정말로 근본적 질문이다)는 조용히 무시된다. 슈피트호프는 그저 『자본』에서 몇몇 구절을 인용하고, 마르크스가 자본주의의 최종 붕괴와 관련된 보편적 경향과 단기 변동을 혼동했다고 설명한다. 그러나 슈피트호프 자신은 이 두 요소 간의 논리적 관계를 파악하지 못했기 때문에 위기와 붕괴에 관한 마르크스 이론의 진정한 핵심을 최소한의 이해도 없이 지나쳐 버리고, 동시에 그 이론을 불비례설이나 과소소비론의 하나로 해석한다.

소렐이 붕괴이론에 대해 무엇을 말하건, 그것은 소렐이 마르크스 이론 체계의 경제적인 측면을 전혀 모른다고 증명할 뿐이다. 소렐은 자신의 무지를 정당화하기 위해 붕괴이론을 일반 원리로 추켜세운다. 달리 말하면, 사람들은 마르크스의 붕괴이론을 진정으로 이해할 필요가 없는데, 왜냐하면 '최종적 파국'이란 계급투쟁을 위해 프롤레타리아 대중을 불러 모으기 위해 고안된 '사회적 신화'일 뿐이기 때문이다. 이 모든 이해의 기초에는 "활동가가 비판적 역사가의 엄밀함으로 현실을 추론하려고 한다면 모든 의미에서 결단력을 잃을 것"이라는 소렐의 관점이 있다(Sorel, 1907, p. 59).

또 다른 판본의 부르주아적 비판을 살펴보자. 토마스 G. 마사리크(Masaryk, 1899)는 마르크스와 엥겔스가 그들의 생애 내에 부르주아 사회가 붕괴한다는 예측을 제시했다고 주장한다. 마사리크는 점증하는 자본의 집적이 붕괴를 야기한다는 주장이 마르크스의 주장이라고 간주한다. 사실, 마사리크의 견해는 근거가 없으며 오류다. 마르크스는 집적 과정 때문에 경쟁 자본주의가 독점 자본주의로 변형된다고 주장했을 뿐이다. 마르크스는 완전히 상이한 원인으로부터 붕괴를 추론한다. 마사리크는 마르크스를 논박하기 위해 중간계급이 사실 사라지지 않았으며 심지어 노동자계급의 지위가 향상되었다는 사실을 호소한다. 마사리크의 개념에서 마르크스는 붕괴의 필연성을 중간 계급의 프롤레타리아화에서 도출한 것으로 간주된다. 마르크스의 이론 체계에 대해서 이보다 더 쉬운 논박은 없을 것이다. 하지만 축적이론과 붕괴이론에 반대하는 이론적 논증에 관한 한, 마사리크는 아무 것도 사고할 수 없다. 조지프 A. 슘페터도 마르크스에 반대하여 똑같이 진부한 도그마를 반복했다. 슘페터가 보기에 마르크스는 과소소비론자고, 마르크스는 "사회의 생산 능력과 소비 능력 사이의 불일치"로부터 위기를 도출했다(Schumpeter, 1914, p. 97).

마르크스에 대한 비판가들 중에서 로베르트 미헬스는 특별한 지위를 차지하는데, 미헬스가 자신의 책(Michels, 1928) 전체에서 궁핍화와 붕괴 문제에 몰두했기 때문이다. 이 책에서 미헬스는 관련된 쟁점을 최종적으로 명확히 정리하고, 마르크스주의가 "과학적으로 과대평가"되었다는 점을 입증하자고 제안한다. 미헬스에 따르면, 마르크스주의에 대한 과대평가는 마르크스의 선행자와 당대인에 대한 "완벽한 무지"로써만 설명할 수 있는 사실이다. 마르크스와 17-18세기 저자를 비교하면 마르크스는 독창성이 거의 없었다고 증명될 것이다. 마르크스[이론]의 대부분은 사회주의자뿐만 아니라 현대의 자유주의자나 성직권주의자(clericalist) 중에서도 발견된다. 실제로, 일찍이 1691년에 존 로크는 산업예비군의 존재와 그들의 빈곤화 경향에 대한 어떤 예감을 지녔다(p. 55).

그렇지만, 미헬스는 마르크스가 과거 저자들의 초창기 빈곤화 이론을 표절했을 뿐이라는 관점을 직접 반박하며, 마르크스의 이론이 특정한 관계(그 특정한 관계 안에서 유럽의 신생 산업 국가는 1848년 파리 2월 혁명 발발이라는 상황에 처해 있음을 발견했다)를 반영한다는 대립적 관점을 상세히 설명한다(p. 195). 하지만, 마르크스는 셀 수 없이 많은 선구자들이 아니라 자신을 추천할 많은 이유가 있었다. 마르크스의 선구자는 단지 고립적인 관찰, 경험적 사건, 심지어 일화라는 형태로 흔히 언급했던 바가 마르크스에게서는 "단일한 체계 내의 인과적 연관성과 그 체계의 종합적 적응성"이라는 형태로 등장했다(p. 196).

하지만 어떤 종류의 '인과적 연관성'이나 '체계'에 대해서든 간에, 우리는 미헬스에서 그에 관한 한 마디의 유언조차 찾을 수 없다. 왜냐하면 그는 어떤 이론적 분석 능력도 전혀 없기 때문이다. 미헬스는 한 저술가에게 독립적인 개념들이란 실로 불필요하며, '박학다식'이 독립적인 개념들을 무한히 대체할 수 있다고 믿는 것이 틀림없다. 그는 오로지 정치적이고 역사적인 방식으로만 사고할 뿐이다. 미헬스가 생각하는 지식에는 이론이 설 자리가 없다. 이런 태도를 가진 미헬스가 이론의 가장 단순한 요소조차 파악하지 못하며, 마르크스 또는 마르크스주의적 '궁핍화 이론' 양자와 절대적으로 관련이 없는 것들로 수백 페이지의 책을 채우며 거대한 혼란을 겪는다는 것이 놀라울까? 누구든 빈곤에 대해 저술한 적이 있다면 즉각 마르크스의 '선구자'로 탈바꿈된다.

미헬스가 마르크스의 궁핍화 이론의 특성을 무시하기 때문에(마르크스의 궁핍화 이론은 자본주의적 재생산 과정의 특정 계기로부터 도출된다), 그리고 미헬스의 연구는 무정형한 '빈곤'(부자와 빈자의 대립)에 집중하기 때문에, 미헬스는 '마르크스의 선구자'를 17세기, 심지어 더 거슬러 올라가 고대 시대와 초기 교회주교에서 찾는다. 궁극적으로, 미헬스는 마르크스가 확립한 이론에 대한 개념이 없기 때문에, 그는 축적과정에서 자본주의 메커니즘의 붕괴를 야기하는 실제 계기를 어느 곳에서도 언급하지 않으며, '빈곤'이 마르크스주의적 사회주의를 향한 혁명적 희망의 유일한 원천이라고 간주한다. 하지만 미헬스는 마르크스가 노동자계급 지위를 개선하는 수단으로 노동조합의 투쟁을 지지했음을 알고 있으므로, 따라서 "여기에서 반론의 여지가 없는 모순이 있다"라고 결론을 낼 수밖에 없다(p. 127).

붕괴이론에 대한 부르주아 경제학자의 해석보다 훨씬 더 이상한 것이 마르크스주의자와 사회주의자의 저술에서 나온 설명이다.

자본주의 붕괴의 원인을 비자본주의적 시장이라는 배출구의 부족에서 찾는 이론의 가장 오래된 대표자는 H. 쿠노다. 쿠노는 자본주의적 발전의 경향에 대한 마르크스의 진단이 기본적으로 옳았지만, 마르크스가 그때 당시의 시장 배출구 규모가 일정하다고 간주하였기 때문에 발전 경향의 속도를 오판했다고 주장한다. 19세기 말 수십 년간, 투자와 거래를 위한 새로운 영역을 확보할 수 있는 자본의 능력은 붕괴 경향을 완화하는 영향을 주었다. 해외시장의 확대는 "항구적으로 재발되는 상품 과잉을 흡수할 수 있는 배출구를 창출했을 뿐 아니라", 이런 메커니즘을 통해 "위기의 발발을 향한 경향을 약화시킬 수 있었다"(Cunow, 1898, p. 426). 영국 자본주의는 1870년대와 1880년대에 새로운 시장들을 정복하지 못했다면, 현존 시장의 흡수 능력과 자본주의적 축적의 거대한 성장 사이의 모순에 이미 오래 전에 직면했을 것이다.

베른슈타인이 자본주의 발전의 특정 단계를 일반화하는 오류를 저질렀고, 특정 단계의 특수한 경향을 모든 단계에 투영하면서, 생산의 확대와 보조를 맞추어 세계시장이 확장되기 위한 조건이 항상 존재할 것이냐 여부를 검토하지 않았다고 쿠노는 베른슈타인을 비판한다(p. 424). 쿠노 자신은 이런 조건을 배제했다. 1870년대까지 영국은 세계시장에서 독점을 향유했으나, 그 후 독일과 미국이 산업적 경쟁자로서 등장했다. 차례차례로 인도, 일본, 호주, 러시아의 산업화가 뒤따랐으며, 곧 중국의 산업화가 뒤따를 것이다(p. 427). 쿠노에게 자본주의의 붕괴는 오직 시간의 문제일 뿐이다(p. 427). 15년 뒤에 룩셈부르크는 이 이론을 정확히 글자 그대로 취하여 이론적으로 심화시키고자 했다.

쿠노가 발전시키고 훗날 룩셈부르크와 그녀의 후예, 예를 들어 F. 슈테른베르크가 옹호한 붕괴이론은 A. 브라운탈이 유일하게 검토한 붕괴이론이다. 브라운탈은 다른 붕괴이론을 몰랐고, 그래서 바로 그 개념이 마르크스 체계와 근본적으로 양립 불가능하다고 간주했다. 브라운탈은 자본의 집적과 집중, 계급 간 양극화를 향한 경향을 강조하면서, 붕괴이론이 마르크스의 계급투쟁 이론과 양립 불가능하다며 붕괴이론을 거부한다.

현재의 어떤 활동에 대해서도 붕괴이론은 순전한 수동성을 야기한다. … 붕괴이론을 논리적 결론까지 끌고 가면, 프롤레타리아의 현재 임무란 오직 [미래의] 혁명을 위한 조직적이고 교육적인 준비밖에 없을 것이다. 지금 현재를 직접 향한 어떤 행동도, 현재 목표를 위한 어떤 계급투쟁도 기본적으로 쓸모없을 것이다. 왜냐하면, 그런 경우에 모든 객관적 발전은 프롤레타리아의 빈곤화를 야기할 것이며, 그런 발전에 반대하는 것은 이치에 맞지 않기 때문이다.(Braunthal, 1927, p. 43)

니콜라이 부하린 역시 붕괴이론에 대한 진지한 설명을 제시하지 못하는데, 그는 단지 '모순'에 대한 모호한 미사여구로 결론을 맺는다. 부하린은 자본주의의 붕괴와 경제 발전의 실제 경향들 사이의 모든 연결선을 끊는다. 부하린의 붕괴이론은 다음과 같다.

자본주의 사회는 '모순의 통일체'다. 자본주의 사회의 운동과정은 자본주의적 모순의 지속적인 재생산 과정이다. 확대재생산 과정은 이러한 모순의 확대재생산 과정이다. 그렇다면, 이러한 모순이 자본주의 체계 전체를 전부 폭파할 것임은 분명하다.(Bukharin, 1972, p. 264)

부하린은 자신의 분석 결과에 만족하며, 다음과 같이 선언한다. "우리는 자본주의의 한계에 도달했다"(p. 264). "자본주의 붕괴에 대한 이처럼 실로 일반적인 설명은 어떤 의미에서는 객관적으로 존재하는 한계를 자명한 사실로 간주한다. 이러한 한계는 자본주의적 모순의 긴장에 따라서 그 수준이 결정된다"(p. 264-265). 부하린은 판결한다. "제국주의가 파국을 뜻한다는 것은 사실이다. 따라서 우리는 자본주의 붕괴의 시기에 들어섰다는 것도 역시 사실이다"(1972, p. 260).

부하린이 한 분석의 정확성은 정말 놀랍다. 부하린은 순전한 억견이 증명을 대체할 수 있다고 믿는 것이 확실하다. 부하린은 자신의 '모순'을 변증법적 표현이라고 부른다. 구체적 증명 절차의 결여, 이론적 분석을 수행할 수 없는 완전한 무능력은 '변증법적'이라는 용어로 은폐되며, '변증법적'이라는 용어는 문제의 '해결책'이다. 우리는 자본주의 붕괴의 시기에 들어선 게 사실이라는 부하린의 진술은 명백히 사실일 것이지만, 이 사실을 인과적으로 설명하고, 자본주의 하에서 붕괴 경향의 필연성을 이론을 통해 규명하는 것이 정확히 문제다. '모순'의 첨예화란 어떤 종류의 것이라고 우리는 예상할 수 있겠는가? 이에 관해 부하린은 당연히 그의 책 『이행기 경제학』을 언급할 것이다. 이 책에서 자본주의 붕괴에 대한 부하린의 희망은 제국주의 전쟁의 '2회전'과 전쟁이 야기한 생산력의 거대한 파괴로 이동한다. 결국 부하린의 붕괴 이론은 [1차] 세계대전 동안 러시아가 겪은 경험을 그저 다시 공식화한 것에 불과하다는 점이 밝혀진다.

오늘 우리는 자본주의적 붕괴 과정을 목격할 수 있다. 이는 단지 추상적 설명이나 이론적 전망에 기초한 것이 아니다. 자본주의 붕괴는 시작되었다. 10월 혁명은 가장 설득력이 있고 살아있는 붕괴의 표현이다.(Bukharin, 1971, p. 266)

러시아에서 나타난 이러한 붕괴의 원인에 관해서는 이렇게 말한다.

프롤레타리아의 혁명화는 의심할 여지없이 경제의 퇴보와 관련되었고, 경제의 퇴보는 전쟁과 관련되었으며, 전쟁은 시장, 원료, 투자 영역을 확보하

기 위한 투쟁, 요약하면 일반적인 제국주의 정치와 관련되었다.(p. 267)

따라서 부하린에 따르면, 자본주의의 붕괴는 경제적 기초의 파괴로부터 발생한다. 그런데 경제적 기초의 파괴는 경제적인 힘, 즉 자본주의적 메커니즘에 내재한 결코 멈출 수 없는 경제법칙에 기초한 것이 아니다. 오히려 그것은 전쟁에 기초한 것인데, 전쟁은 경제 외부에 존재하는 힘이며, 생산 조직체(apparatus of production) 외부에서 파괴적 영향을 행사한다. 부하린을 검토할 때, 전쟁이 창조한 파괴가 아닌 다른 어떤 것에서 자본주의의 붕괴 원인을 찾으려는 시도도 부질없다. 부하린에게 붕괴는 초월적 원인에서 발생하지만, 마르크스에게는 자본주의를 규제하는 바로 그 법칙의 내재적 결과다.

만약 우리가 부하린처럼 자본주의의 붕괴가 제국주의 전쟁의 2회전 때문에 발생한다고 예상하면, 전쟁이 자본주의의 제국주의적 단계에 특유한 것이 아니라고 지적해야 한다. 전쟁은 자본주의 그 자체의 바로 그 본질 때문에 발생하며, 따라서 자본주의의 모든 단계에서 발생하며, 자본주의가 역사적으로 개시된 시점부터 나타난 자본의 항구적 증상이었다. 뒤에서 나는 전쟁이 자본주의에 대한 위협이 전혀 아니며, 오히려 전쟁이 자본주의 체계 전체의 생명을 연장하는 수단 중 하나임을 보일 것이다. 모든 전쟁 이후에 자본주의가 새로이 급격한 상승기에 진입했다는 점은 [역사적] 사실이 정확히 보여준다.

G. 차라소프는 부하린의 어떤 연구보다도 더 심도 깊은 연구를 수행하는데, 그는 『자본』 1권 말미에 나오는 마르크스의 붕괴이론과 이윤율 하락 이론 간 연관성을 올바르게도 강조한다. "붕괴이론의 모든 명제는 기본적으로 단 하나의 근본적 사실, 즉 이윤율의 하락을 단지 상이하게 표현하려 할 뿐이다"(Charasoff, 1910, p. 3). 마르크스에 따르면, 이윤율 하락이란 기술진보로 인해, 자본 또는 죽은 노동을 가동하기 위해서 훨씬 더 적은 양의 산 노동이 필요하

게 된다는 사실을 표현할 따름이다. 사회적 생산성의 끊임없는 발전과 함께 이윤율은 반드시 하락하며 자본주의는 본질적으로 불안정하게 된다. 경쟁이 강화되며 자본의 집적이 발생하고, "과잉생산이 불가피해지며, 자연법칙의 힘에 따라 산업예비군이 형성되며, 최종적 파국이 잇따라 발생한다"(p. 4).

하지만 차라소프 그 자신은 이러한 생각의 정확성에 이의를 제기하는데, 두 가지 근거에서 그렇다. 첫째, 차라소프는 이윤율 하락이라는 사실에 대해 이의를 제기한다(p. 294-7). 그의 의견에 따르면, 이 법칙은 분명히 틀렸다. 둘째, 차라소프는 엄밀한 의미에서 붕괴가 이윤율의 경향적 하락으로부터 추론될 수 있는지 의문을 품는다(p. 299). 마르크스는 붕괴를 이윤율 하락과 연관시키지만, 차라소프 그 자신은 이러한 연관성이 무엇인지 입증할 수 없다고 생각했다. 이런 의미에서 차라소프는 자본주의 체계 그 자체에 속한 법칙으로부터 붕괴의 경제적 필연성을 증명하지 못한다. 따라서 차라소프는 "(이윤율) 하락은 의식적으로 창작되어야 한다"라는 말로 결론을 맺는다(p. 316). [붕괴와 이윤율 하락의 연관성을 부정함으로써만] 마르크스주의는 '숙명론적 성격'을 극복할 수 있다. 숙명론에 따르면, 사회주의는 "주로 자본주의의 외적 붕괴의 산물이지, 대중의 의식적인 도전이 낳는 산물이 아니다"(p. 318). 오히려 노동자계급은 임금 요구를 둘러싼 투쟁을 통해 의식적으로 이윤율을 하락시키고, 일반적 위기를 위한 토대를 다진다.

보댕도 차라소프와 마찬가지로 자본주의의 몰락이 불가피하다는 생각을 받아들였다. 보댕은 마르크스의 가치이론의 도움을 받을 때만 자본주의의 몰락을 이해하고 설명할 수 있다고 올바르게 말한다. 그는 이렇게 쓴다. "마르크스 이론에 따르면, 순전히 경제적-기계적인 자본주의의 붕괴는 가치법칙의 내적 모순에 따른 결과다"(Boudin, 1909, p. 173). 그러나 보댕은 이에 대한 어떤 증명도 제시하지 않는다. 보댕은 단지 자본의 집적과 집중을 묘사할 뿐인데, 이는 경쟁, 즉 대자본가가 소자본가를 패퇴시키는 과정에서 발생한다. 그리고 그는 자본의 법칙이 아무런 장애 없이 작동한다면 어떤 부류의 사회계급을 형성할 자본가도 남지 않을 것이라고 결론을 맺는다(p. 172). 보댕은 이러한 종류의 과거 일반론을 받아들이지 않는다. 따라서 보댕이 자본주의의 존재조건으로서 비자본주의 시장의 필연성을 주창한 쿠노의 이론으로 결국 후퇴한다는 사실은 놀랍지 않다. 비자본주의 국가의 산업화는 "자본주의 종말의 시작"이다(p. 264). 잉여생산물의 배출구를 찾지 못하는 자본주의의 무능력은 주기적인 혼란의 기본 원인이며, 그 무능력은 "결국 자본주의의 붕괴를 야기할 것이다"(p. 255).

　　자본주의는 넘을 수 없는 경제적 한계를 내포하고 있다는 생각에 대해, 투간-바라노프스키뿐 아니라 사회주의적 신조화주의자 루돌프 힐퍼딩과 오토 바우어가 완전히 적대적이라는 점은 분명할 것이다. 투간-바라노프스키는 다음과 같이 말한다.

　　　　추가적인 생산 확대의 절대적 한계는 사회가 가용할 수 있는 생산력의 총량에 의해 결정된다. 자본주의는 이러한 한계에 도달하려는 끊임없는, 그러나 헛된 노력이라고 규정된다. 자본주의는 실제로 그 한계에 결코 도달할 수 없다.(Tugan-Baranovsky, 1901, p. 31)

　　따라서 "자본주의는 순전히 경제적인 원인에 의해 붕괴할 수 없지만, 도덕적인 이유로 인해 파멸될 운명에 처한다"(Tugan-Baranovsky, 1904, p. 304). 다른 글에서 그는 이렇게 말한다. "자본주의가 언젠가 자연사할 것이라는 가정에는 근거가 없다. 그것은 의식적인 인간의 의지에 의해 파괴되어야 하며, 자본에 의해 착취당하는 계급, 즉 프롤레타리아에 의해 파괴되어야 한다"(Tugan-Baranovsky, 1908, p. 90).

　　투간-바라노프스키는 역사에 대한 유물론적 개념을 반대하며, 사회주의의 기초를 프롤레타리아의 의식적인 의지라는 도덕적 측면에서 찾기 때문에 이러한 생각을 옹호한다. 그에게 프롤레타리아의 의식적 의지는 경제발전의 객관적 과정과는 분리된 것이다. 하지만 역사유물론의 영역에 서 있는 바우어, 힐퍼딩, 카우츠키도 이와 같은 생각을 받아들인다. 바우어에 따르면, 축적에 가해진 실로 객관적 한계는 인구 규모에 의해 결정된다. 이러한 인구 한계 안에서는 자유로운 축적이 발생한다. 물론 현실에서는 축적이 폭력적인 위기를 동반하지만, 그것은 오직 축적이 특정한 인구 한계를 초과했기 때문이다. 자본이 가용할 수 있는 인구와의 관계라는 측면에서 [자본의] 과잉축적과 과소축적 양자가 존재한다. 그렇지만 이러한 주기적 위기는 자본축적의 균형에서 오직 일시적으로 나타나는 혼란일 뿐이다.

> 호황, 위기, 불황 국면의 주기적인 발생은 단지 자본주의적 생산양식의 메커니즘이 과잉축적이나 과소축적을 자동적으로 제거하며, 인구 성장에 맞추어 자본축적을 항상 조정한다는 사실의 경험적 표현일 뿐이다.(Bauer, 1913, p. 871)

따라서 바우어에게 위기는 일시적인 현상으로 자본주의 생산 메커니즘에 의해 자동적으로 극복된다. 재생산 과정의 도식적 균형은 힐퍼딩 특유의 강박관념이기도 하다. 위기는 오직 생산이 규제되지 않아서 발생하는 현실이다. 자본이 개별 산업부문에 비례적으로 분배된다면 과잉생산은 결코 없을 것이다. 그런 경우라면, 자본주의는 한계 없이 팽창할 것이다. "생산은 상품의 과잉생산을 야기하지 않고 무한히 확장될 수 있다"(Hilferding, 1981, p. 241). 힐퍼딩이 붕괴를 언급하는 많지 않은 경우에, 그는 서둘러 이렇게 덧붙인다. 붕괴는 "정치적, 사회적 붕괴이지 경제적 붕괴가 아니다. 왜냐하면 순전히 경제적인 붕괴라는 생각은 말도 안 되기 때문이다"(p. 366). 부르주아 경제학자

루트비히 폰 미제스는 현대적인 교환·신용 조직이 자본주의의 지속적 존재를 위협한다고, 즉 "유통수단의 발전은 자본주의에서 필연적으로 위기를 초래할 것"이라고 주장했다(Mises, 1912, p. 472). 이때, 힐퍼딩은 바로 그 "붕괴이론의 최신 대표자"를 조롱할 수밖에 없었다(Hilferding, 1912, p. 1027). 힐퍼딩이 보기에, 신용체계는 결코 자본주의의 붕괴를 야기하지 않으며, 오히려 전체 생산 메커니즘을 자본가의 수중에서 노동자계급의 수중으로 넘겨주는 수단이다.

> 금융자본의 사회화 기능으로 인해 자본주의를 극복한다는 과업은 대단히 쉬워진다. 일단 금융자본이 가장 중요한 생산부문을 통제하게 되면, 사회는 그 생산부문을 즉각 통제하기 위해서 자신의 의식적인 집행기관, 즉 노동자계급이 장악한 국가를 통해서 금융자본을 소유하는 것으로 충분하다. … 바로 지금에도 베를린의 여섯 개 대형 은행들을 소유한다는 것은 대산업의 가장 중요한 부문을 소유한다는 의미일 것이다.(Hilferding, 1981, p. 367-8)

이 모든 개념은 신용을 통해 산업을 지배할 힘을 갈망하는 은행가의 꿈에 조응한다. 이것은 경제학으로 번역된 오귀스트 블랑키의 폭동주의다.[2]

---

2)   사회민주당 킬 대회(1927년 5월)에서 힐퍼딩은 그의 보고서를 설명했다.
"나는 경제 붕괴에 대한 어떤 이론도 언제나 반대했습니다. 내가 보기에, 마르크스 그 자신이 이런 모든 이론이 거짓이라고 증명했습니다. [1차] 세계대전 후, 이런 부류의 이론은 주로 볼셰비키가 대변했습니다. 볼셰비키는 우리가 자본주의 체계의 붕괴 직전에 있다고 생각했습니다. 그런 붕괴는 뒤따르지 않았습니다. 자본주의가 붕괴하지 않았다고 애석하게 생각할 이유가 없습니다. 자본주의의 몰락이란 우리가 숙명적으로 기다려야 할 무엇이 아니고, 자본주체 체계의 내부 법칙에 따라 발생하게 될 무엇도 아니라는 게 항상 나의 의견이었습니다. 자본주의의 몰락은 노동자계급의 의지에 따른 의식적 행동의 결과인 게 틀림없습니다. 마르크스주의는 결코 숙명론이 아니었습니다. 오히려, 정반대로, 치열한 행동주의였습니다."
힐퍼딩은 동일한 논리에 따라, 파업을 통해 임금인상을 강제한 노동자의 의식적 의지는 곧 임금운동을 지배하는 경제법칙이란 존재하지 않는다는 사실을 증명한다고 주장할지도 모른다.

[지금까지 살펴본 문헌에서] 자본주의의 붕괴는 완벽히 거부되거나 정치적 의지주의에 기초했다. 자본주의의 필연적 붕괴에 관한 경제적 증명은 지금까지 시도되지 않았다. 그래서 1899년에 베른슈타인이 인식했듯이, 그 문제는 우리가 마르크스주의를 완전히 이해하는 데 아직도 결정적이다. 역사에 대한 유물론적 개념에서 전체 사회적 과정은 경제적 과정에 의해 결정된다. 사회혁명을 생산하는 것은 인류의 의식이 아니라 물질생활의 모순이자, 사회의 생산력과 그 사회적 관계 간 충돌이다.

자본주의가 영원히 지속될 수 없음을 증명하고자 한다면, 자본주의 경제의 필연적 붕괴와 사회주의 경제로의 불가피한 변형을 증명해야만 한다. 이것이 확증된다는 것은 곧, 자본주의가 그 대립물로 필연적으로 변형된다는 게 증명된 것이고, 또한 사회주의가 유토피아의 영역으로부터 벗어나 과학의 영역으로 진입하는 것이다.(Tugan-Baranovsky, 1905, p. 209)

나는 뒤에서 마르크스가 이러한 증명에 필요한 모든 요소를 제시했다고 입증할 것이다.

3. 어떻게 카우츠키는 마르크스의 축적 이론과 붕괴이론을 결국 포기했는가

카우츠키는 최근의 책(Kautsky, 1927)에서, 마르크스를 방어한다는 가면을 쓰고 마르크스를 왜곡했던 초기 방식을 포기하는데, 이는 『자본』의 기본적인 개념에 공개적으로 반대하기 위해서다. '자본주의의 붕괴'라는 장에서 그는 다음과 같이 묻는다. "자본주의 전에 봉건제가 사멸했던 것과 같은 방식으로 자본주의는 사멸할 것인가?" 카우츠키에 따르면, 그럴 것이라는 답은 순수한 가정이며, "마르크스와 엥겔스는 그 가정에서 결코 완전히 벗어나지 못했다"(p. 539). 이는 카우츠키가 마르크스를 왜곡하는 방식의 좋은 사례다. 카우츠키는 마르크스와 엥겔스가 한때는 경제적으로 필연적인 자본주의의 몰락이라는 개념을 지지했으나, 나중에는 그 개념에서 벗어나려고 노력했고, 결코 완전히 성공하지는 못했다는 인상을 창출하고자 노력한다. 그러나 사실 자본주의의 필연적 몰락이라는 개념은 『자본』 1권과 3권에 나오는 마르크스의 축적과 위기이론의 절대적인 기초다.

카우츠키에 따르면, 붕괴라는 개념은 사실과 모순된다. 여러 부르주아 비판가와 마찬가지로, 카우츠키는 마르크스의 궁핍화 이론이 1840년대에 만연한 조건에서 경험적으로 추론된 것이라고 주장한다. 궁핍화 이론은 자본주의가 초래한, 19세기 초 노동자계급의 끔찍한 피폐함이라는 측면에서는 유효했다. 그러나 1847년 이후, 영국에서는 곡물법이 폐지되고 10시간 노동제가 도입되며 산업의 팽창과 노동조합 운동이라는 새로운 시대가 시작되었다고 카우츠키는 이어 말한다. "공장법으로 보호를 받는 산업에서 노동자계급의 조건은 상당히 개선되었다"(p. 541). 정치적인 수단 역시 노동자의 경제적 지위를 개선하는 데 기여했다.

민주주의가 확대되면서 대도시의 프롤레타리아는 점점 더 행정부를 통제했고, 심지어 부르주아 사회의 한복판에서도 자신의 복지와 생활 조건을 개선할 능력을 획득했는데, 이는 그들의 건강조건이 눈에 띌 정도로 향상되는 수준에 이르렀다.(p. 542)

카우츠키는 "자본주의적 생산양식이 자본주의적 발전법칙을 통해 자신의 몰락을 준비한다고 더 이상 주장할 수 없다"라고 결론을 맺는다(p. 541). 카우츠키의 논증은 노동자계급의 지위가 『공산주의자 선언』에서 서술했던 조건보다 향상되었다는 사실에 전적으로 근거한다. 이러한 사실로부터 카우츠키는 자본주의에서 생산력 발전에 대한 마르크스의 이론, 특히 마르크스에게 기본적인 개념으로서, 특정 단계 이후로는 자본주의가 생산력을 구속한다는 개념을 방어할 수 없다고 결론을 내린다. 카우츠키는 이러한 마르크스의 이론에 직접 대립하는 개념을 대치시킨다. "초기 착취양식들이 궁극적으로 파괴를 초래했다면, 산업자본은 짧은 성장통이 있었지만, 생산력의 증가 경향으로 규정된다"(p. 539).

몇 페이지 뒤에서 카우츠키는 이렇게 말한다. "1867년의 『자본』 1권에서 마르크스는 20년과는 전혀 다른 말을 한다"(p. 541). 즉 마르크스가 『자본』에서는 빈곤화 이론을 포기했다는 말이다. 그렇지만 마르크스의 궁핍화 이론과 붕괴이론의 핵심적인 측면은 오로지 『자본』에서 처음 제시되었다. 마르크스는 노동자계급의 지위가 개선되었다고 인정했지만, 자본주의에서 노동자계급의 불가피한 빈곤화를 1840년대 영국의 경험적 조건에서 추론하지 않았고, 오히려 자본의 바로 그 본질, 달리 말하면 자본주의에 특유한 축적 법칙에서 추론했다. 그렇기 때문에 [마르크스가 『자본』에서 궁핍화 이론과 붕괴이론을 처음 제시하는 것이] 가능했다.

노동자계급의 지위 악화와 산업예비군의 증가는 그로부터 붕괴가 추론되는 제일의 사실이 분명히 아니다. 오히려 그러한 현상은 자본주의의 특정 단계에서 나타나는 자본축적의 필연적 결과다. 자본축적은 궁극적으로 자본주의의 경제적 실패를 야기하는 제일의 원인인데, 이는 축적된 자본의 불완전한 가치증식 때문이다. 자본축적의 보편적 법칙을 다루는 장에서 정식화된 축적과 붕괴이론을 완벽히 무시하는 것이 카우츠키의 특징이다. 이는 카우츠키가 룩셈부르크의 견해를 반박하는 방식에서 특히 분명히 나타난다.

(생산력의 확대에도 불구하고, 또는, 정확히 말하면 생산력의 확대로 인해) 자본주의적 유통과정의 조건 [시장 확대의 제약] 때문에 자본주의의 최종적인 경제적 붕괴가 불가피하게 필연적이라고 추론하려는 다른 가설[룩셈부르크의 가설]은 마르크스와 직접 대립된다. 마르크스는 『자본』 2권에서 정확히 그 반대를 증명했다.(p. 546)

즉, 카우츠키는 『자본』 2권에서 마르크스가 자본주의에서 생산력의 자유로운 발전 가능성을 증명했다고 간주한다. 마지막으로, 카우츠키는 바우어의 재생산표식에 호소해야만 하는데, 카우츠키는 바우어의 표식이 룩셈부르크 이론에 대한 "가장 중요한 비판"(p. 547)이라고 말한다. 또한 바우어도 무제한적 축적의 가능성이라는 명제를 옹호한다(Bauer, 1913, p. 838).

투간-바라노프스키는 『자본』 2권 말미에 나오는 재생산표식이야말로 마르크스 자신이 자본주의 생산력의 위기 없는, 무제한적 발전 가능성을 확신했다는 증거라고 간주한 첫 번째 인물이었다. 투간-바라노프스키는 재생산표식의 기저를 이룬다고들 말하는 균형 명제를 마르크스가 명시적으로 정식화한 적이 없다는 점을 인정하며, 마르크스가 결코 이러한 표식을 논리적으로 발전시킨 적이 없다는 점도 인정한다. "재생산표식으로부터 도출되는 논리적 추론은(마르크스 자신은 이러한 추론을 완전히 무시했지만) 마르크스가 재생산표식을 구성하기 전에 공언한 개념[축적·붕괴이론]과 명백히 모순된다"(Tugan-Baranovsky, 1913, p. 203). 당연히도, 투간-바라노프스키는 이처럼 정말 놀라운 모순을 해명해야 하므로, 재생산표식을 구성하기 전 마르크스의 이론 체계가 낡고, 구식이 된 초안에 불과하다고 간주하려 한다. 왜냐하면 마르크스가 이 초기 부분을 전혀 고치지 않았고, 그의 초기의 "분석은 불완전한 채로 남아 있기" 때문이다(p. 203).

카우츠키는 바우어의 이론을 받아들이면서 자본주의적 축적의 최종

한계라는 개념을 거부하고, 25년 전의 투간-바라노프스키와 같은 입장에 선다.[3] 그러나 투간-바라노프스키가 재생산표식에 대한 조화주의적 해석에 담긴 모순을 최소한 인식이라도 했던 반면, 카우츠키, 바우어, 힐퍼딩은 그런 모순을 전혀 신경 쓰지도 않았다는 차이가 있다. 그 모순이 분명할 때, 그들은 마르크스의 이론을 포기하고 자신의 조화주의적 해석을 고수한다. 카우츠키에게 위기란 개별 부문 간 비례성이 깨져서 발생한 일시적인 혼란일 뿐이다. 하지만 "적절한 비례성이 항상 재확립된다"(Kautsky, 1927, p. 548).

카우츠키는 자본주의의 최종적 경제 붕괴에 대한 마르크스 이론을 포기하는 것에 단지 만족하지 않는다. 그는 자본주의의 무조건적인 찬미자가 된다. 카우츠키에 따르면, [제1차] 세계대전의 대재앙 동안에도,

> 자본주의는 붕괴하지 않았다. 자본주의는 자신의 탄력성, 즉 새로운 조건에 적응하는 능력이 취약성보다 훨씬 더 크다는 점을 우리에게 보여 주었다. 자본주의는 전쟁이라는 시험을 견뎠고, 순전히 경제적 관점에서 보면, 현재는 과거 어느 때보다 더 강력한 상태다.(p. 559)

자본주의의 경제적 미래에 대한 카우츠키의 믿음과 낙관적 열정은 너무 멀리 나아가서, 카우츠키는 베른슈타인처럼 자본주의가 모든 장애를 항상 극복할 수 있다고 결론을 내리게 된다. 달리 말해, 누구도 자본주의의 경제적으로 필연적인 몰락에 대한 이론적 증거를 제시하지 못했을 뿐만 아니라 그러한 증명은 불가능하다는 것이다.

---

[3]   25년 전 시점의 카우츠키는 위기이론에 관한 자신의 논문에서 과소소비론의 입장에 서서 투간-바라노프스키를 공격했다.

자본주의의 실제 경험은 "정말로 각양각색의 상황, 심지어 절망적인 상황에도 생존하고 적응할 수 있는 능력을 검증한 것 이상이었다"(p. 559). 카우츠키는 이렇게 말한다.

30년 전에는 나는 위기 문제를 다루었다. 그 이후로 자본주의는 수많은 위기에서 살아남았고, 새롭고 때로는 정말 충격적이며 비상한 수많은 요구에 적응하는 능력을 보여 주었다. 그래서 내가 보기에, 오늘 자본주의는 순전히 경제적인 관점에서 보면 수십 년 전보다 훨씬 더 생존 능력이 크다.(p. 623)

그처럼 특출한 재능을 지닌 한 이론가가 활동적인 생애의 마지막 단계를 향할 때, 전 생애에 걸친 작업을 일거에 부인하는 모습을 지켜본다는 게 더없이 슬프다. 카우츠키가 도출한 결론은 과학적 사회주의를 포기하는 것과 같다. 자본주의가 필연적으로 실패할 경제적인 근거가 없다면, 사회주의는 순전히 경제 외적인 근거, 즉 정치적이거나 심리학적이거나 도덕적인 근거에 따라 자본주의를 대체할 수 있을 뿐이다. 그러나 이런 경우라면, 우리는 사회주의의 필연성을 과학적으로 논증하기 위한 유물론적 기초를 포기하는 것이며, 즉 사회주의의 필연성을 경제적 운동에서 추론하는 것을 포기하는 것이다. 카우츠키 자신도 이를 감지한다.

사회주의를 향한 전망은 곧 다가올 자본주의의 붕괴나 쇠퇴의 가능성 또는 필연성에 의존하지 않는다. 그 전망은 우리가 품어야 할 희망, 즉 프롤레타리아가 충분한 힘을 획득할 것이며, 대중의 복지를 위해 풍부한 수단을 제공할 정도로 생산력이 성장할 것이라는 희망에 의존한다. … 마지막으로, 필수적인 경제적 지식과 의식성이 노동자계급 내에서 발전하여 노동자계급이 이러한 생산력을 유익하게 응용하게 될 것이라는 희망에 의존한다. 이러한 희망이 사회주의적 생산의 전제조건이다.(p. 562)

카우츠키는 경제학의 문제를 정치학의 문제로 치환하며, 경제법칙에 속한 문제를 정의에 속한 문제로 치환한다. 일단 분배 문제가 결정적인 것이 되면, 사회주의는 75년 전으로 후퇴하여 그 역사적 출발점으로 되돌아가며, 피에르 조제프 프루동이 분배의 정의를 요구했던 시대로 되돌아간다. 우리의 기초로서 유물론을 포기하는 것은 곧 개량주의를 옹호하며 사회주의를 포기하는 것과 같다.

자본주의가 파멸될 것이라는 경제적 근거를 포기한다면, 프롤레타리아가 결정적 계급으로 등장하여 자본주의의 파괴를 자신의 목표로 설정할 것이라는 [카우츠키가 가정하는] 확실성은 어디에 근거하는가? 프롤레타리아는 현존 사회질서와 화해하는 것을 아마도 더 선호하지 않을까? 자본주의가 생산력을 자유롭게 발전시킬 수 있을 뿐 아니라 노동자계급에게 생활조건이 항구적으로 향상되고 사회개혁을 통해 사회 보호가 증대할 것이라고 보장한다면, 왜 노동자계급이 자본주의에 반대한다고 나서야 하는가?

카우츠키는 자본주의가 이 모든 것을 행할 수 있지만, 그럼에도 노동자계급은 사회주의를 실현할 것이라고 장담한다. 카우츠키에 따르면, (생산력이 더 크게 발전하고, 노동자계급의 지위가 더 높이 상승하고, 사회 입법이 더 많이 진보하더라도) 계급적대는 자본주의 하에서 점점 더 부드러워지는 게 아니라 더 날카로워지므로, 프롤레타리아의 의식적 개입은 불가피하다. 카우츠키는 계급적대를 더 날카롭게 할 일련의 부차적인 계기를 나열한 다음 이렇게 말한다. "이곳, 즉 자본축적이나 위기의 심화가 아니라, 바로 이곳에서 사회주의의 운명이 결정될 것이다"(p. 563). 카우츠키는 자신이 그야말로 순환에 빠져 있다는 점을 깨닫지 못한다. 만약 더 첨예한 계급투쟁의 원인이 경제적 조건에 따른

자본주의 체계의 축적과 붕괴 법칙

것이라면, 카우츠키 자신의 관점은 자본주의의 필연적 붕괴를 증명한다. 유일한 차이는, 마르크스가 제시한 원인(자본축적의 성장, 그에 따른 불충분한 가치증식과 위기라는 결과)이 다른 원인으로 대체된다는 점이다. 그게 아니라면, (이는 양자택일해야 할 두 가지 안 중 두 번째 안이다) 더 첨예한 계급투쟁의 원인이 경제적 조건에 따른 것이 아니라면, 이런 경우에 계급대립의 심화는 무언가 순수하고, 경제적 변동과는 무관한 노동자계급의 의식성으로 거슬러 올라가야 한다. 사실 두 번째가 카우츠키의 사회주의가 발 딛고 있는 궁극적인 기초다. 즉, 사회주의는 전적으로 의지주의적인 방식으로 실현된다. 노동자의 의식적인 의지를 통해서, 자본주의의 어떤 경제적 실패도 없고 프롤레타리아 생활조건이 [항구적으로] 개선됨에도 불구하고, 사회주의는 실현된다. Ⓜ

II

자본주의의 붕괴법칙

2장

자본주의의
붕괴법칙

1. 마르크스에게 과연
붕괴이론이 존재하는가?

마르크스가 붕괴법칙에 관한 간결한 설명을 어떤 특정한 구절에 실제로 남긴 것은 아니지만, 그는 붕괴이론을 설명하는 데 필요한 모든 요소를 구체적으로 명시했다. 가치법칙에 기초해서 자본주의적 축적과정의 자연적 결과로서 붕괴법칙을 충분히 발전시킬 수 있고, 그 명석함은 더 이상의 어떤 증명도 필요로 하지 않을 것이다.

'붕괴이론'이라는 용어가 마르크스가 아니라 베른슈타인에게서 유래하였다는 게 정확한가? 마르크스가 그 어디에서도 자본주의에 조종을 울리는 위기에 대해 말한 적이 없으며, "마르크스는 이런 의미로 해석될 만한 어떤 말도 하지 않았고" 이 "멍청한 개념"은 수정주의자가 몰래 들여왔다는 게 진실인가?(Kautsky, 1908, p. 608) 확실히 마르크스 자신은 붕괴를 말했지, 붕괴이론을 말하지는 않았다. 이는 마르크스가 가치이론이나 임금이론이라는 표현은 쓰지 않았지만 가치법칙과 임금법칙을 발전시켰던 것과 같다. 따라서 만약 우리가 마르크스의 가치이론이나 임금이론을 말할 권리가 있다면, 마르크스의 붕괴이론을 말할 권리도 있다.

축적과정에서 이윤율이 하락하는 경향적 법칙을 다루는 절에서, 마르크스는 자본축적이 어떻게 이윤율 수준이 아니라 이윤량과 연관되어 진행되는지 보여 준다. 마르크스는 이렇게 말한다. "축적 과정은 머지않아 자본주의적 생산의 붕괴를 야기할 것이다. 반경향, 즉 구심력 효과와 함께 지속적인 탈집중화 효과를 발휘하는 반경향이 없다면 말이다"(Marx, 1959, p. 246). 그래서 마르크스는 축적의 구심력이, 그와 동시에 반경향이 작용하지 않는다면, 자본주의적 생산의 붕괴를 야기할 것이라고 말한다. 하지만 이러한 반경향의 작용이 붕괴를 향한 근원적 경향의 영향을 제거하는 것은 아니다. 근원적 경향은 없어지지 않는다. 따라서 마르크스의 진술은 붕괴를 향한 이러한 경향이 왜 '곧' 실행되지 않는지 설명하고자 할 뿐이다. 이를 거부하는 것은 마르크스가 한 말의 명확한 의미를 왜곡하는 것이다.

하지만 그것은 결코 "이런 뜻으로 해석될 수 있고", 아니면 다르게 해석될 수 있는 용어의 문제가 결코 아니다. 카우츠키가 마르크스 이론을 끌어들여 향하는 방향을 볼 때, 그저 용어의 해석으로 접근할 때 초래될 문제는 명백하다. 우리에게 질문은 다음과 같다. 마르크스가 말한 반작용 경향을 우리가 처음에는 사상捨象한다고 가정하면, 자본축적은 어떻게, 어떤 방식으로 자본주의적 생산의 붕괴를 초래하는가? 이는 우리가 풀어야 할 문제다.

2.   방법론에 관한 예비적 언급

우리는 자본주의적 재생산 과정이 경제적 과정 그 자체에서 유래하는 원인들의 결과이며, 어떻게 필연적으로 팽창과 수축이라는 순환적이며 따라서 주기적으로 반복되는 운동 형태를 취하는지, 그리고 어떻게 그것이 자본주의 체계의 붕괴를 야기하는지 증명해야 한다. 하지만, 이 연구가 생산적이고 정확한 결과들을 이끌어 낼 수 있으려면, 우리는 정확성을 보증할 수 있는 방법을 선택해야만 한다.

우리는 재생산 순환의 조건을 결정하는 특징이 무엇이라고 간주해야 하는가? 레더러는 그 특징이 경기순환 과정에서 가격운동이라고 본다. 경기 상승기에는 노동력 가격을 포함해 상품 가격이 오르고, 위기와 불황기에는 상품 가격이 떨어진다. 따라서 이 문제에 대해 레더러가 문제를 제기하는 방식은 다음과 같다. 어떻게 경기 상승기에 전반적인 가격 상승이 가능한가? 레더러에 따르면, 호황기의 특징인 생산량의 증가는 오직 가격 상승 때문에 가능하다. 그러므로 레더러가 처음으로 설명해야 할 대상은 가격 상승이다. 레더러는 추가적인 신용 창조가 가격 상승 배후에 있는 유일한 자극이라고 본다. 결과적으로, 레더러는 추가적인 신용창조라는 요인이 경기순환의 형상을 결정하는 주요 요인이라고 간주한다.

슈피트호프의 설명은 꽤 다르다. "자본투자의 증가는 모든 호황의 진정한 특질이자 인과적인 요인이다"(Spiethoff, 1925, p. 13). 여기에서 가격 상승은 한마디도 언급되지 않는다. 문제를 설명하기 위해 한발 더 전진하지 않을 바에는, 우리는 그저 우리의 기본 지표로서 일련의 모든 다른 작용력을 열거하는 게 차라리 더 나을 것이다. 문제는 여러 현상 중에서 어떤 현상이 경기순환에서 특징적이냐, 전형적이냐가 아니라, 어떤 현상이 경기순환을 좌우하느냐라는 의미에서 어떤 현상이 경기순환에 필연적이냐는 것이다. 경기 상승기에 가격이 전반적으로 상승한다는 것이, 곧 가격 상승이 필연적으로 경기 상승과 연관되어 있다는 뜻은 아니다. 만약 우리가 레더러처럼 가격 상승이 경기 상승의 전제라고 가정한다면, 우리는 미국의 호황에 완전히 당황할 것인데, 미국의 호황에서는 종종 가격 하락이라는 특징이 나타났기 때문이다. 잘못된 출발점을 선택했다는 것이 명백하다. 가격 상승과 생산을 위한 지출 증가, 양자 그 자체는 자본주의 기업가에게는 중요하지 않은 문제다.

자본주의적 생산과정은 이중적인 성격을 지닌다. 그것은 상품 혹은 생산물을 생산하기 위한 노동과정이며, 동시에 잉여가치 혹은 이윤을 얻기 위한 가치증식과정이다. 오직 후자, 즉 가치증식과정만이 자본주의적 생산의 근본적인 추동력을 형성하며, 반면에 사용가치의 생산은 기업가에게 단지 그 목적을 달성하기 위한 수단, 필요악일 뿐이다. 기업가는 오직 생산이 자신의 이윤을 확대할 수 있을 때만, 생산을 지속하고 확대할 것이다. 생산을 위한 지출 증가나 축적은 가치증식의 함수, 곧 이윤 크기의 함수일 뿐이다. 만약 이윤이 증가한다면 생산은 확대될 것이며, 가치증식이 실패한다면 생산은 감축될 것이다. 게다가 생산의 확대와 감축이라는 두 상황은 가격이 불변이든, 상승하든, 하락하든 간에 성립할 수 있다.

가격의 불변, 상승, 하락이라는 세 가지 가능한 상황 중에 가격이 불변이라는 가정은 이론에 가장 적합한데, 그것이 가장 간단한 상황이며, 그로부터 다른 두 가지 더 복잡한 경우를 이후에 검토할 수 있는 출발점이 된다는 의미에서 그렇다. 따라서 불변 가격이라는 가정은 방법론적으로 유효한 이론적 허구이며, 순전히 잠정적인 특징을 지닌다. 말하자면, 그것은 경제학 내의 좌표계이자 기준점으로, 생산과 축적 과정에서 이윤율의 양적 변동을 정확히 측정할 수 있게 한다.

우리가 명확히 밝혀야 할 기본적인 문제는 어떻게 이윤이 자본축적에 영향을 받으며, 또 역으로 어떻게 영향을 주느냐다. 축적 과정에서 이윤은 일정하게 유지되는가? 또는 증가하거나 감소하는가? 결국 문제는 축적과정에서 잉여가치의 변동을 정확히 측정하는 것이 된다. 이 문제에 답하기 위해 우리는 축적과정을 규정하는 순환적인 운동, 또는 국면의 진동 역시 명확히 밝혀야 한다.

이러한 고려사항이 마르크스의 분석에 깔려 있다. "**교환가치**의 생산(교환가치의 증가)이 자본주의적 생산의 즉각적인 목표이기 때문에, 교환가치를 어떻게 측정할 수 있는지를 아는 것이 중요하다"(Marx, 1972, p. 34). 투하된 자본의 가치가 순환되는 동안 증가했는지 여부나, 축적과정에서 얼마나 증가했는지 규명하기 위해서는, 우리는 최종 가치량과 초기 가치량을 비교해야만 한다. 이러한 비교는 자본주의의 모든 합리적 계산의 기초를 형성하는 것으로, 이런 비교가 가능한 이유는 오로지 가치가 자본주의에서 객관적으로 확인할 수 있는 독립적인 크기로(즉 생산비용과 최종생산물의 가격이라는 형태로) 존재하기 때문이다. 가치는 시장에서 객관적으로 확인할 수 있는 것이며, 자본주의적 계산의 기초를 구성하면서, 또한 그러한 계산의 외적 형태를 구성한다. 따라서 가치를 설명하는 것이 모든 이론적 분석의 출발점이다.

자유 자본주의가 시작되는 바로 그 시점부터, 가치의 독립적인 특징(즉 가치는 객관적이고 외부로 드러나는 실체라는 점)을 수량적인 관점에서 파악하려는 시도가 있었다. H. 지베킹은 이렇게 말했다. "경제학에 대한 합리적 접근은 회계의 도입에 의해 엄청나게 빨라졌다"(Sieveking, 1921, p. 96). 원래 투자했던 가치의 총합에 대해서 산출을 계산할 수 있는 능력은 자본의 존재에 사활적인 조건이다.

자본은 운동하는 가치이며, 생산 영역에 있든 유통 영역의 단계에 있든 간에, 관념적으로는 오직 회계장부 속의 화폐라는 형태로 존재하는데, 특히 상품생산자, 곧 자본주의적 상품생산자의 정신 속에서는 그러하다. 자본의 운동은 부기簿記에 의해 고정되고 통제되는데, 부기는 가격 결정 또는 상품가격의 계산을 포함한다. 따라서 생산 운동, 특히 잉여가치 생산 운동은 … 가상 속에서 상징적으로 반영된다.(Marx, 1956, p. 136)

자본의 순환과정 속에서 특정한 자본 가치의 변동은 가격을 통해 화폐로 표현되는데, 화폐는 회계에 필요한 가치척도로 기능한다. 가치척도에 대해서 마르크스는 화폐 가치가 불변이라는 가정에서 출발하는데, 이러한 가정은 순전히 허구적이지만 그의 분석의 기초를 이룬다. 마르크스는 리카도의 '불변의 가치척도'라는 개념을 격렬히 비판하면서, 금은 [불변의 가치척도가 아니라] 가치척도로서만 기능할 수 있는데, 이는 금 자체의 가치가 변동하기 때문이라고 강조했다. 이런 의미에서 보면, 앞의 가정은 매우 놀라운 것으로 여겨진다. 현실에서는 금을 포함하여 모든 상품의 가치가 변할 수 있다. 그러나 과학은 불변의 척도를 요구한다. "상이한 역사적 시기에서 상품의 가치를 비교하려는 호기심은 실제로는, 엄밀한 의미에서 경제적인 호기심이 아니라 학술적인 호기심이다"(Marx, 1972, p. 133).

온도 측정학의 발전을 역사적으로 조사해 보면 우리는 열 변화에 관해 신뢰할 수 있는 척도가 아몽통의 기본적인 작업을 통해, 그리고 열 변화의 척도로 사용되는 액체의 두 가지 기본적인 온도(물의 끓는 점과 절대영도)의 발견을 통해 정립되었음을 알 수 있다. 이러한 척도는 열의 변화 상태를 비교할 수 있는 불변의 기준점을 확립한다(Mach, 1900, p. 8).

가치척도로서 금에는 그러한 불변의 기준점이 존재하지 않는다. 따라서 상품들의 가치 변동을 [불변의 가치척도로] 정확히 측정하는 것은 불가능하다. 한편으로는 화폐 상품의 가치 변화가 개별 상품 유형들의 가치 변화와 다를 수 있다. 이 경우에 우리는 특정 상품의 가격 상승 중에 얼마만큼이 그 상품의 가치 변화에 의한 것이며, 얼마만큼이 화폐 상품의 가치 변화에 의한 것인지 확인할 수 있는 정확한 측정수단이 없다. 만약 우리가 이 경우에 잉여가치 크기의 변화를 연구한다고 해 보자. 그때 화폐가치가 변할 수 있다고 하면, 가치의 증가(또는 가격의 상승)가 발생하면, 그 의미가 완전히 명백하지 않으며, 순전히 화폐가치의 변화 때문에 발생한 것인지, 아닌지 말하기 어려울 것이다.

하지만 이 모든 경우에서 실제 자본가치 규모의 변화는 없었고, 오직 동일한 가치와 동일한 잉여가치의 화폐적 표현에만 변화가 있었지만 … 사용되는 자본의 크기에 외관상의 변화는 존재한다.(Marx, 1959, p. 139-40)

이와 다른 경우로, 예를 들어 생산성이 일반적으로 변화할 경우에는 화폐가치가 다른 상품의 가치와 동일한 비율로 변화한다. (이는 현실에서는 거의 가능하지 않기 때문에 제한적인 사례다.) 이 경우에 생산과 부의 현실적 관계에는 거대한 절대적 변화가 있지만, 이러한 실질적인 변화가 표면상으로는 보이지 않을 수 있다. 왜냐하면 개별 상품가치들의 상대적인 비율이 여전히 동일하기 때문이다. 물가지수는 실질적인 생산성 변화를 기록하지 않는다.

따라서 마르크스가 "측정 가능한 모든 것을 측정하고, 측정 불가능한 것을 측정 가능하게 하라"라는 갈릴레오의 원칙에 따라, '추상화의 힘'[고정된 화폐가치]으로 존재하지 않는 불변의 기준점을 대신한 것은 전적으로 유효하다. 예를 들어 마르크스는 생산성 변화가 가치와 잉여가치 형성에 미치는 영향을 확인하기 위해서 화폐가치가 불변이라는 가정을 도입할 수밖에 없었다. 그러므로 이 가정은 산업자본의 순환에서 산업자본의 가치 변화를 확인하기 위한 정확한 측정수단을 마르크스에게 장착시켜 주는 방법론적인 가정이다. 이 가정은 『자본』세 권 모두의 기저에 깔린 가정이다.

가치척도의 변화, 또는 화폐가치의 변화는 가격 변화의 원인 중 하나일 뿐이다. 그러한 가격변화는 교환관계의 두 축 중 상품 쪽의 원인으로부터

자본주의 체계의 축적과 붕괴 법칙

도 나타날 수도 있다. 여기서 우리는 두 경우를 구분해야 한다. 어느 쪽이든 간에, 이러한 가격 변화는 사회적인 관점에서 보면 가치의 실제적 변화가 낳은 결과다. (이것이 원래 마르크스의 뇌리를 사로잡은 경우였고, 그가 측정하고자 원했던 것이 바로 이러한 변화다.) 이러한 가격 변화가 아닌 경우에, 또 다른 가격 변화는 가치로부터 가격의 괴리를 표현하며, 그것은 어떠한 경우에도 가치의 사회적 총량에는 영향을 미치지 못한다. 왜냐하면 사회의 한 부문에서의 가격 상승은 곧 다른 부문에서의 가격 하락에 상응하기 때문이다.

마르크스가 스스로 설정한 고유한 과제, 즉 처음에 투하된 자본 크기 위에 덧붙여지는 가치의 증가분을 가능한 한 정확하게 측정한다는 과제는 그가 후자에 해당하는 가격변화, 즉 가치로부터 가격의 괴리를 배제하게 했다. 가치로부터의 괴리를 표현하는 가격 변화는 공급과 수요의 지형이 변화한 결과다. 이제 공급과 수요가 일치한다고 가정하고 분석을 진행한다면, 가격이 가치와 일치할 것이다. 마르크스는 특정한 목적에 따른 방법론적인 고려에 입각하여, 수요와 공급이 일치한다고 가정하며 자신의 분석을 시작한다. 그는 상품시장과 노동시장 양쪽 모두에서 수요와 공급의 균형 상태를 가정하는데, 이는 뒤에서 더 복잡한 경우를 다루기 위해서다. 따라서 생산이 확대될 때마다, 이러한 확대가 모든 부문에서 비례적으로 발생하며 따라서 균형이 파괴되지 않는다고 전제한다. 반대의 경우, 즉 생산이 불비례적으로 확대되는 경우는 그 뒤에 다룬다.

후반 단계에서 분석될 가격 변화 역시 정확하게 측정될 수 있는데, 이는 이처럼 가설적인 균형 상태를 정의하는 단순화된 가정 때문에 오직 가능하다. 이러한 가설적 균형 상태는 재생산표식에 직접 반영될 뿐만 아니라, 그 좌표계로서 분석의 출발점을 형성한다. 마르크스의 『자본』은 수학적이며 수량적인 성격을 지닌다. 오직 이러한 방법론적 장치들이 축적과정에 대한 정

확한 분석을 가능케 한다.[4]

축적은 재생산 과정에서 중단 없이 무기한 계속될 수 있는가? 이에 '예'라고 답하고, 실제 분석을 수행하지 않은 채, 이를 자명하다고 간주하는 것은 문제를 완전히 잘못 이해하는 것이다. 가령 크롤 교수는 만약 상품들이 수요와 공급이 일치하는 균형가격에서 교환된다면, 국면에 따른 진동은 존재하지 않을 것이라고 주장한다. 그는 모든 수익성 하락은 임금이 너무 높기 때문이라고 추정한다(Kroll, 1926, p. 214). 그런데 수익성 하락 전, 즉 과거에는 왜 임금이 너무 높지 않았는가? 재생산표식에서 표현된 '정상적인 경우'와 같이 비교할 수 있는 기초가 없는데 임금이 '너무 높다'는 게 대체 무엇을 의미할 수 있는가? 만약 모든 요소가 가변적이라면, 개별 요인의 영향을 평가할 수 없다. 크롤이 관찰한 임금 수준과 수익성 하락 간 인과관계는 우리가 전제조건으로 상정할 수 없다. 그것은 설명되어야 할 대상이다. 따라서 과학적인 분석은 원칙적으로, 임금이 축적과정에서 불변인 경우를 출발점으로 삼아야만 하며, 이런 경우에 축적과정에서 이윤이 하락하는지 여부를 조사해야 한다.

만약 임금이 불변인데 수익성이 하락한다면, 이는 수익성 하락이나 위기가 임금 수준과 아무런 인과관계가 없으며 오히려 자본축적의 함수라고 증명하는 논리적으로 정확한 증거가 될 것이다. 수요와 공급의 균형 혹은 불변가격이라는 가정은 경기순환 문제에 관해 신용 규모나 가격 등의 변화가 산출한 모든 진동을 분석에서 배제하는 형태로 변수를 다루는 방법일 뿐이다.

---

4)   예리한 사상가일 수도 있었던 오펜하이머는 마르크스의 재생산표식이 지닌 방법론적 의미를 인지하지 못한다. 오펜하이머는 마르크스가 연간 생산물을 $c + v + s$로 분할하는 것은 "단지 잉여가치를 연역하기 위한 장치이며, 이러한 연역은 실패했다"라고 주장한다(Oppenheimer, 1928, p. 311). 그러나 마르크스는 잉여가치를 연역하는 어떤 장치도 필요하지 않았는데, 잉여가치는 실제이며, 실제는 어떤 증명도 필요하지 않기 때문이다. 방법론적 구성은 잉여가치라는 실제를 증명하기 위해서가 아니라, 축적과정에서 잉여가치 크기의 변화를 정확히 규명하기 위해 고안되었다.

이는 자본축적이 잉여가치의 수량적 변화에 끼치는 영향만을 연구한다.

　　이것이 마르크스의 위기 분석 배후에 깔린 가정이다. "위기의 일반적인 조건들은, 그것들이 가격 변동과 독립적인 한 자본주의적 생산의 일반적인 조건들로부터 설명될 수 있어야만 한다"(1969, p. 515). 마르크스에 따르면 위기는 가격 변동으로부터도 발생할 수 있다. 하지만 그러한 위기는 마르크스의 관심사항이 아니다. 마르크스는 '자본 일반'을 분석 대상으로 삼는다. 마르크스는 자본 그 자체의 성격, 즉 자본주의적 생산의 본질에서 기인하는 위기만을 고려한다. 하지만 우리가 경쟁을 사상하고 오직 "상품의 가격이 상품의 가치와 일치한다고 가정한 상황에서, 자본 일반을 검토하도록"(p. 515) 스스로 제한할 때에만 그 본질로 뚫고 들어갈 수 있다. 이러한 가격과 가치의 일치는 생산 조직체가 균형 상태에 있다고 가정할 때에만 결과적으로 성립 가능하다. 마르크스는 이러한 종류의 가정을 세운 것이다. 동일한 가정이 신용에도 적용된다. 신용위기는 일어날 수 있고, 실제로 일어난다. 하지만 질문은 이렇다. 위기는 신용의 운동과 필연적으로 연결되는가? 따라서 우리는 방법론적인 근거에 따라 먼저 신용을 배제한 뒤에 위기가 가능한지 여부를 검토해야 한다. 마르크스는 이렇게 말한다.

　　따라서, 일반적인 **위기의 가능성**이 왜 **현실 위기**로 변화하는지를 조사하고, 위기의 조건을 조사할 때, 지불수단으로서의 화폐[신용(그로스만)]로부터 발발하는 위기 형태에 관심을 기울이는 것은 지극히 불필요하다. [그런데] 정확히도 바로 이런 이유로 경제학자들이 이러한 [지불수단의 부족이라는] 명백한 형태가 위기의 원인이라고 제시하기를 선호한다.(p. 514-5)

　　일단 우리가 심지어 가격과 신용을 무시하는 균형 상태에서도, 위기가 발발할 수 있을 뿐만 아니라 오히려 내재적이라고 보여 주었으므로, 한편에 있는 가격 및 신용의 운동과 다른 한편에 있는 위기 사이에는 아무런 내재적 연관성이 없다고 증명한 것이다. "한마디로 말해, 위기는 신용 없이도 가능하다"(p. 514).

부르주아 경제학자들은 경쟁 또는 수요와 공급의 관계 변화로 시장가격의 운동을 설명하고자 노력한다. 그러나 경쟁은 왜 존재하는가? 그들은 이런 질문을 제기하지 않는다. 경쟁은 신비에 싸인 특질이 되어서, 사람들은 경쟁의 원인을 탐구하지 않고 그저 경쟁을 가정하거나 당연하게 받아들인다. 슈테른베르크는 이렇게 말한다. "경쟁은 오직 산업에서만 존재한다. 왜냐하면 수확 체증의 법칙이 산업에서 완전히 유효하고, 또는 개인기업가들이 자신의 상품을 싸게 만들어서 시장을 통제하려고 투쟁하기 때문이다"(Sternberg, 1926, p. 2). 그러나 왜 그들은 시장을 통제하려고 투쟁해야 하는가? 왜 산업의 '체증하는 수확'에는 배출구가 없어야만 하는가? 이것은 논리적으로 필연적이거나 명백하지 않으며, 이를 그저 가정하는 것은 증명되어야 바를 사전에 전제하고 출발하는 것이다. 설명되지 않은 채로 남겨진 이러한 신비로운 힘으로 그는 모든 다른 현상을 설명하려고 시도한다.

마르크스는 "경쟁이 경제학자의 모든 무의미한 관념을 설명해야 할 책임을 짊어져야만 하지만, 경쟁을 설명해야만 하는 사람은 경제학자"(1959, p. 866)라고 말했는데, 이는 전적으로 올바른 말이었다. 사실,

> 경쟁에 대한 과학적 분석은 자본의 내적 성격에 대한 개념을 획득하기 전에는 성립 불가능하다. 이는 마치 천체의 실제 운동은 감각으로 직접 감지할 수 없으므로, 천체의 실제 운동에 정통한 사람만이 천체의 외관상의 운동을 이해할 수 있는 것과 마찬가지다.(Marx, 1954, p. 300)

그러나 우리는 어떻게 자본의 내적 성격을 파악하는가? 마르크스는

다음과 같이 답한다. 개별 자본가는 "오직 상품 소유자로서 서로 대면하며, 모두가 자신의 상품을 가능한 한 비싸게 팔려고 한다. 내적 법칙은 오직 그들 간의 경쟁을 통해서, 서로서로 가하는 상호압력을 통해서만 스스로 실현된다. 이러한 경쟁과 압력에 의해서 [균형으로부터의] 이탈은 상쇄된다"(1959, p. 880). 즉 현실에서 자본주의의 내적 법칙은 수요와 공급의 이탈을 상쇄함으로써 스스로 실현되며, 이는 곧 이러한 과정을 통하여 그 메커니즘이 균형을 보존한다는 의미일 뿐이다.

내적 법칙은 현실에서 오직 가치로부터 가격의 끊임없는 이탈을 통해서 스스로 작동할 수 있다. 그러나 가치법칙 그 자체에 대한 이론적 인식을 획득하기 위해서 우리는 이미 가치법칙이 실현된 것처럼 가정해야 하는데, 즉 우리는 법칙으로부터의 모든 이탈을 사상한다. 이는 경쟁을 폐기한다는 뜻이 아니다. 오히려 경쟁이 잠복된 상태라고 인식된다. 즉 이런 상태는 두 가지 대립되는 힘이 균형을 이루는 특수한 경우라고 인식된다. 오직 이러한 '정상적인 경우'만이 순수한 형태의 다양한 경제적 범주, 즉 가치, 임금, 이윤, 지대, 이자를 독립적인 범주로서 끌어낼 수 있다. 이는 마르크스의 분석의 출발점이다. 그는 이렇게 말한다.

모든 생산 부문에서 새로운 추가적 노동량으로 형성되는 상품 생산물을 구성하는 가치가 항상 일정한 비율의 임금, 이윤과 지대로 분할된다고 가정해 보자. 그래서 실제로 지불되는 임금은 노동력 가치와 일치하고, 전체 가치 중에서 일부가 일정 비율에 따라 이윤으로 실현되며(즉 전체 자본 중에서 각각 독립적으로 기능하는 자본 각 부분이 차지하는 비율 수준으로 이윤이 실현되는데, 이는 평균이 윤율의 힘이다), 이를 기초로 하여 지대는 [그 범위가] 통상적으로 한정되는 한도 내로 항상 제한된다고 가정하자. 한마디로 말하면, 사회적으로 생산된 가치의 분할과 생산가격의 규제가 자본주의적 기초 위에서 발생하지만, 다만 경

쟁이 배제된 상태라고 가정한다는 것이다.(1959, p. 869-70)

이러한 방법론적 기초에서 출발했을 때, 다음과 같은 질문이 가능하다. 자본축적이 재생산 과정에 끼치는 영향은 무엇인가? 미리 전제된 균형이 과연 장기적으로 지속될 수 있는가? 아니면 축적과정에서 균형에 파괴적 효과를 가하는 새로운 계기가 출현할 것인가?

3.   신조화주의자들의 균형이론

이 문제에 접근할 때, 나는 내 자신의 표식을 구성하지 않고, 바우어의 재생산표식을 이용하여 진실을 보여 줄 것이다(표 2.1을 보라). 1장에서 우리는 신조화주의자인 힐퍼딩, 바우어 등이 자본주의의 무제한적인 발전 가능성을 증명하기 위해, J. B. 세의 낡은 비례이론의 한 판본을 재생산한 투간-바라노프스키의 편에 섰다는 것을 살펴보았다.

틀림없이, 룩셈부르크 이론에 대한 하나의 대답으로서 바우어가 구성한 재생산표식은 이런 종류의 초기 시도 중에서 다른 시도와 구별되는 진전을 보여 준다. 그의 표식은 몇몇 오류를 제외하면, 이런 종류의 표식 모형에 도입할 수 있는 모든 형식적인 요건에 부합한다.[5]

---

[5]   기본적인 오류는 자본의 유기적 구성이 상승한다고 가정하면서도 잉여가치율이 불변이라는 바우어의 가정이다. 바우어의 다른 오류는 그의 표식 구성보다는 오히려 그 기저에 있는 방법론적 명확성의 결핍과 관련된다. 바우어는 도식이 의미하는 순전히 허구적인 축적궤적과 실제 축적궤적을 혼동한다.

룩셈부르크는 마르크스의 재생산표식에 결함이 있다고 주장했는데, 바우어의 재생산표식에는 룩셈부르크가 지적했던 결함 중 어느 것도 나타나지 않는다. 첫째, 바우어의 재생산표식은 끊임없는 기술진보를 고려하며 이를 자본의 유기적 구성의 지속적인 상승이라는 형태로 재생산표식에 통합한다. 그 결과 룩셈부르크가 '마르크스 이론의 주춧돌'이라 불렀던 것이 보존된다. 둘째, 바우어의 재생산표식은 룩셈부르크의 비판, 즉 마르크스의 재생산표식에는 "축적이나 소비에서의 어떠한 명백한 규칙이 없다"라는 비판을 피했다. 왜냐하면 바우어의 재생산표식은 축적이 반드시 부합해야 하는 규칙을 특정화하기 때문이다. 즉 불변자본이 가변자본에 비해 두 배 빠르게 성장하는데, 불변자본은 연간 10%로, 가변자본은 5%로 성장한다. [즉 자본의 유기적 구성이 상승한다.] 셋째, 물론 자본가의 소비가 절대적으로 증가하긴 하지만, 생산성의 증가와 잉여가치량의 증가는 축적 목적으로 배정되는 잉여가치 몫이 점진적으로 상승할 수 있게 한다. 넷째, 바우어의 재생산표식은 룩셈부르크가 요구한 것처럼, 1부문과 2부문의 대칭성을 보존한다. 마르크스의 재생산표식에서 1부문은 항상 그 잉여가치의 절반을 축적하는 반면, 2부문의 축적은 무질서하며 요동친다. 바우어의 표식에서는 두 부문은 모두 매년 동일한 비율로 잉여가치를 축적에 충당한다. 마지막으로, 이윤율은 마르크스의 이윤율 하락의 경향적 법칙에 따라 행동한다. 룩셈부르크가 다음과 같이 신중하게 경고했다는 점은 전혀 놀랍지 않다.

당연히 나는 바우어의 표식에 관한 논쟁에 휘말리지 않을 것이다. 내 책에 대한 바우어의 입장과 비판은 주로 인구론에 의존하는데, 그는 인구론을 축적의 기초로 간주하며 나의 견해에 대립시킨다. 그러한 인구론 자체는 어떠한 수학적인 모형과도 실제로 전혀 관련이 없다.(1972, p. 90)

[표 2.1] 바우어의 재생산표식

연도	부문	c	v	k	a_c	a_v	AV	k/s	$(a_c+a_v)/s$
1	1	120,000 +	50,000 +	37,500 +	10,000 +	2,500 =	220,000		
	2	80,000 +	50,000 +	37,500 +	10,000 +	2,500 =	180,000		
		200,000 +	100,000 +	75,000 +	20,000 +	5,000 =	400,000	75.00%	25.00%
2	1	134,666 +	53,667 +	39,740 +	11,244 +	2,683 =	242,000		
	2	85,334 +	51,333 +	38,010 +	10,756 +	2,567 =	188,000		
		220,000 +	105,000 +	77,750 +	22,000 +	5,250 =	430,000	74.05%	25.95%
3	1	151,048 +	57,567 +	42,070 +	12,638 +	2,868 =	266,200		
	2	90,952 +	52,674 +	38,469 +	11,562 +	2,643 =	196,300		
		242,000 +	110,250 +	80,539 +	24,200 +	5,511 =	462,500	73.04%	26.96%
4	1	169,124 +	61,738 +	44,465 +	14,186 +	3,087 =	292,600		
	2	96,876 +	54,024 +	38,909 +	12,414 +	2,701 =	204,924		
		266,000 +	115,762 +	83,374 +	26,600 +	5,788 =	497,524	72.02%	27.98%

$$\frac{k+a_c+a_v}{c+v}$$

(이윤율)

년도	
1.	33.3%
2.	32.6%
3.	31.3%
4.	30.3%

기호 설명표
c = 불변자본
v = 가변자본
k = 자본가의 소비(개인적 소비)
a_c = 불변자본을 위한 축적
a_v = 가변자본을 위한 축적
AV = 연간 생산물의 가치
s = 잉여가치($= k+a_c+a_v$)

바우어 표식에 대한 나의 비판은 룩셈부르크의 비판과는 상당히 다른 관점에서 출발할 것이다(표 2.1을 보라). 나는 바우어의 표식이 오직 재생산 과정에서 가치 측면만을 반영하고, 또한 반영할 수 있을 뿐이라고 입증할 것이다. 이런 의미에서 바우어 표식은 가치와 사용가치라는 양 측면에서 축적의 현실적 과정을 설명하지 못한다. 둘째, 바우어는 재생산표식이 자본주의의 실제

자본주의 체계의 축적과 붕괴 법칙

과정을 그럭저럭 묘사한다고 가정했다는 점에서, 그리고 그러한 묘사가 동반하는 단순화를 망각했다는 점에서 오류를 범했다. 그러나 우리가 처음에는 재생산 과정을 오직 가치 측면에서 검토하기 때문에, 이러한 결함이 바우어의 표식이 지닌 가치를 떨어뜨리는 것은 아니다.

4.   표식 분석의 조건과 과제

나는 지금부터 서술할 절들에서 바우어의 가정을 완전히 받아들일 것을 제안한다. 그러나 문제는 단순히 위기(자본주의 하에서 경기순환의 주기적 팽창과 수축)와 그 원인을 설명하는 것뿐만 아니라, 자본축적이 발전하는 보편적 경향을 발견하는 것이다. 처음에 우리는 바우어 표식에 반영된 것과 같은 동역학적 균형이라는 기초 위에서 축적이 진행된다는 편리한 가정을 세운다.

이러한 가정에 기초했을 때, 주기적 위기는 "분명히 생산 간의 불비례, 즉 상품공급과 시장, 수요의 불비례로부터 발생"하지만, "바우어에게는 시장 문제가 심지어 존재하지도 않는다"(1972, p. 121)라는 룩셈부르크의 비판은 무의미하며 지지할 수 없게 된다. 왜냐하면, 마르크스는 상품이 가치대로 팔린다는 의식적인 가정에 입각해서 축적 문제를 다루고 『자본』 1권의 분석 전체를 전개했고, 이런 가정은 오직 공급과 수요가 일치해야만 성립 가능하기 때문이다. 마르크스는 수요와 공급의 불비례로부터 발생하는 모든 교란을 사상한 가운데 축적의 경향을 연구한다. 이러한 교란은 경쟁으로부터 나타나는 현상이며, 자본주의의 '추세선'으로부터의 이탈을 설명하는 데 도움을 주지만 그 추세선 자체를 설명하지는 못한다.

마르크스에게 이러한 현상은 '경쟁의 환영幻影'이며, 이런 이유로 그는 일반적 경향을 연구할 때 경쟁의 운동을 사상한다. 일단 일반적 경향들이 규명되면, 발전의 기본선으로부터의 주기적인 이탈, 또는 주기적 위기를 설명하는 것은 손쉬운 과제다. 이러한 의미에서 마르크스의 축적이론과 붕괴이론은 동시에 위기이론이기도 하다.

바우어를 따라 우리는 불변자본량이 200,000이고 가변자본량이 100,000인 생산 메커니즘을 가정할 것이다. 다른 가정은 다음과 같다. 불변자본 중 120,000은 1부문(생산수단)에 할당되고, 80,000은 2부문(소비수단)에 할당된다. 가변자본은 두 부문에 50,000씩 동일하게 할당된다. 불변자본은 1년에 10% 성장하며, 가변자본은 5%씩 성장한다. 잉여가치율은 100%이며, 두 부문의 성장률(rate of accumulation)은 각 연도에 동일하다.[6]

이러한 가정에서 출발하여 바우어는 매년 자본이 축적되고, 잉여가치가 실현될 수 있는 비非자본주의적 시장이 존재하지 않더라도, 그의 관점에서 볼 때, 분명히도 매년 완벽한 균형을 보이는 재생산표식을 구성했다. 바우어는 이 표식을 통해 "룩셈부르크의 문제제기와 논쟁하기 위한 완벽한 기초" (1913, p. 838)를 규명했다고 생각한다. 바우어는 잉여가치 실현에서 비자본주의적 국가들의 결정적 역할을 강조하는 룩셈부르크의 이론을 거부한다. 잉여가치는 자본주의 내에서 전적으로 실현될 수 있다. 일정한 생산성 수준에서, 자본의 팽창이 인구 성장에 비례한다면, 자본주의 메커니즘은 자신의 시장을 창출한다. 자본축적이 극복할 수 없는 한계에 직면할 것이냐는 문제에 대해 바우어는 아니라고 대답한다.

---

6)   [역주] 그로스만이 축적률(rate of accumulation)이라고 부르는 것은 앞으로 모두 (자본)성장률로 번역한다. 현재 통용되는 축적률 개념은 잉여가치 중에서 축적에 사용되는 부분의 비율을 뜻한다. 반면 그로스만이 말하는 바는, 이 표식에서 불변자본과 가변자본이 각각 매년 10%, 5%씩 성장한다는 것이므로 자본성장률이라는 표현이 더 적절하다.

하지만 자본의 유기적 구성이 상승하더라도, 가변자본이 인구 성장만큼 빠르게 팽창할 수 있도록 자본성장률이 충분히 빠르게 상승한다면, 인구 성장과 자본축적 간의 균형 조건은 그대로 유지될 수 있다.(p. 869)

그러나 자본성장률이 그만큼 빠르게 상승할 수 있을까? 바우어는 이런 결정적인 질문을 한 번도 제기하지 않는다. 바우어는 근본적인 쟁점을 그저 자명한 것으로 간주한다. 마치 자본성장률의 상승 속도가 오직 자본가의 의지에 달린 것처럼 본다. 이러한 바우어의 입장으로부터 자본주의는 축적의 성장에 가해지는 어떤 객관적인 한계를 통해서 파괴되는 것이 아니라, 노동계급의 정치투쟁을 통해서 파괴된다는 결론이 나온다. 대중은 오직 근면하고 일상적인 교육 활동을 통해서만 사회주의에 접근할 것이다. 사회주의는 오로지 노동계급의 의식적인 의지의 산물이다.

과거 한때 투간-바라노프스키는 이러한 종류의 개념이 역사에 대한 유물론적 개념의 포기를 뜻한다는 점을 보여 주었다. 만약 자본주의가 진정으로 아무런 장애도 없이 사회의 생산력을 발전시킬 수 있다면, 노동계급의 불만에는 어떠한 심리적인 기초도 없을 것이다. 투간-바라노프스키는 우리가 자본주의의 붕괴를 사회주의에 의해 훈련된 대중의 정치투쟁이라는 측면에서만 바란다면, "모든 논쟁의 무게중심은 경제학에서 의식성으로 이동된다"라고 지적했다(Tugan-Baranovsky, 1904, p. 274). 로자 룩셈부르크는 그로부터 12년 뒤에 비슷한 말을 썼다.

소위 '전문가'들에 따라 우리가 자본주의적 축적의 경제적 무한성을 가정한다면, 사회주의가 기초하는 사활적 토대는 사라질 것이다. 그러면 우리는 마르크스 이전의 이론 체계들과 학파들의 안개 속으로 도피해야 하는데, 그들은 오로지 현재 세계의 불의와 악, 그리고 노동계급의 혁명적 결단력에

기초하여 사회주의를 연역하고자 시도했었다.(1972, p. 76)

5. 왜 고전파 경제학은 이윤량 증가에도 불구하고 이윤율 하락을 두려워했는가?

바우어 표식에서 잉여가치 중에서 자본가의 개인적 소비(k)를 위해 남겨지는 잉여가치의 백분율은 지속적으로 감소한다. 그러나 매년 축적이 증가함에도 불구하고 자본가 소비의 절대량은 증가하며, 그리하여 이는 자본가들이 생산을 확대할 동기를 부여한다. 우리는 바우어의 조화주의적 결론이 그의 표식에 의해 확증되었다고 상상할지도 모른다. 바우어에 따르면 이윤율의 하락은 자본가가 걱정할 일이 아닌데, 왜냐하면 이윤율 하락보다 더 빠르게 전체 자본이 증가하는 한 이윤의 절대량이 증가할 수 있고 실제 증가하기 때문이다. 마르크스는 이렇게 말한다.

자본주의적 생산이 진전되면서 노동의 사회적 생산력도 발전되는데, 이는 한편으로는 점진적인 이윤율 하락 경향으로 표현되며, 다른 한편으로 [자본가가] 영유하는 잉여가치, 또는 이윤의 절대량의 지속적 증가로 표현된다.(1959, p. 223)

그리고

자본에 고용된 노동자의 수, 따라서 자본에 의해 작동하는 노동의 절대량, 그리하여 자본에 흡수된 잉여노동의 절대량, 자본에 의해 생산된 잉여가치량, 그리하여 자본에 의해 생산된 이윤의 절대량은 이윤율의 지속적인 하락에도 불구하고 결과적으로 **증가할 수 있고**, 실제로 점진적으로 증가한다. 이는 단지 **가능한** 것이 아니다. 일시적인 변동을 제외한다면, 이는 **반드시** 그렇게 되지 않을 수 없다.(1959, p. 218)

하지만 만약 그렇다면 질문이 나온다. 자본가의 절대적 이윤량이 증가하는 한, 왜 자본가는 이윤율의 하락 여부를 그렇게 걱정해야 하는가? 이윤량의 증가를 보장하기 위해 자본가가 해야 할 모든 것은 부지런히 축적하는 것, 즉 이윤율의 하락을 초과하는 비율로 축적하는 것뿐이다. 나아가, 왜 고전파 경제학은 이윤율 하락 앞에서 깊은 불안감과 진정한 '공포감'에 떨어야 했는가? 왜 이윤율 하락은 부르주아에게 진정한 '심판의 날'인가?(Marx, 1969, p. 544) 왜 리카도의 추종자들은 "이러한 치명적인 경향을 몹시 두려워"했는가?(p. 541) 왜 마르크스는 "이윤율 하락 법칙은 자본주의적 생산에서 매우 중요하다"고 말하는가?(1959, p. 213) 왜 마르크스는 이윤율 하락 법칙이 "부르주아적 생산을 불길하게 짓누른다"고 말하는가?(1969, p. 541) 게다가 이와 정반대로 속류 경제학자들이 "스스로를 위로하며 이윤량의 증가를 언급할" 때 마르크스는 왜 그렇게 말하는가? 현존하는 마르크스주의 문헌들은 이러한 질문들에 대한 어떠한 답도 가지고 있지 않다.

달리 말해, 이윤율 하락은 자본주의를 진정으로 위협하는가? 바우어의 표식은 그렇지 않다고 증명하는 것처럼 보인다. 4차 연도가 끝날 때까지 축적기금과 자본가의 소비기금 둘 다 절대적으로 증가한다. 하지만 우리는 정확히 바우어의 표식을 통해 축적의 경제적 한계가 존재한다고, 즉 무제한적 발전 가능성이라는 바우어의 조화주의적 결론이 진부한 망상이라고 증명할 것이다.

6. 자본주의의 미래에 대한 고전파 경제학의 관점: D. 리카도와 J. S. 밀

마르크스의 이론은 상당히 긴 자본주의 발전의 마지막 단계만을 보여준다. 마르크스의 이론은 고전파 경제학 이론과 직접적으로 연결되며, 그로부터 특정한 요소들을 수정되고 심화된 형태로 흡수했다. 리카도는 기본적인 생계수단의 비용 상승으로 인해 "이윤은 자연적으로 하락하는 경향이 있다" (Ricardo, 1984, p. 71)라는 결론에 이미 도달했다. 왜냐하면 이윤이 자본의 배후에 있는 동기이기 때문이다.

이윤이 감소할 때마다 축적의 동기가 감소할 것이며, 자본가들의 이윤이 매우 낮아서 그들의 자본을 생산적으로 사용할 때 필연적으로 부딪치는 곤경과 위험에 대한 충분한 보상을 제공하지 못한다면 축적이 완전히 멈출 것이다.(Ricardo, 1984, p. 73)

리카도는 자본주의의 먼 미래를 불안한 눈길로 바라보며 다음과 같이 말했다. "우리의 진보가 점점 더 느려진다면, 즉 우리가 정상상태定常狀態 (stationary state)에 도달해야 한다면(물론 나는 우리가 정상상태와 아직 멀리 떨어져 있다고 믿지만), 그렇다면 이 법칙들의 치명적인 성격은 점점 더 분명해지며 우리를 두렵게 할 것이다"(p. 63). [정상상태는 고정자본과 국민소득의 성장의 정지를 의미한다. 『현대경제학비판』, p. 180]

리카도가 제시한 붕괴이론의 뿌리는 높은 수준의 축적 단계를 규정하는 자본의 불완전한 가치증식 속에서 찾을 수 있다. 리카도는 실제 현상으로서 이윤율 하락의 경향을 정확히 인식했으나, 그 경향을 농업생산성 하락에 근거한 자연적인 과정이라는 측면에서 설명하였다. 마르크스는 이윤율 하락

자본주의 체계의 축적과 붕괴 법칙

을 설명하는 이러한 자연적인 기초를 자본주의의 특유한 성격에 내재한 사회적인 기초로 반드시 대체해야만 했다.

붕괴이론은 존 스튜어트 밀의 작업으로부터 더 발전된 형태를 얻었다. 하지만 밀의 작업에는 여러 왜곡이 존재하는데, 이는 임금이론의 오류(임금기금설), 지대이론의 오류, 고정자본과 이윤율 수준의 관계에 대한 잘못된 견해, 그리고 자본주의가 실존하는 데 이윤율이 결정적으로 중요한 역할을 한다는 점을 명확히 일반적으로 인식하지 못했다는 점 때문에 발생한다. 밀은 '정상상태'를 현대사회 발전의 일반적인 방향으로 보았으나, 리카도와 달리 밀은 그 경향을 평온한 기분으로 관조했다. "나는 자본과 부의 정상상태를 구식 정치경제학자들이 일반적으로 드러냈던 날것 그대로의 혐오감으로 대할 수 없다"(Mill, 1970, p. 113). 밀의 관점은 자본의 정상상태란 결코 '인류의 발전'이라는 일반적인 진보를 결코 위태롭게 하지 않는다는 관념으로 자본을 달래고자 한, 일종의 프티부르주아적 개량주의였다. 밀은 자신의 유토피아주의 속에 빠져, 자본축적은 자본주의적 생산의 필수조건이며, 자본가들은 인류의 진보에 조금도 흥미가 없고 오직 수익성 수준에만 관심이 있다는 사실을 망각한 것으로 보인다. 이런 측면에서 보면, 리카도와 그의 학파가 밀보다는 자본주의의 사활적 조건을 더 정확히 이해했다.

하지만 우리가 이처럼 명백한 핵심적 결함을 무시한다면, 우리는 밀이 붕괴 경향과 그것의 원인, 나아가 붕괴 경향에 반작용하는 여러 계기에 관해 훨씬 더 분명한 통찰을 보여 주었다는 사실을 인정해야 한다. 밀의 중심적 주장은 만약 자본이 현재의 비율로 계속 축적되고 이윤을 증가시키는 데 어떠한 환경도 개입하지 않는다면, 이윤이 최소 수준으로 떨어지는 데 아주 짧은 시간밖에 걸리지 않으리라는 것이다. 그러면 자본의 팽창은 곧 궁극적인 한계에 도달한다(p. 94-7). 시장에 전반적인 재고 과잉이 발생할 것이다. 밀에게 근본적인 곤란은 시장의 부족이 아니라 투자 기회의 부족이다.

이에 반작용하는 환경은 이 궁극적인 한계를 얼마간 대체하거나 연기한다. 그런 사건들 중에 밀이 언급한 목록은 다음과 같다. 1) 노동조건의 악화, 2) 자본의 가치절하 혹은 자본의 파괴, 3) 기술진보, 4) 더 저렴한 원료와 생활수단을 공급하는 외국 무역, 5) 식민지나 외국으로의 자본수출. 우리는 이러한 환경에 대해 나중에 더 자세히 살펴볼 것이다.

『자본』 3권의 이윤율 하락 경향에 관한 절들과 밀에 의해 발전된 [고전파 경제학의] 붕괴이론을 비교해 보면, 마르크스가 자신의 이론을 밀에 의해 제안된 이론과 연결했음을 알 수 있다. 마르크스가 붕괴이론에 더 깊은 토대를 부여했고 붕괴이론을 가치법칙과 일치시켰지만, 밀의 중대한 역할은 부인할 수 없다. 밀이 제시한 이론의 외부적 구조에서 리카도와 마르크스에서 찾을 수 있는 것과 동일한 논리적 구성을 볼 수 있다. 마르크스 역시 두 단계로 문제를 다루는데, 즉 먼저 붕괴 경향을 다루고, 그 다음에 반작용 경향을 다룬다. 그리고 마르크스는 "구심력[대자본가가 소자본가를 합병]의 효과 속에서 지속적으로 탈집중화[자본의 분열, 새로운 독립자본의 형성]의 효과를 내는 반작용 경향이 없다면" 자본축적 과정이 "머지않아 자본주의적 생산의 붕괴를 야기할 것"이라고 언급한다(1959, p. 246). 마르크스는 밀이 증거로 제시한 모든 반작용 경향을 언급하는데, 몇 가지 반작용 경향을 추가하고, 그 경향들에 얼마간 상이한 이론적 의미를 부여하긴 하더라도 그러하다.

자본주의 체계의 축적과 붕괴 법칙

7. 마르크스주의 축적이론과 붕괴이론

바우어의 말처럼 축적이 인구 성장에 적응하는 경향이 있는 경우에, 우리가 어떤 한 체계의 발전 경향을 논하려 한다면 단지 1-2년을 관찰하는 것으로는 불충분하다. 우리는 그 체계의 발전을 좀 더 긴 기간에 걸쳐 살펴봐야 한다. 바우어는 그러지 않았다. 그는 단지 네 번의 생산 순환만을 계산했다. 이것이 그가 범한 오류의 근원이다.[7] 문제는 정확히 바우어가 설정한 조건 하에서 축적이 장기적으로 가능한가 여부다. 바우어가 자신이 세운 체계의 발전을 충분히 긴 기간에 걸쳐 따라갔다면, 그는 곧 자신의 체계가 필연적으로 붕괴한다는 사실을 발견했을 것이다.

바우어가 설정한 조건들을 확실히 유지한 채로 그 체계를 36차 연도까지 전개해 보면, 우리는 자본가의 소비를 위해 남겨둔 잉여가치 부분(k)이 5차 연도에 86,213에 해당하고 그 후 계속 성장하지만, 분명히 한정된 고점까지만 확대됨을 알 수 있다. 이 고점 이후에 자본가의 소비는 필연적으로 감소하는데, 자본가의 소비가 자본화를 위해 필요한 잉여가치 부분에 의해 잠식되기 때문이다.

● 과잉축적으로 인한 가치증식의 실패

이윤율의 하락에도 불구하고 축적은 점점 더 빠른 속도로 진행된다.

---

[7] 이러한 오류는 투간-바라노프스키에도 동일하게 적용되는데, 그는 단지 3년에 걸쳐서만 그가 제시한 체계의 발전을 추적했을 뿐이고, "분석을 4년, 5년 또는 그 이상 지속하는 것은 지극히 불필요하다"라고 주장했다(Tugan- Baranovsky, 1901, p. 24).

왜냐하면, 축적의 범위가 이윤율에 비례하여 확대되는 것이 아니라, 이미 축적된 자본의 크기에 비례하여 확대되기 때문이다. "특정한 한계를 넘어서면 이윤율이 낮은 대자본이 이윤율이 높은 소자본보다 더 빠르게 축적한다" (Marx, 1959, p. 250-1).[8]

[표 2.2] 바우어 표식의 연장[9]

연도	c	v	k	a_c	a_v	AV	k/s	a/s	이윤율
5	292600 +	121500 +	86213+	29260 +	6077 =	535700	70.9%	29.1%	29.3%
6	321860 +	127627 +	89060+	32186 +	6381 =	577114	69.7%	30.3%	28.4%
7	354046 +	134008 +	91904+	35404 +	6700 =	622062	68.6%	31.4%	27.4%
8	389450 +	140708 +	94728+	38945 +	7035 =	670866	67.35%	32.7%	26.5%
9	428395 +	147743 +	97517+	42839 +	7387 =	723881	66.0%	34.0%	23.6%
10	471234 +	155130 +	100251+	47123 +	7756 =	781494	64.63%	35.37%	24.7%
11	518357 +	162886 +	102907+	51835 +	8144 +	844129	63.10%	36.90%	23.9%
20	1222252 +	252961 +	117832+	122225 +	12634 =	1727634	46.6%	53.4%	17.1%
21	1344477 +	265325 +	117612+	134447 +	13266 =	1875127	44.3%	55.7%	16.4%
25	1968446 +	322503 +	109534+	196844 +	16125 =	2613452	33.9%	66.1%	14.0%
31	3487220 +	432182 +	61851+	378722 +	21609 =	4351584	14.31%	85.69%	11.0%

---

8) 보댕처럼, 이윤율의 하락이 "축적과정의 진전을 자연스럽게 중단시키고 자동 브레이크처럼 행동한다"(Boudin, 1909, p. 169)라고 생각하는 것은 마르크스의 체계를 전혀 이해하지 못하는 것이다. 나는 이윤율의 하락과 함께 축적이 감속하는 것은 자연스럽지 않을 뿐만 아니라, 정반대로 축적이 더 가속화된 속도로 진행될 수 있다는 것을 입증했다.

9) [역주] 이 표는 *History of Political Economy*, 26: 2(1944)에 영어로 번역된 'The Breakdown Tendency and the Class Struggle'에 실린 표를 참조하여 종합한 것이다. 이 글은 부록으로 이 책에 실려 있다.

자본주의 체계의 축적과 붕괴 법칙

34	4641489 +	500304 +	11141+	464148 +	25015 =	5642097	0.45%	99.55%	9.7%
35	5105637 +	525319 +	음수 값	510563 +	축적량 14756 필요량 26265 부족량 11509	6156275	음수 값	104.61 %(!)	9.3%
36a	이용 가능한 자본 5616200	이용 가능한 인구 551584	음수 값	축적량 540075	축적량 0	6696350	음수 값	109.35 %(!)	8.7%
36b	운영 중인 자본 5499015	취업 중인 인구 540075		필요량 561620	필요량 27003				
36c	과잉자본 117185	산업 예비군 11509		부족량 21545	부족량 27003				

우리는 10년 뒤에 본래의 자본이, 지속적인 이윤율 하락에도 불구하고 그 가치가 [1차 연도의] 300,000에서 [11차 연도의] 681,243으로 227% 확대되었음을 확인할 수 있다. 그 후 두 번째 10년 동안 [즉 21차 연도까지] 자본이 확대된 비율은 236%이다. [21차 연도의 불변자본과 가변자본 가치의 합인 1,606,802을 11차 연도의 불변자본과 가변자본 가치의 합인 681,234로 나누어 구한 값이다.] 심지어 그동안 이윤율이 [10차 연도의] 24.7%에서 [21차 연도의] 16.4%로 더 떨어졌음에도 불구하고 말이다. 마침내 세 번째 10년 동안 [즉 31차 연도까지] 자본축적은 훨씬 더 빠르게 진행되어 10년 동안 243% 증가한다. [31차 연도의 불변자본과 가변자본 가치의 합인 3,919,402를 21차 연도의 불변자본과 가변자본 가치의 합인 1,606,802로 나누어 구한 값이다.] 심지어 31차 연도의 이윤율이 더 낮지만 그러하다. 따라서 바우어 표식은 자본축적의 가속화와 짝을 이루는 이윤율의 하락을 보여 주는 한 가지 사례다. 불변자본은 급격히 증가하여, 그것은 1차 연도 총생산[생산물가치]의 50%에서 35차 연도 총생산의 82.9%로 증가한다. 자본가의 소비(k)는 20차 연도에

정점에 도달하고 그 이후로는 상대적으로나 [즉 잉여가치에 대비한 비율이라는 측면에서나] 절대적으로나 감소한다. 자본가의 소비는 34차 연도에 최저 수준에 도달하고, 35차 연도에는 완전히 사라진다.

이로부터 그 체계가 반드시 붕괴한다는 결론이 도출된다. 자본가계급은 자신의 개인적 소비를 위해 남겨 둘 것이 없다. 왜냐하면 모든 존재하는 생활수단을 축적에 쏟아 부어야 하기 때문이다. [이는 바우어의 도식에 담긴 가정을 유지하기 위해서 불변자본이 매년 10% 증가하고 가변자본이 매년 5% 증가해야 하기 때문이다.] 그렇게 하더라도 [35차 연도에 이르러] 이 체계를 다음 연도[36차 연도]에 재생산하기 위해 필요한 가변자본을 위한 축적(a_v)은 여전히 11,509가 부족하다. 35차 연도에 2부문에서는 소비재를 540,075의 가치만큼 생산하는 반면, 바우어의 인구 성장률 5%라는 가정에 따라 [완전고용에] 필요한 가변자본의 가치는 551,584다.

바우어의 가정은 그 이후로는 유지될 수 없으며 체계는 붕괴한다. 35차 연도부터는 바우어가 설정한 조건 하에서 더 이상의 축적은 지극히 무의미하다. [자본가의 소비가 사라져서] 생산체계의 과실이 완전히 노동자의 몫으로 흡수되므로 자본가는 그러한 생산체계를 경영하는 데 노력을 낭비할 것이다.

이러한 상태가 끈질기게 지속된다면, 그것은 자본주의 메커니즘의 파괴, 자본주의의 경제적 종말을 의미한다. 기업가계급에게 축적은 무의미할 뿐만 아니라 객관적으로 불가능할 것인데, 왜냐하면 과잉자본이 유휴상태에 있으면서 기능할 수 없고, 어떤 이윤도 산출할 수 없기 때문이다. "일반 이윤율이 가파르고 갑작스럽게 하락할 것이다"(Marx, 1959, p. 251).

과잉축적 단계에서 이러한 이윤율 하락은 자본축적 초기 단계의 이윤율 하락과 다르다. 이윤율 하락은 모든 단계를 관통하여 축적이 진전된다는 증상이지만, 축적의 초기 단계에서는 이윤율 하락이 이윤량의 증가, 자본가의 소비 증가와 함께 진행된다. 하지만 특정한 한계를 넘어서면 이윤율 하락은 자본가의 소비를 위해 배정된 잉여가치의 감소를 동반하며(우리의 표식에서 이러한 감소는 21차 연도에 나타난다) 머지않아 축적에 사용되어야 할 잉여가치 부분의 감소를 수반한다. "이윤율 하락은 그 때가 되면 이윤량의 절대적 감소를 동반하며 … 감소한 이윤량이 증가한 총자본에 대비하여 [이윤율로] 계산되어야 할 것이다"(Marx, 1959, p. 252).

　　마르크스주의 경제순환 이론은 사회적 자본의 가치증식의 증가를 축적의 증가, 즉 경제 상승의 결정적 원인으로 보며, 자본의 불완전한 가치증식을 위기로 향하는 경제 하강의 원인으로 본다. 이는 최근의 실증적 연구들에 의해 완전히 확인되었다. W. C. 미첼(Mitchell, 1927)은 미국에서, J. 레스퀴르(Lescure, 1910)는 프랑스에서, 스탬프(Stamp, 1918)는 영국에서 호황기에 이윤이 계속 증가하는 반면 위기 기간에 수익성 수준이 하락한다는 것을 보여 주었다. 하지만 이러한 동의는 순전히 사실 수준에 머무른다. 레스퀴르는 수익성 감소가 상품가격과 기초원가의 변동 때문이라고 제시한다. 그는 수익성이 자본의 크기에 의존한다는 사실, 즉 이윤의 증가율과 자본의 증가율 간 관계에 의존한다는 사실을 간과한다. 어떤 상품가격 수준과 원가 수준에서도 과잉축적은 가능할 뿐더러, 특정한 축적 단계에서는 불가피하다. 게다가 이윤량이 그대로이거나 심지어 증가하더라도 생산의 팽창은 수익성을 떨어뜨릴 수 있다. 이러한 복잡한 관계들을 이해하려면 단순히 가격의 운동을 관찰하는 것으로는 부족하다. 더 정교한 방법이 필요하며, 그래서 여기에서 모든 비용 요소의 가격이 불변이라는 가정이 연구의 정확성을 위해 결정적이다. 비용(생산수단, 임금, 이자)의 변화는 오직 호황이나 침체 국면을 촉진하거나 제약할 뿐이며, 이러한 호황, 침체 국면을 스스로 산출하지 못한다.

● **과잉축적으로 인한 산업예비군과 유휴자본의 형성**

하지만 과잉축적에 따른 불완전한 가치증식은 단지 축적과정의 한 측면일 뿐이다. 우리는 두 번째 측면을 살펴봐야 한다. 과잉축적으로 인한 불완전한 가치증식은 특정한 인구 규모로부터 착취 가능한 잉여가치보다 자본이 더 빠르게 증가한다거나, 또는 팽창한 자본량에 비해 노동인구가 너무 적다는 의미다. 그러나 머지않아 과잉축적은 정반대의 경향을 낳는다.

경기순환이 최종 단계로 향하면서 이윤량(s)과 그중 축적되는 불변자본(a_c), 축적되는 가변자본(a_v)은 매우 급격히 수축되는데, 추가되는 자본이 이전의 기초 위에서 축적을 지속할 만큼 더 이상 충분하지 않다. 그래서 이는 축적과정이 연간 인구증가를 흡수하기에 불충분해진다. 따라서 [불변자본 매년 10%씩 증가하고 가변자본이 매년 5%씩 증가한다고 가정하는] 축적의 증가 비율에 따르면, 35차 연도에 510,563 a_c +26,265 a_v =536,828 수준의 자본축적이 필요하다. 그러나 이용 가능한 잉여가치량은 525,319이다. 이 표식을 유지하기 위해 필요한 축적량이 이용 가능한 잉여가치량의 104.6%이다. 이는 논리적 모순이며 현실에서 실현 불가능하다.

이 시점 이후의 가치증식은 축적이 인구 성장에 발맞춰 진행되기에 더 이상 충분치 않다. 축적량이 너무 적어지는데, 이는 산업예비군이 불가피하게 형성되며 매년 더 증가한다는 의미다. 우리가 동역학적 균형을 전제하는 표식 모형에 따른 재생산과정을 분석하고 있다는 점을 고려할 때, 잉여인구나 산업예비군은 정의상 당연히 존재할 수 없다. 산업예비군은 오직 높은 수준의 축적 단계에서, 그러한 축적 단계의 산물로서 출현한다. 처음에 세웠던 가정은 더 이상 유지될 수 없으며, 그러한 가정을 위반하게 된다. 바우어 표식의 연장은 35차 연도에 산업예비군을 형성하는 11,509의 [가치에 해당하는] 실업 노동자가 존재함을 보여 준다.

게다가 노동인구의 일부분만이 생산과정에 투입되기 때문에, 추가되는 불변자본의 일부분($510,563\ a_c$)만이 생산수단 구입에 요구된다. 540,075의 [가치에 해당하는] 취업자는 5,499,015의 총 불변자본을 필요로 한다. 그 결과 117,185는 투자 기회가 없는 잉여자본을 의미한다.

이 표식은 마르크스가 『자본』 3권[15장 3절]에서 이와 관련된 절을 '과잉자본과 과잉인구'(p. 250-259)라고 부를 때 염두에 두었던 상황에 대한 명쾌한 설명이다. 과잉축적 또는 불완전한 가치증식은 인구 토대가 너무 작기 때문에 발생한다. 하지만 과잉인구, 즉 산업예비군이 존재한다. 우리는 이를 논리적 모순이라 말할 수 없다. 마르크스는 '이른바 과잉자본'에 대해 다음과 같이 쓴다.

> (이른바 과잉자본은) 언제나 본질적으로, 이윤율 하락을 이윤량의 증가로 상쇄하지 못하는 자본의 과잉을 가리킨다. 이런 과잉자본은 상대적 과잉인구를 초래하는 바로 그 원인에 의해 발생하며, 따라서 상대적 과잉인구를 보충하는 현상이다. 하지만 [과잉자본과 상대적 과잉인구] 양자는 마주보고 있는 양극에 서 있는데, 한 극에는 사용되지 않는 자본이, 다른 한 극에는 실업 노동인구가 존재한다.(1959, p. 251)

몇 페이지 뒤에,

> 이러한 자본의 과잉생산이 다소간 상당한 규모의 상대적 과잉인구를 수반한다는 것은 모순이 아니다. 노동생산성을 높였고, 상품생산을 늘렸고, 시장을 확대했고, 자본축적을 가속화하여, 자본의 양과 그 가치를 증가시켰던 환경과 동일한 환경이 역시 상대적 과잉인구를 창출했고, 지속적으로 창출하고 있다. 상대적 과잉인구는 이러한 과잉자본에 의해 고용되지 않는 노동

자 과잉인구이며, 이는 그들이 고용되기에는 노동착취도 그 자체가 너무 낮기 때문에, 또는 적어도 그러한 노동착취도에서 그들이 생산할 수 있는 이윤율이 너무 낮기 때문에 발생한다.(p. 256)[10]

전형적인 실례는 현재(1928년 3월)의 미국인데, 그곳에서는 과잉자본, 투자 기회의 부족, 부동산과 주식에 대한 거대한 투기와 더불어 400만 명의 실업자라는 잉여노동인구가 존재한다. 이는 너무 많은 잉여가치가 생산되기 때문이 아니라, 축적된 자본량에 비해 이용할 수 있는 잉여가치량이 너무 적기 때문이다.

생산수단과 노동생산성이 생산적 인구보다 더 빠르게 증가한다는 사실은 자본이 자기 확대를 위해 증가한 인구를 고용할 수 있는 조건에 비해 노동인구가 항상 더 빠르게 증가한다는 역전된 형태로 자본주의에서는 표현된다(Marx, 1954, p. 604).

우리는 가치증식의 위기로 인한 산업예비군의 형성을 기계에 의한 노

---

10) 마르크스에 따르면, 가치증식이라는 측면에서 볼 때 너무 많은 자본과 너무 많은 노동자가 존재한다. 로자 룩셈부르크는 불충분한 시장 배출구라는 그녀의 이론을 강제로 끼워 넣음으로써 이러한 구절의 분명한 의미를 흐트러뜨린다. 하지만 마르크스에게는 그러한 이론의 흔적이 없다. 로자 룩셈부르크는 이 구절을 인용한 후 묻는다. "무엇과 관련하여 양자, 즉 자본과 인구가 너무 많은 것인가? 정상적인 조건에서 시장과 관련하여 너무 많은 것이다. 자본주의적 상품을 위한 시장이 주기적으로 너무 적게 증가하면, 자본은 사용되지 않은 채로 남아 있게 되고 그 결과 노동력의 일부도 그렇게 된다"(Luxemburg, 1972, p. 126). 하지만 마르크스는 시장의 결핍에 관해 한 마디도 언급하지 않는다. 정반대로, 마르크스는 시장을 확대했고 축적을 가속화했던 바도 그 원인이 이윤율도 저하시킨다고 말한다. 따라서 마르크스는 룩셈부르크가 가정하는 것과 정확히 정반대로 말한다. 즉 시장의 결핍과 축적의 불가능성에 기인하는 수익성의 하락이 아니라, 축적의 가속화와 시장의 확대에 기인하는 수익성의 하락을 말한다. 게다가 룩셈부르크는 자본주의적 상품을 위한 시장이 주기적으로 너무 적게 성장한다고 말한다. 그러나 룩셈부르크 자신은 왜 배출구가 이처럼 주기적으로 부족한지 증명하기 위해 최소한의 노력도 기울이지 않는다. 그리고 룩셈부르크의 관점에서 본다면 왜 위기의 주기성이 존재하는지 결국 설명될 수 없다.

동자의 '해방'과 구별하는 데 주의하여 한다.[11] 기계에 의한 노동자의 대체는 마르크스에 의해『자본』1권의 경험적 부분(15장 '기계와 현대 산업')에서 묘사되는데, 이는 L에 대비한 M의 증가가 산출하는 기술적인 사실이며, 그 자체로는 특유한 자본주의적 현상이 아니다. 모든 기술진보는 노동이 더욱 생산적이게 된다는 사실, 즉 특정 생산량에 대비해 노동이 더욱 절약된다는 또는 해방된다는 사실에 기초한다. 기계가 노동을 대체한다는 것은 논쟁의 여지가 없는 사실이며 증명할 필요가 없다. 그것은 노동을 절약하는 생산수단이라는 기계의 기본 개념에 속한다. 노동자를 해방하는 이러한 과정은 사회주의 계획경제를 포함해 모든 생산양식에서 발생할 것이다.

　　이로부터 마르크스가 이런 기술적인 사실에서 자본주의의 붕괴를 추론했을 수가 없다는 결론이 뒤따른다.『자본』1권의 25장에서 마르크스는 자본축적의 보편적 법칙을 도출하는데, 기계의 도입으로 인한 노동자의 대체는 언급되지 않는다. 여기서 마르크스가 강조하는 것은 자본의 기술적 구성($M:L$)의 변화가 아니라, 유기적 구성($c:v$)의 변화다. "이 연구에서 가장 중요한 요인은 자본의 구성이며, 축적과정이 진행되면서 자본의 구성이 겪는 변화다"(Marx, 1954, p. 574). 마르크스는 덧붙인다. "내가 자본의 구성에 대해 말할 때, 특별한 단서를 달지 않으면, 언제나 자본의 유기적 구성으로 이해해야 한다"(p. 574).

　　기술적 구성은 유기적 구성의 오직 한 측면만을 형성한다. 즉, 유기적 구성은 그 이상이다. 유기적 구성은 자본의 가치 구성이며, 기술적 구성에 의해 결정되고 기술적 구성의 변화를 반영한다. 결과적으로 마르크스는 노동과

---

11)　[역주] 노동자가 해고되거나 농민이 토지로부터 쫓겨 나가는 과정은 곧 생산자와 생산수단과의 분리를 의미한다. 따라서 번역자는 이를 가리키는 'setting free'를 맥락에 따라 '해방', '분리', '해고'로 번역한다.

정의 기술적 측면, 즉 $M:L$ 관계를 가치 관계, 즉 $c:v$ 관계로 변환한다. 자본주의 하에서 생산수단인 M과 L은 자본의 구성요소이자 가치로서 나타나며, M과 L은 가치를 증식해야 한다. 즉, 이윤을 산출해야 한다.

기술적 생산과정이 아니라, 가치증식과정이 자본주의에 특징적인 추동력이다. 가치증식이 불안정해질 때마다 생산과정은 중단된다. 심지어 요구의 충족이라는 관점에서 볼 때, 기술적 과정으로서의 생산이 바람직하며 필수적일 때에도 그러하다. 마르크스가 축적에 관한 장에서 노동의 해방 [기계의 도입] 과정을 묘사했고, 이는 산업예비군의 형성과정에 반영되는데, 현존하는 문헌들은 노동의 해방 과정이 기계의 도입이라는 기술적 사실에 뿌리를 두는 것이 아니라 높은 수준의 축적 단계에 특유한 불완전한 가치증식에 뿌리를 둔다는 사실을 완전히 무시했다. 그것은 특유하게도 자본주의적인 생산형태로부터 정확히 도출되는 원인이다. 노동자가 해고되는 이유는 노동자가 기계에 의해 대체되기 때문이 아니라, 특정한 자본축적 수준에서 이윤이 너무 작아져 새 기계 등을 구매하지 못하기 때문이다. 결국 이윤이 이러한 구입물 [노동자와 기계]을 구매하기에 불충분하다.

추가 불변자본으로 축적되어야 할 잉여가치의 일부분(a_c)은 너무 빠르게 증가하여 잉여가치의 점점 더 많은 부분을 잡아먹는다. 이는 자본가의 소비(k)를 위해 남겨진 부분을 집어삼키며, 가변자본 축적을 위해 남겨진 부분(a_v)을 점점 더 많이 빨아들이지만, 그래도 여전히 연 10%의 비율로 설정된 불변자본의 증가를 지속하기에는 불충분하다. 1차 연도에 불변자본 축적(a_v)은 처분 가능한 잉여가치 100,000의 20%를 차지했다. 35차 연도까지 그것은 510,563으로, 처분 가능한 잉여가치의 97%까지 상승한다. 완전고용을 위해서는 26,265에 해당하는 잉여가치 잔여[가변자본 축적(a_v)]가 필요하다. 그러나 단지 14,756만이 임금을 지불하기 위한 잔여로 남는다. 자본가의 소비를 위해서는 아무것도 남지 않는다. 처분 가능한 잉여가치량은 팽창한 자본의 가치증식을 보장하기에 충분치 않다. 다음 연도에 11,509의 [가치에 해당하는] 노동자가 고용되지 못한 채로 남아 있기에, 이제 확대된 자본은 더 작아진 가치증식의 토대 위에서 운영된다.

이러한 최종 지점에 도달하기 한참 전, 이미 21차 연도 이후로 자본가의 소비가 절대적으로 감소할 때, 축적은 자본가에게 모든 의미를 상실할 것이다. 축적이 더 진행되는 것은 곧 자본가의 소비가 점점 더 절대적으로 감소한다는 의미다. 자본주의의 지속적 실존에 자본가의 소비가 사활적으로 중요하다는 점은 바로 이 시점에서 명백히 드러난다. 축적이 일어나기 위해서는 잉여가치는 다음과 같이 세 방향으로 배치될 수 있어야 하며, 이에 상응하여 세 부분으로 분할되어야 한다.

① 추가 불변자본(a_c)
② 추가 가변자본(a_v) 또는 노동자의 추가적인 생활수단
③ 자본가의 소비기금(k)

이 세 부분은 자본주의적 기초 위에서 생산의 추가 확대를 위해 모두 동등하게 핵심적이다. 이용 가능한 잉여가치가 앞의 두 가지만을 지불할 수 있다면, 축적은 불가능할 것이다. 필연적으로 이런 질문이 제기될 것이기 때문이다. 자본가가 왜 축적해야 하는가? 노동자들에게 추가 고용을 제공하기 위해서인가? 자본가의 관점에서 볼 때, 자본가가 노동자를 더 고용함으로써 얻는 것이 없게 되면 축적이 무의미하다.

소득분배라는 관점에서 보면, 그러한 생산양식은 사적 자본주의라는 성격을 결국 상실할 것이다. 일단 잉여가치 중 자본가의 소비(k) 부분이 사라지면, 불로소득이라는 특수한 의미의 잉여가치는 사라질 것이다. 잉여가치의 다른 두 부분, 즉 불변자본 축적(a_c)과 가변자본 축적(a_v)은 오직 그것들이 자

본가 계급의 소비기금의 생산을 위한 수단이라는 한에서만 잉여가치로서의 성격을 갖는다. 일단 자본가의 소비 부분이 사라지면, 부불不拂노동의 한 톨도 자본가의 몫으로 돌아가지 않는다. 생산수단이 자본가 소비를 대체하게 되면, 가변자본 전체가 노동계급의 몫으로 돌아가기 때문이다. 부불노동, 즉 노동자의 필요 생계수단의 생산에 필요한 시간을 초과한 잉여노동이라는 의미의 잉여가치는 사라질 것이다. 이제 모든 소비수단은 노동자의 필요 소비수단을 형성한다. 이로부터 자본가의 소비(k) 부분이 자본축적에 핵심적인 특징적인 조건이라는 결론이 도출된다.

룩셈부르크의 주장이 공허하고 형식적이라는 점은 이제 명백하다. 룩셈부르크는 거만하게도 이러한 요소를 묵살하며 분석한다.

> 그러함에도 불구하고 자본가 소비의 증가는 확실히 축적의 궁극적인 목적으로 여겨질 수 없다. 그와 반대로, 자본가의 소비가 존재하고 또한 그 소비가 증가하는 만큼 축적은 사라진다. 자본가의 개인적 소비는 단순재생산으로 간주되어야 한다.(1968, p. 334)

룩셈부르크는 어떻게 단순재생산 하에서 자본가의 소비가 장기적으로 실제 증가할 수 있는지를 설명하기 위해 신경쓰지 않는다. 축적의 목적에 대해 마르크스는, "자본가의 잉여가치가 증가할 때" 전체 과정의 목적이 "자본가 측의 소비 증가를 결코 배제하지 않는다. 정반대로 그 목적은 자본가 소비 증가를 단연코 포함한다"(1956, p. 70)라고 우리에게 말한다. 그러나 룩셈부르크에게는 자본주의적 상품의 소비를 비자본주의적 국가에 맡겨야만 축적이 의미가 있는 것처럼 보인다. 이러한 견해는 완전히 중상주의적 전통에 속한다.

자본주의 체계의 축적과 붕괴 법칙

우리는 중상주의 체계의 어떤 주창자들이 다음과 같은 취지로 긴 설교를 하는 것을 발견한다. 즉 개별 자본가는 노동자만큼만 소비해야 하며, 자본가의 민족은 자국 상품의 소비와 소비과정 일반을 다른 사람들, 즉 미개한 민족에 맡겨야 한다는 것이다.(Marx, 1956, p. 60)

명백히도 마르크스는 룩셈부르크의 이론 전체를 예측했다.

하지만 우리는 자본가가 자본가의 소비(k) 부분이 완전히 잠식될 때까지 단지 수동적으로 기다릴 것이라 가정해서는 안 된다. 어느 시점보다 훨씬 전에(아무리 늦어도 표식에서 자본가의 소비(k) 부분이 절대적으로 감소하기 시작할 때보다 이전에) 자본가는 그 경향을 멈추기 위해 전력을 다할 것이다. 이를 위해 그는 노동계급의 임금을 삭감하거나, 축적에 설정된 조건을 더 이상 준수하지 않아야 한다. 즉 후자의 경우, 특정 기술 수준에서 연간 노동인구증가를 흡수하기 위해 불변자본이 연 10%씩 증가해야 한다는 조건을 준수하지 않아야 한다. 이는 이제부터 축적이 더 느린 속도로, 가령 연 9.5%나 8%로 진행된다는 뜻이다. 축적의 속도는 감속되어야 하며, 영원히 그리고 점점 더 감속되어야 한다. 그런 경우에 축적은 인구 성장에 발맞추지 못할 것이다. 필요하고 설치되는 기계 등이 더 적을 것이다. 이는 생산력의 발전이 제약된다는 뜻일 뿐이다.

이로부터 점점 더 증가하는 산업예비군이 이 시점부터 필연적으로 형성된다는 결론이 도출된다. 축적의 감속과 산업예비군 형성은, 심지어 이 기간에 임금이 불변이라고 가정하더라도 필연적으로 도출되어야 한다. 어떤 축적의 속도에서든, 산업예비군의 형성은 바우어가 가정한 것처럼 임금 상승의 결과가 아닐 것이다.

8.   마르크스의 붕괴이론은 동시에 위기이론이다

여기서 설명한 마르크스주의 축적이론은 붕괴이론만이 아니라 위기이론도 포함한다. 마르크스에 대한 과거 저술은, 그 분석의 기저에 있는 방법과 그의 대표작, 즉 『자본』의 구조를 이해하지 못했기 때문에 그 이론의 핵심을 받아들이지 못했다. 마르크스의 체계에서 위기이론이 결정적인 역할을 하지만 그에 대한 반론이 반복적으로 제기되었다. 즉, 마르크스가 어디에서도 자신의 위기이론에 대해 포괄적인 서술을 제시하지 않았으며, 그 책의 다양한 구절들에서 분산되어 있으면서 서로 충돌하는 설명만 시도했다는 것이다. 이러한 반론은 미숙한 오해에 기초한다. 마르크스의 분석 대상은 위기가 아니라 자본주의적 재생산 과정의 총체다. 마르크스의 연구방법을 고려해 보면, 마르크스는 끝이 없는 자본의 순환을 조사하며, 재생산 과정의 모든 국면에 걸친 자본의 기능을 검토한다. 공식으로 표현하면 이는 다음을 의미한다.

$$\text{순환 1: } M \rightarrow C\,{}^{mp}_{\;l} \;...\; P \;...\; C+c \rightarrow M+m = M'$$

$$\text{순환 2: } M' \rightarrow C\,{}^{mp}_{\;l} \;...\; \text{등등}^{12)}$$

자본의 순환에서 화폐자본, 생산자본, 상품자본으로서 존재하는 자본

---

12)   [역주] M: 화폐 또는 화폐자본. C: 상품 또는 상품자본. mp: 생산수단. l: 노동력. P: 생산과정, 또는 생산자본. $C+c$: 생산된 상품(C보다 가치가 크고 사용가치가 상이한 상품), 또는 확대된 상품자본. $M+m=M'$: 생산된 상품과 교환된 화폐(투하된 화폐액 M보다 더 큰 화폐액), 또는 확대된 화폐자본.

의 각 국면을 분석하면서 마르크스는 다음과 같이 질문한다. 이러한 국면들은 생산과정에 어떠한 영향을 주는가? 이 순환 과정은 부드럽게 진행될 수 있는가? 아니면 정상적인 재생산 과정이 순환의 여러 국면에서 갑작스럽게 단절되는가? 만약 단절된다면 어떤 장애물이 있는가? 특정 국면에서 재생산 과정을 방해하는 요인은 무엇인가?

이러한 연구방법이 낳은 한 가지 결과는 마르크스가 자신의 작업 곳곳에서 위기 문제로 되돌아갈 수밖에 없다는 것인데, 순환의 상이한 국면에서 작용하는 개별 요인 각각의 특수한 영향을 평가하기 위해서다. 이 모든 요인의 역할에 대한 체계적인 설명은 나의 주요 연구 과제로 남겨 두어야 할 것이다. 이 연구의 특수한 대상을 고려하여, 나는 한 가지 요인만을 검토하고자 한다. 물론 그 하나의 요인은 결정적으로 중요한데, 위기라는 관점에서 자본축적을 검토할 것이다. 나는 특정한 자본이 M(화폐자본)으로서 첫 번째 순환을 시작할 때, M'(확대된 화폐자본)로서 두 번째 순환을 가능하게 한다는 사실이 야기하는 효과들을 살펴볼 것이다.

[그림 1]

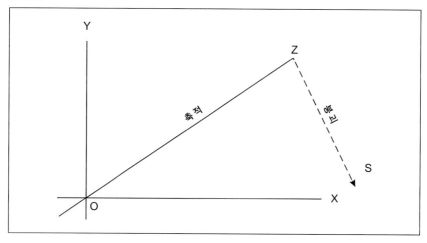

나는 반작용 경향이나 수정 경향들이 개입하지 않는다면, 정확히 확정할 수 있는 특정 자본축적의 수준 이후로는 그 효과가 반드시 체계의 붕괴를 낳는다는 점을 보여 주었다. OX와 OY 좌표평면(그림 1)에서 OX선이 '정상적인 가치증식'의 조건을 표현하고, OZ선이 이런 균형조건에 부합하는 축적을 표현하는 선이라면, 가치증식의 위기는 축적을 표현하는 선[OX선]이 ZS 방향으로 이탈하는 것으로 표현될 수 있다. 이것이 붕괴로의 경향, 체계의 기본 경향 혹은 체계의 '추세'다.

[그림 2]

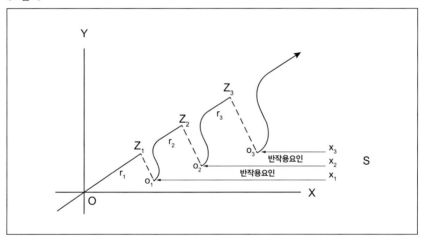

우리의 좌표평면에서 과잉축적이 r_1에서 시작하여, 붕괴가 z_1점에서 개시되며, 붕괴가 자본의 막대한 가치절하라는 형태로 발현된다고 가정하자(붕괴는 그래프에서 점선 z_1-o_1으로 표현된다). 그런 경우 과잉축적된 자본은 자본의 정상적인 가치증식을 위해 요구되는 규모까지 감소할 것이며, 체계는 o_1-z_1보다 더 높은 수준의 새로운 균형 상태로 되돌아갈 것이다.

마르크스의 개념 속에서 위기란 오직 체계의 치유과정이며, 심지어 그

자본주의 체계의 축적과 붕괴 법칙

치유과정이 강제적이고 거대한 손실이 동반되더라도, 위기는 그 안에서 균형이 재정립되는 한 가지 형태다. 자본의 관점에서 보면, 모든 위기는 '정화淨化의 위기'다. 곧 축적과정은 더 확대된 기초 위에서 다시 회복되며, 특정한 한계(가령 o_1-r_2) 내에서 축적과정은 어떤 균형의 교란 없이 진행될 수 있다. 하지만 '특정한 한계를 넘어서면', 즉 r_2점 이후부터, 축적된 자본은 다시금 너무 크게 증가한다. 잉여가치량이 감소하기 시작하고, 가치증식이 감속하기 시작하여, 결국에 z_2점에 이르러 가치증식은 앞에서 설명한 것과 같은 방식으로 완전히 사라진다. 붕괴는 다시 시작되어 자본의 가치절하, z_2-o_2 등이 이어진다.

우리가 (점 z_1, z_2, z_3 등에서) 붕괴 경향의 무제한적 작동이 다양한 반작용 경향들로 인해 반복적으로 억제되고 중단된다는 것을 보여 줄 수 있다면, 붕괴 경향은 완벽히 진행되지 않을 것이며, 따라서 중단되지 않은 직선 ZS로 더 이상 설명될 수 없다. 그 대신에 붕괴 경향은 일련의 세분화된 선으로(즉 $O-z_1-o_1$, $o_1-z_2-o_2$, $o_2-z_3-o_3$ 등으로) 분할될 것이며, 모든 선은 동일한 최종점을 향할 것이다. 이렇게 볼 때 자본주의의 근본적 경향으로서 붕괴 경향은 외관상으로는 독립적인 일련의 순환으로 분할되며, 이러한 순환은 붕괴 경향이 지속적이며 주기적으로 다시 영향을 미치는 형태일 뿐이다. 따라서 마르크스의 붕괴이론은 그의 위기이론의 필수적인 기초이며 전제조건이다. 왜냐하면 마르크스에 따르면 위기는 오직 붕괴 경향의 완전한 실현이 일시적으로 중단되고 억제되는 형태일 뿐이기 때문이다. 이런 의미에서 모든 위기는 자본주의의 추세로부터의 일시적인 이탈이다.

붕괴를 향한 경향을 반복적으로 완화하는 주기적인 중단에도 불구하고, 그 메커니즘 전체는 축적의 일반적인 과정이 진행되면서 그 최종적인 목적지로 냉혹히 나아가는 경향이 있다. 자본축적이 절대적으로 증가함에 따라, 이처럼 확대된 자본의 가치증식은 점점 더 어려워진다. 일단 이러한 반경향이 완화되거나 결국 작동을 멈춘다면, 붕괴 경향이 우위를 차지하고 최종적 위기라는 절대적 형태로 영향을 발휘한다.[13]

9.   막간의 반反비판

호황을 지나가 불황으로 반전되는 상황은 생산비용을 올리고, 수익성을 떨어뜨리며, 기업 활동을 둔화시키는 일련의 요인에 의해 설명된다. 이는 G. 카셀의 관점인데, 그는 표면 수준에 갇혀 더 깊은 연관성과, 겉모습 기저에 깔린 핵심을 파악하지 못한다. 생산비용의 상승이 수익성에 위협을 주며 위기를 강화한다는 것은 너무나 명확하다. 하지만 이러한 요인은 오직 위기의 형성을 가속할 뿐, 위기 자체를 산출하지 않는다.

여기서 제시한 분석의 방법론적 의의는 문제를 치환하거나 부차적인 쟁점으로 끌고 들어가려는 시도를 미연에 방지한다는 점이다. 이자와 이자의 변동은 분석에서 배제된다. 우리는 아직 여러 부분들로 분할되지 않은 잉여가치 총량만을 고려한다. 마찬가지로 가격 상승도 배제된다. 즉 상품은 가치대로 판매된다. 노동력 상품의 가격도 마찬가지인데, 즉 축적과정에서 노동자가 자신의 노동력 가치만큼 받는다고 가정한다. 이 모든 가정에도 불구하고

---

13)   이러한 설명은 자본축적이 마르크스의 위기이론에서 결정적인 요소를 구성한다고 시사한다. 그렇지만 실제 위기의 과정에서 다른 요인이 끼치는 영향도 매우 큰 중요성을 지닌다. 특히 고정자본의 역할이 매우 중요한데, 고정자본 요인은 위기의 주기성을 지배한다. 이러한 요인은 단순재생산에 속하는 문제이고 따라서 나의 분석 틀 밖에 있기 때문에, 나는 이를 더 자세히 다룰 수 없다. 여기서 다음과 같은 점만 말하고자 한다. 즉 단순재생산 하에서는 경기순환 문제가 없다는 것이 일반적인 개념이고, 심지어 마르크스주의 저작에서도 그러한데, 이와 정반대로, 마르크스는 단순재생산에서조차 고정자본의 영향 때문에 위기가 주기적으로 돌발한다는 것을 입증한다.

자본축적 과정은 서서히 멈춘다. 위기가 발생한다. 따라서 위기의 형성은 다양한 가격운동과 독립적이다.

진정한 문제, 겉모습 기저에 깔린 핵심은 이런 모든 부차적 상황을 사상해야만 순수한 형태로 나타난다. 가치증식이 불충분하기에 자본의 축적량이 과다하다. 즉, 절대적 과잉축적이 존재한다. 이러한 설명은 오직 순전히 추상적이고 논리적인 관점에서만 올바른 것인가? 이런 설명은 경험적 사실과 일치하는가? 실제로 축적과정은 자본의 과잉축적으로 인해 멈추게 되는가? 카셀은 심지어 경기순환의 최종 단계에서조차 고정자본의 과잉은 절대 존재하지 않는다고 장담한다(Cassel, 1923, p. 579). 자본의 과잉축적은 존재하지 않고, 오히려 자본의 부족, 즉 자본의 불충분한 공급이 존재한다. 그렇다면 우리의 축적이론은 경험적 사실과 모순되는가?

카셀은 자본시장의 미래 상태나, 기업가의 투자계획에 장차 부응할 저축의 공급에 관한 기업가의 '잘못된 계산'이 위기의 기원이라고 주장한다. 이 이론이 순전히 심리학적인 성격을 지닌다는 점을 제외하더라도, 이는 문제를 더 이해하기 어렵게 한다. 자본의 공급량이 너무 적다. 그러나 카셀은 어떤 자본에 대해 말하는가? 이미 축적되었고 기능하는 자본은 분명히 아니다. 그가 미래의 저축 공급을 언급하는 것으로 보아, 그는 여전히 축적되어야 할 추가적 자본을 말하는 것일 수밖에 없으며, 이는 도식에서 a_c와 a_v의 크기로 표시된다.

이러한 자본 공급의 원천은 무엇인가? 왜 이런 자본이 부족한가? 카셀은 이러한 자본의 형성을 그 출생지, 즉 생산 영역에서부터 추적하는 대신에, 유통 영역이라는 늪에 빠져 버렸다. 그 자본은 저축되기 전에 우선 생산되어야만 한다. 그 자본은 노동자에 의해 생산되며 자본가에게 잉여가치로서 영유된다. 이 미래의 자본은 잉여가치의 오직 일부분이며, 소비되지 않고 축적에 쓰일 일부분이다. 이 추가 자본이 축적이 진행되면서 점점 더 공급 부족

상태에 처한다는 것은, 축적과정에서 그 본원적 원천인 잉여가치가 이미 축적된 자본량에 비해 점점 더 부족해지고 너무 적어진다는 것을 의미할 뿐이다. 잉여가치량이 너무 적다면, 축적의 목적으로 예정된 부분도 너무 적을 것이다.

카셀은 그저 개념들을 섞어 버린다. 그는 자본의 부족, 불충분한 자본공급에 대해 말한다. 은행가의 언어에서는 모든 것이 자본이다. 하지만 카셀이 말하는 것은 자본이 아니라 계속 축적되어야만 하는 잉여가치의 일부분이다. 그 일부분은 오직 잠재적으로만 자본을 의미하며, 가치증식 과정에서 그 기능을 통해서만 비로소 자본이 된다. 따라서 실제로는 자본이 부족한 것이 아니라 잉여가치가 부족한 것이다. 정반대로 기능 자본의 과잉축적이 이미 존재한다. 자본의 과잉생산과 불완전한 가치증식은 상호 관계가 있는 개념이며 각각이 다른 하나를 결정한다. [자본의 과잉생산이 불완전한 가치증식을 결정하고, 불완전한 가치증식이 자본의 과잉생산을 결정한다.]

가치증식 기능을 달성하는 데 실패한 자본은 자본이기를 멈춘다. 이에 따라 그 자본은 가치가 하락한다. 여기서 자본의 가치하락은 자본의 불충분한 가치증식의 필연적이며 논리적인 결과다. 이는 카셀의 설명과 전혀 다르다. 카셀은 자본의 부족으로 인한 '고정자본의 갑작스런 가치절하'를 너무 많이 언급한다. 카셀이 가치절하를 말하는 이유는, 현실에서 그런 현상이 존재하고, 이론이 그런 현상에 대해 어떤 입장을 취해야 하기 때문이다. 하지만 카셀은 가치절하라는 사실을 자신의 이론으로 설명할 수 없다. 카셀의 이론은 그러한 현상과 논리적으로 필연적인 연관성이 없다. 카셀의 위기이론으로부터 자본의 가치절하에 대한 설명을 도출하는 것은 사실 불가능하다. 카셀의 주관적 가격이론을 고려할 때, 자본의 공급이 부족한데 어떻게 자본의 '가치가 절하'될 수 있는가? 반면에 마르크스의 이론에서는 불완전한 가치증식과 기존 자본의 가치절하는 밀접한 논리적 연관성을 갖는다.

이제 딜이 제기한 질문에 대한 확실한 대답도 가능하다. 딜은 마르크스의 가치이론과 잉여가치이론이 과연 사회주의와 어떤 필연적인 관계가 있는지 질문했다. 딜은 관계가 없다고 주장했다. 딜은 이윤과 지대 등이 노동자로부터 착취한 잉여가치에 뿌리를 둔다는 것을 마지못해 인정했다. 그럼에도 불구하고 딜은 잉여가치가 기술적, 경제적 진보에 필수불가결하다고 가정하기 때문에 사회주의라는 결론이 필연적으로 도출되지는 않는다고 주장한다.

그야말로 환상적인 곡해다. 분명히도 잉여가치가 문명화를 위해 어떤 역할을 하는지 결정하는 것은 잉여가치에 대한 도덕적 평가 문제가 아니라, 잉여가치량의 변화 문제다. 가치증식의 가능성이 사라지면 잉여가치는 그런 역할을 전혀 수행할 수 없다. 즉 잉여가치는 사회의 생산력을 발전시킬 수 없으며, 자본주의는 필연적으로 더 높은 수준의 생산형태에 자리를 내주어야 한다. 마르크스는 가치법칙의 동역학적 기초를 고려할 때, 자본축적은 확실한 한계에 부딪힌다는 것을 보여 주었다. 즉 자본주의는 과도기적인 성격을 지니는데, 왜냐하면 장기적으로 잉여가치가 불변자본(c)과 가변자본(v)의 가치증식에 불충분하기 때문이다.

오펜하이머는 마르크스의 축적이론에 대한 가장 날카로우며 잘 알려진 비평가 중 한 명이다. 오펜하이머는 말한다. "솔직히 말해, 마르크스의 자본주의적 축적이론과 산업예비군에 관한 마르크스의 추론이 논리적으로 오류이며 따라서 자본주의의 발전 경향에 대한 마르크스의 정의가 틀렸다는 사실은 논쟁할 여지가 없다"(Oppenheimer, 1923, p. 1098). 하지만 우리가 오펜하이머가 말하는 마르크스의 축적이론과 이 책에서 제시한 축적이론을 비교해 보면, 오펜하이머의 오류는 두드러지게 뚜렷하다. 날카로운 사상가의 특징인 우아한 추론은 여기서 완전히 실패한다.

오펜하이머는 축적이론의 성격을 규정할 때 동요한다. 때때로 오펜하이머는 축적이론이 순전히 헤겔이 제시한 모순의 변증법이 낳은 산물이라고 간주한다. 즉, "마르크스가 제시한 해답은 마르크스가 '변증법적 방법'을 적용해서 나온 것이다"(Oppenheimer, 1919, p. 115). 오펜하이머는 붕괴이론이 "마르크스의 경제학과 사회학 전체의 지주"(p. 137)라는 데 동의하는데, 오펜하이머에 따르면 이는 자본주의에 대한 분석에서 유래한 것이 아니라 헤겔의 변증법적 방법의 적용으로부터 유래한 것이다. 하지만 다른 곳에서 오펜하이머는 마르크스가 중요시했던 문제[축적과 붕괴]는 순전히 추론을 통해서 해결할 수 없었다고 말한다. 오펜하이머에 따르면, 산업예비군이 불가피하게 증가한다는 마르크스의 이론은 오펜하이머가 영국 자본주의를 연구하며 받은 순전히 경험적인 '인상'에 기초한 것이다(Oppenheimer, 1903, p. 56). 하지만 마르크스주의 축적이론은 추론을 통해서 확립되었는데, 오펜하이머는 이를 '인상적인 추론'(1919, p. 144), '거대한 노력'(p. 146), '장엄한 문체로 시도된 해답'(p. 135)이라고 불렀다. 이러한 모든 표현은 오펜하이머가 마르크스 이론의 실제 내용을 간과했다는 의미일 뿐이다.

오펜하이머는 축적된 자본의 불완전한 가치증식을 단 한 번도 언급하지 않는데, 이는 마르크스에게는 자본주의 메커니즘을 내부로부터 파괴하는 결정적 현상이다. 그 대신에 오펜하이머는 마르크스의 축적이론과 아무런 상관이 없는 두 요소를 도입한다.[14]

첫 번째는 "기계가 노동자를 해방한다"(1919, p. 137)라는 것이다. 나는 기계에 의한 노동자의 대체와 축적과정에서 노동자의 해고 사이의 차이를 이미

---

14) 오펜하이머는 세 번째 종류의 분리(setting free)를 끌고 들어온다. 즉 산업지대보다 농촌에서 더 많은 노동이 [기계에 의해] 대체된다고 주장하고, "분리 과정이 자본의 유기적 구성의 변화와 아무런 관련도 없을 수 있다"라고 결론을 내린다(1913, p. 105). 오펜하이머는 지극히 기본적인 것을 간과한다. 즉, 마르크스의 분석은 순순한 형태의 자본주의를 기초로 한다는 점이다. 마르크스는 이미 임금노동자로 기능하는 노동자의 조건에 관심을 쏟는다. 농촌에서의 분리는 소생산자의 분리다. 이는 소생산자의 프롤레타리아화, 임금노동자로의 전환이다.

도출한 바 있다. 오펜하이머는 이 현상을 혼동한다. 기계가 노동자를 대체한다. 따라서 [오펜하이머가] 추측하건데, 마르크스는 생산과정이 '만성적인 상대적 과잉인구'를 창출하고, 이는 노동력의 영구적 과잉공급을 야기하며 임금을 최소수준으로 속박한다고 주장한다는 것이다.

축적에 관한 장에서 마르크스가 검토하는 분리 과정은 기계에 의한 대체와는 지극히 다르다. 그 원인은 자본축적이다. 즉 높은 수준의 축적 단계의 특정한 시점에 나타는 불충분한 가치증식이 그 원인이다. 이 시점까지 노동자의 수는 절대적으로 증가한다. "전체 자본의 증가과 함께 그 가변자본 구성요소 또는 전체 자본에 통합된 노동 역시 증가한다"(Marx, 1954, p. 590). 그러나 축적과 함께 가변자본은 증가하되 "계속 증가 비율이 감소한다"(p. 590). 그러다가 특정한 축적 수준에 이르러 가변자본의 증가는 완전히 중단되고 "상대적으로 불필요한 노동인구"로 전환되며, 즉 "자본의 평균적인 자기 확대 요구에 충분한 것보다 훨씬 더 큰 규모의 인구, 따라서 과잉잉구"로 전환된다(p. 590).

오펜하이머는 이러한 점을 완전히 놓쳤는데, 그가 기술적인 노동과정과 자본주의적인 가치증식과정의 기본적인 차이를 무시했기 때문이다. 노동력에 대한 기계의 양($M:L$)과 가변자본에 대한 불변자본의 양($c:v$)은 절대적으로 상이한 두 범주를 표현하며, 그 둘을 혼동하는 것은 결국 심각한 오류로 끝난다. 마르크스는 축적과정의 필연적인 결말을 실제 생산수단의 '사회적 형태'로부터 도출했지, 그 기술적 적용으로부터 도출하지 않았다.

오펜하이머가 산업예비군 이론을 만성적인 과잉인구라는 의미에서 해석한 것은 완전히 오류다. 그 대신에 [마르크스의 관점에서는] 노동자에 대한 인력[고용]과 척력[해고]의 상호대체법칙이 지배적인데, 즉 일자리를 얻었다가 나중에는 실직하는 노동자의 절대적 숫자가 증가할 수 있고 증가한다는 것이다. "모든 [산업] 분야에서 가변자본 부분의 증가, 따라서 가변자본에 의해 고용된 노동자 수의 증가는 언제나 극심한 변동과 연결되며, 과잉인구의 과도적 생산과 결부된다"(Marx, 1954, p. 590-1). 따라서 이는 오펜하이머가 추정한 것처럼 만성적인 과잉인구 문제가 아니라, 생산순환 내부에서 주기적인 산업예비군의 재형성과 재흡수라는 문제다. "현대 산업의 특징적인 추이, 즉 10년 주기 순환은 산업예비군 또는 과잉인구의 지속적인 형성, 다소간의 [산업으로의] 흡수, 재형성에 의존한다"(Marx, 1954, p. 592-3). 따라서, 축적 혹은 확대재생산이 발생한다면 노동자의 절대적 숫자는 증가할 수 있고 실제로 증가해야만 한다는 결론이 도출된다.

두 번째는, 마르크스의 추론에 깔린 전제가 고전적인 임금기금 이론(Oppenheimer, 1919, p. 138)이라는 것이다. 오펜하이머에 따르면, "결정적인 측면에서 이 이론을 이어받았다"(p. 141). "고전적 이론은 모든 가격을 공급-수요 관계에서 도출했으며 임금, 즉 노동의 가격의 문제도 동일한 근거로 해결했다"(p. 138).

따라서 마르크스가 임금 문제를 공급과 수요의 측면에서 해결했다고 오펜하이머는 가정한다. 나는 다른 글에서 이러한 관점이 전혀 옹호될 수 없다는 점을 보였다(Grossman, 1926, p. 180). 마르크스의 임금이론은 가치이론이 노동력 상품에 적용된 특수한 사례일 뿐이다. 가치이론에서 가치 크기의 결정이 경쟁 혹은 수요와 공급과 완전히 독립적으로 이루어지는 것처럼, 마르크스의 임금이론에서도 마찬가지다. [즉 노동력 가치의 크기는 경쟁이나 수요, 공급과 무관하게 결정된다.]

마르크스 이론에서 임금은 재생산 비용 또는 노동력가치에 의해 결정되며, 이는 경쟁과 무관하다. 오펜하이머는 가치라는 측면에서의 임금 결정을 이해하지 못한다. 따라서 마르크스가 말한 바, 즉 자본주의가 발전하면서 실질임금에 상승 압력을 가하는 요인, 곧 노동강도의 상승도 마찬가지로 이해하지 못한다. 이 때문에 오펜하이머는 마르크스주의 이론 체계에서 임금이

"결코 최저점을 초과하여 상승할 수 없다"(1919, p. 149)라는 명백히 잘못된 결론에 도달한다.

오펜하이머는 마르크스의 임금이론이 임금기금이론이라고 설명하는데, 이는 절대적으로 틀린 주장이다. 그러므로 오펜하이머가 이처럼 특수한 관점에서 발전시킨 마르크스 축적이론에 대한 비판 역시 허물어진다. 산업예비군의 불가피한 형성을 입증하기 위해 마르크스는 공급과 수요 관계를 언급할 필요가 거의 없었다. 그의 체계에서 산업예비군은 축적의 후기 단계에서 재생산 과정의 결과이지, 오펜하이머가 추측하는 것처럼 자본 관계의 재생산을 위한 영구적인 전제조건이 아니다. 마르크스가 제시한 단순화된 가정의 성격을 고려할 때, 산업예비군은 "축적 또는 자본주의적 기초 위에서의 부의 성장"(1954, p. 592)이 야기한 필연적 결과로서 추론될 수 있다. 일단 산업예비군이 존재하게 되면, 잉여인구는 "역으로 자본주의적 축적의 지렛대가 될 뿐만 아니라 심지어 자본주의 생산양식의 존재조건이 된다"(p. 592).

산업예비군의 존재는 우리가 경험하는 특정한 자본주의에 사활적 조건이지만, 그 존재는 자본주의적 관계를 재생산하는 방식이라는 점보다는 생산의 갑작스런 팽창을 가능하게 한다는 점에서 사활적 조건이다. 왜냐하면, "이런 모든 경우에, 다른 분야의 생산 규모에 피해를 가하지 않고, 결정적인 부문에 대규모 인력을 갑자기 투입할 수 있는 가능성이 반드시 존재해야 한다. 과잉인구가 이러한 대규모 인력을 공급한다"(p. 592). 하지만 원래 마르크스의 분석 대상은 갑자기 팽창하는 경험적인 현실의 자본주의가 아니라 자본주의적 생산의 이론 궤도이기 때문에, 그가 초기 단계의 분석에서 산업예비군을 배제한 것은 완전히 정당하다.

이제 우리는 마르크스의 '증명 절차'에 대한 오펜하이머의 설명에 이른다. '자본주의적 축적의 보편적 법칙'에 관한 『자본』 1권 25장의 기본적인 의미는 무엇일까? 오펜하이머는 이를 산업예비군의 존재가 자본주의적 관계의 재생산에 결정적인 전제조건이라는 뜻으로 본다. 이는 완전히 잘못되었다. 자본의 존재 그 자체만으로, 즉 생산수단으로부터 노동자의 분리만으로도 자본주의적 관계의 재생산에 더 없이 충분하다. 산업예비군은 이런 측면에서 결정적인 것이 아니다.

오펜하이머는 기계에 의한 노동자 대체의 문제에 집착하여, 25장의 기본적인 요점을 놓친다. 오펜하이머는 기계에 근시안적으로 몰입함으로써 축적으로 인한 불충분한 가치증식의 문제를 전혀 다루지 않는다. 가치증식 문제를 지나쳐 버리며, 이를 다루더라도 순전히 개별 자본가의 주관적 경험이라는 관점에서 다룰 뿐이다. 오펜하이머는 마르크스가 경험적 현실을 직접적으로 분석하지 않았다는 사실을 다시금 간과한다. 축적에 대한 장에서 그의 분석대상은 잉여가치와 그 양적 변화인 반면, 현실에서 우리가 대면하는 것은 잉여가치에서 분할된 개별 부분(이자, 이윤, 지대, 상업이윤 등)뿐이다. 잉여가치는 우리가 현실에서 대면하는 이러한 개별 부분을 총합하는 이론적인 형태일 뿐이다.

마르크스의 증명 절차는 연역적 성격을 지닌다. 이러한 성격을 지닌 마르크스의 추론에 관해 오펜하이머는 탁월한 논평을 남긴다. "경험에 호소하는 것은 결코 증거가 될 수 없다. 연역은 입증되지 않는데, 그 결과가 경험에 의해 확증되기 때문이다"(1919, p. 150). 하지만 오펜하이머는 마르크스의 추론을 비판하면서 정확히 경험에 호소한다. 마르크스는 특유한 현상, 즉 사회적 총자본의 불완전한 가치증식을 바로 그 축적의 조건에서 추론해야 한다. 마르크스는 축적과정에서 잉여가치의 부족이 축적을 중단시킨다고 입증했으나, 오펜하이머는 이에 반대하며, "경험은 이자가 감소해서 축적이 훨씬 더 맹렬히 진행된다는 점을 우리에게 알려 준다"(p. 149)라고 응답한다. 오펜하이머는 잉여가치의 부족 혹은 불완전한 가치증식을 이자율 하락과 동일시한다. 이자율이 어느 수준까지 하락하더라도 잉여가치는 하락하지 않을 수도 있다.

이자는 이윤의 개별화된 일부분이다. 따라서 이자가 줄어들면 기업가의 이윤은 증가한다.

대부자본의 과잉 공급으로 인해 이자가 감소한다고 가정해 보자. 그 결과는 무엇인가? 대부자본이 생산에 투입되어 화폐자본가가 산업자본가로 변환될 것이다. 발생할 모든 결과는 자본의 재분배다. 우리가 전체 잉여가치와 전체 자본을 관찰하면, 문제는 전혀 상이하다. 일단 잉여가치가 정확히 계산될 수 있는 특정한 한계 미만으로 감소하면, 자본축적은 자본의 가치증식의 결함으로 인해 필연적으로 붕괴한다. 그 결과는 자본의 비정상적인 가치절하일 것이다. 오펜하이머는 마치 축적과 그 규모가 오직 저축자의 선의와 심리에 의존하는 것처럼 문제를 제시한다. 그는 축적 규모의 한계를 결정하는 객관적인 조건, 즉 처분 가능한 잉여가치량을 무시한다. 오펜하이머는 자본축적의 그러한 한계에 대해 아무것도 모른다. 오펜하이머는 축적이 충분히 빠르다면 기계에 의해 대체된 노동자가 다시 흡수될 수 있다고 가정한다.

오펜하이머는 다음과 같은 핵심적인 질문을 간과한다. 즉 인구규모와 잉여가치율이 일정하게 유지될 수 있게 하는 축적의 규모와 속도는 장기적으로 존재할 수 있나? 나는 '없다'고 답했고 추론의 영역 내에서 가능한 한 이를 정확히 입증하고자 했다. 이와 달리 오펜하이머는 자본축적이 인원삭감을 상쇄할 수 있는 세 가지 형태를 언급한다.

① 부분 상쇄 : 특정 산업 부문에서의 인원 삭감이 다른 부문에서의 재고용보다 더 많을 때.

② 완전한 상쇄 : 인원 삭감과 재고용이 동일할 때.

③ 초과 상쇄 : 재고용이 더 많을 때.

그리고 오펜하이머는 묻는다.

이 세 가지 경우 중 어느 것이 실제 사례인가? 이 문제는 더 이상 연역을 통해서 해결될 수 없다. 이는 여러 개의 미지수를 지닌 하나의 방정식이다. 수치들이 있어야만 그 방정식을 풀 수 있다. 상이한 시점에 실업자의 수치를 비교해야만 할 것이다.(1903, p. 56)

오펜하이머는 마르크스가 이 문제를 풀기 위해 사용할 수 있는 통계자료가 거의 없었다고 덧붙인다. 마르크스는 추론도, 경험적 증명도 불가능했기 때문에, 산업예비군이 증가하는 경향이 있다는 인상만 남았을 뿐이다.

따라서 오펜하이머에 따르면, 마르크스주의 체계의 근본법칙은 모호한 경험적 인상을 사회통념에 어긋나게 일반화한 것이었다. 이러한 오펜하이머의 주장 전체가 지지될 수 없다. 마르크스의 붕괴이론은 순수한 경험적 관찰을 일반화한 것도 아니고, 헤겔의 모순의 변증법을 완성한 것도 아니다. 그것은 가치법칙이라는 토대 위에서, 자본축적의 자명한 결과로서 추론을 통해 도출되었다. 그 문제가 추론을 통해 해결될 수 없다는 오펜하이머의 주장은 내가 실제 해답을 제시하기 위해 구체적인 수치적 예시를 사용했으며, 앞으로 살펴볼 것처럼, 수학적으로도 추론할 수 있다는 사실과 모순된다. 경험적인 관계만 고려하는 한, 여러 개의 미지수를 지닌 방정식은 너무나 당연히 풀기 어려울 것이다. 하지만 이론에는 그러한 어려움이 존재하지 않는다. 특정한 가정을 세우는 간단한 절차를 통해서 이론은 모든 미지의 변수를 측정할 수 있는 기지수既知數로 변환할 수 있다.

앞에서 제시한 표식은 균형 상태로부터 전개되는데, 그러한 균형 상태에서는 자본의 유기적 구성의 상승에도 불구하고 노동자 인원 삭감이 그들의 재고용에 의해 상쇄된다. 그렇지만 이런 상태는 특정한 기간 동안에만 성립 가능하다. 특정 시점에 이르면, 우리가 세운 가정에 근거해서 축적이 불가능해지는데, 축적이 가치증식의 한계에 부딪치기 때문이다. 오펜하이머가 말한 두 번째 형태는 첫 번째 형태로 변한다. 이러한 축적의 후기 단계에서 노동자 인원 삭감은 그들의 재고용을 압도하는데, 이는 기계의 작용 때문이 아니라 불완전한 가치증식 때문이다. 이용할 수 있는 잉여가치가 축적을 필수적인 규모로 유지하기에 불충분하다.

오펜하이머는 마르크스에 반대하는 어떠한 연역적인 반증도 제시하지 않으며 순전히 경험적 사실에 의존한다. 그러나 단순한 경험을 통해서 이론에 도달할 수 없다는 점은 그 자신이 알고 있다. 마르크스는 산업에서 이따금 세 번째 형태가 발생한다는 데 너무나 쉽게 동의할 것이다. 하지만 이는 마르크스의 축적법칙과 붕괴법칙에 조금도 영향을 주지 않는다. 실제로 추가적인 노동력은 축적 개념에 필수적인 구성요소다. 전체 이론 체계는 잉여가치라는 개념에 기초하여, 즉 노동력에 대한 최대한의 내포적, 외연적 착취를 기초로 하여 수립된다. 자본은 바로 그 천성으로 인해 노동자를 최대한으로 고용하기 위해 몸부림친다. 마르크스 그 자신이 주목하는 바는, 전반적으로 볼 때 산업에 고용된 노동자의 수가 절대적으로 증가할 뿐만 아니라, 인구에서 차지하는 노동자의 비율도 증가한다는 것이다. 인구 토대가 증가하면 자본축적의 상한선은 상승한다. 이는 붕괴 경향이 완화되고 미래로 연기되는 형태 중 하나다(3장 13절을 보라). 그럼에도 불구하고 축적법칙으로부터 도출되는 결론은, 노동인구의 규모가 일정할 때 자본축적은 극복할 수 없는 한계에 부딪치며, 그 한계를 넘어서는 축적은 무의미하다는 것이다.

물론 축적의 내적 영향력은 그 영향을 수정하는 상황에 의해 언제나 방해를 받고 중화된다. 이 때문에 팽창과 붕괴 국면 간의 주기적이며 순환적인 상호 대체가 존재한다. 하지만 우리가 산업순환 과정에서 발생하는 노동자에 대한 인력과 척력의 상호 대체를 사상하고, 장기적인 발전 경향을 따라간다면, 자본축적의 초기 단계에서는 전반적으로 인구가 기존 축적규모에 비해 너무 많다는 결론을 내려야 한다. 이런 이유로 맬서스나 맬서스주의가 존재한다. 축적의 후기 단계에서는 그 역의 관계가 지배적이다. 거대한 자본축적량과 비교할 때, 가치증식의 토대인 인구는 점점 더 적어진다. 따라서 선진 자본주의 국가의 축적과정에서 긴장이 점점 더 첨예해지고, 자본 수출의 역할이 커지며, 인간 노동력의 예비군을 최대한 확보하려는 자본의 팽창주의적 경향이 훨씬 더 악랄해진다. 하지면 여기서 자본주의는 장애물에 부딪친다. 이미 세계는 분할되어 있다. 대규모의 대중을 경제적으로 이전시키는 것(economic displacement)은 어려움에 직면한다. 따라서 붕괴를 완화하는 경향은 스스로 완화되며, 붕괴 경향이 강화된다.

마르크스에 대한 K. 무스(Muhs, 1927)의 비판에는 독창성의 흔적이 조금도 없다. 무스는 다른 이가 제시한 주장을 그저 한데 모을 따름이다. 무스는 다른 이들처럼 이윤율 하락에 관한 『자본』 3권의 결정적으로 중요한 구절을 무시한다. 오펜하이머를 따라서 무스는 마르크스의 축적이론이 경험을 토대로 한다는 데 동의하고서는 마르크스의 이론을 경험적으로 비판한다. 이러한 방법은 명백히 피상적이다. 무스는 축적법칙을 정면으로 공격하기 위해 단일한 이론적 주장을 펼치는 데 완전히 무능하기 때문에, 경험적-통계적 우회로를 통해 마르크스 이론을 끝내 버리려 한다. 무스는 산업국에서의 인구증가가 축적과정에서 노동자가 해고된다는 이론을 논박한다고 가정한다. 그러나 이론? 무스에게는 어떤 이론의 흔적이 조금도 없다.

다른 한편, 앞에서 서술한 붕괴 과정은 바우어가 말하는 축적의 한계와 혼동되어선 안 된다. 바우어는 자신이 자본의 옹호자로 간주되면 안 되니까, 자기가 자본축적의 한계를 발견했다고 주장한다. 이 한계는 다음과 같은 두 가지 요인에 의해 설정된다. 1) 재생산표식에서 두 부문 간의 비례성, 2) 일정한 생산성 수준에서 인구 성장률. 즉 가변자본은 인구증가에 맞춰 특정한 비율로 축적되어야 한다. 이는 불변자본 성장의 한계를 규정하는데, [1부문과 2부문 간 비례성과] 마찬가지로 불변자본과 가변자본 간에도 특정한 비례성이 존재하기 때문이다. $c:v$의 비례성이 바우어가 검토하는 자본축적의 한계다. 만약 불변자본이 가변자본과의 비례관계를 유지하기 위해 필요한 것보다 더 빠르게 증가한다면 그 결과는 자본의 과잉축적일 것이다. 더 느리게 증가한다면 과소축적이 될 것이다.

인구와 축적 사이에 요구되는 필수적인 비례성이 유지되지 않을 때에만 위기가 발생한다. 축적이 이러한 한계 내에서만 진행되는 한 [즉 비례성이 유지되는 한] 축적은 바우어가 설정한 가정 하에서 무한히 계속될 수 있다. 바우어는 '과잉축적'을 말하지만, 오로지 이는 그가 설정한 조건이 깨졌기 때문에 발생한다. 실제로 바우어는 이러한 조건이 심지어 장기적으로도 유지될 수 있으며, 자본의 바로 그 메커니즘은 균형을 파괴하는 모든 교란 요인을 자동적으로 교정할 수 있다고 주장한다. "과소축적처럼, 과잉축적도 산업 순환에서 통과하는 한 국면일 뿐이다"(Bauer, 1913, p. 870).

나는 그 과정을 완전히 다르게 설명하였다. 나는 심지어 비례성이라는 모든 조건들이 유지되고 축적이 인구에 의해 가해진 한계 내에서 진행되더라도, 이러한 한계를 계속 보존하는 것이 객관적으로 불가능하다는 것을 보여주었다. 바우어 그 자신의 표식에서 서술된 생산체계는 필연적으로 붕괴하거나, 아니면 그 체계에 특수하게 설정된 조건들을 위반해야 한다. 특정한 시점을 지나서 그 체계는 설정된 잉여가치율 100%에서는 더 이상 생존할 수 없다. 주어진 조건 하에서는 잉여가치가 점점 더 부족해지며, 끊임없는 과잉축적이 발생한다. 유일한 대안은 설정된 조건을 위반하는 것이다. 임금은 잉여가치율을 더욱 높이기 위해 삭감되어야 한다. 이러한 임금 삭감은 균형이 다시 확립되면 사라지는 순전히 일시적인 현상이 아니다. 임금 삭감은 지속되어야 한다. 36차 연도 이후에는 임금이 지속적으로, 주기적으로 삭감되어야 하거나, 아니면 산업예비군이 반드시 존재해야 한다.

이는 바우어가 언급한 체계 내부의 주기적인 위기 중 하나는 아닐 것이다. 왜냐하면 바우어가 말한 것과 같은 종류의 위기는 생산조직의 규모를 이용 가능한 인구에 맞춰 조정함으로써 항상 극복될 수 있기 때문이다. 반면 여기서는 조정을 위한 여지가 없다. 바우어가 요구한 비례성이라는 조건이 35차 연도까지 유지되었고 그 이후에도 유지될 것이지만, 위기, 붕괴로의 경향이 시작된다. 자본주의 체계의 실제 동역학은 바우어가 가정한 것과 전혀 다르다. 바우어는 "자본축적이 인구 성장에 맞춰 조정되는 경향"(p. 871)이 자본주의의 특징이라고 주장한다. 나는 그 정반대를 보여 주었는데, 인구에 의해 부여된 한계를 앞지르는 자본의 절대적 과잉축적으로의 경향이 존재한다는 것이다.

이는 투간-바라노프스키에도 똑같이 적용된다. 그는 다음과 같이 믿는다.

> 만약 사회적 생산이 계획에 따라 조직된다면, 만약 책임자들이 수요에 대한 완벽한 지식을 보유하고, 노동과 자본을 생산부문 간에 자유롭게 이동시킬 권력을 지닌다면 상품의 공급은 수요를 결코 초과하지 않을 것이다.(Tugan-Baranovsky, 1901, p. 33)

바우어 표식은 이런 종류의 계획적, 조직적 생산을 정확히 표현하는데, 그러한 생산에서 경영자는 수요에 관해 알아야 할 모든 것을 알고, 생산을 수요에 맞춰 조정하는 권력을 지닌다. 이러한 생산이 이뤄지더라도 붕괴로의 경향이 나타나며, 가치증식은 절대적으로 감소하고, 산업예비군이 형성된다. 이는 문제가 잉여상품이 존재하는지 여부가 아님을 분명히 보여 준다. 실제 우리는 균형 상태를 가정했는데, 균형 상태에서는 정의상 판매될 수 없는 상품재고가 존재할 수 없다. 하지만 여전히 그 체계는 붕괴해야만 한다. 진정한 문제는 자본의 가치증식에 있다. 설정된 비율로 축적을 지속하기에 잉여가치가 충분하지 않다. 따라서 파국이 닥친다.

레닌이 올바르게 지적했던 것처럼, 분명히도 절대적으로 절망적인 상황이란 없다. 내가 제시한 설명에서 붕괴가 필연적으로 직접 작동하는 것은 아니다. 붕괴의 절대적인 실현은 반작용 경향에 의해 중단될 수도 있다. 그러한 경우 절대적인 붕괴는 일시적인 위기로 전환될 것이며, 그 이후 축적과정은 새로운 기초 위에서 재개된다. 다시 말해, 과잉축적된 자본의 가치증식은 축적 단계가 낮은 수준에 머문 국가로의 자본수출을 통해 충족될 수 있다. 또는 위기 동안 불변자본의 급격한 가치절하가 가치증식의 전망을 호전시킬 수도 있다. 혹은 임금 삭감이 파국을 모면하는 데 동일한 효과를 낼 수 있다. 그러나 이 모든 상황이 바우어 표식에서 설정된 가정들을 위반한다는 사실을 논외로 하더라도, 이러한 해결책들은 순전히 일시적인 영향력만을 미칠 것이다. 회복된 축적은 다시 똑같이 과잉축적과 불완전한 가치증식이라는 현상을 발생시킬 것이다.

10. 붕괴법칙의 논리적·수학적 기초

바우어의 표식에서 1차 연도에 자본화에 예정된 양은 잉여가치 100,000의 25%($20,000\,a_c + 5,000\,a_v = 25,000$)다. 2차 연도에 자본화될 구성요소($a_c + a_v$)는 확대된 잉여가치 105,000의 25.95%로 증가($22,000\,a_c + 5,250\,a_v = 27,250$)한다. 이러한 조건에서 잉여가치라는 저수지는 점진적으로 고갈되고 축적되는 자본은 점점 더 더 불리한 비율로 가치가 증식될 뿐이다. 시간이 지나면 저수지는 완전히 마른다. 즉 자본화에 예정된 할당량이 이용 가능한 잉여가치량을 훨씬 초과하게 된다. 물론 개념상으로는 그 할당량이 단지 이러한 잉여가치의 일부분에 불과하지만 말이다. 이것은 모순이다. 가정된 축적 비율에서 잉여가치량은 더 이상 충분하지 않다. 체계의 붕괴는 불가피한 결과다.

우리가 이미 제시한 산술적이고 논리적인 증명 외에도, 수학자들은 뒤에 서술할 더 일반적인 설명 형태를 아마 선호할 것이다. 이는 바우어 표식에서 나온 구체적인 수치적 예시가 포함하는 순전히 임의적인 값을 배제한다.

- **기호의 뜻**

c = 불변자본. 초기 값 = c_0. j년 후의 값 = c_j.

v = 가변자본. 초기 값 = v_0. j년 후의 값 = v_j.

s = 잉여가치율. (v에 대한 퍼센트 값으로 표시된다.)[15]

a_c = 불변자본 c의 성장률.[16]

a_v = 가변자본 v의 성장률.[17]

k = 자본가의 소비량.

S = 잉여가치량 = $k + a_c \dfrac{c}{100} + a_v \dfrac{v}{100}$.

---

15) [역주] $s = \dfrac{(\text{잉여가치})}{v} \times 100$. (퍼센트 값.) 또는 $\dfrac{s}{100} = \dfrac{S}{v}$. (퍼센트 값.)

16) [역주] $a_c = \dfrac{(\text{불변자본 축적을 위한 할당량})}{c} \times 100$. (퍼센트 값.) 앞의 표식에서 a_c의 개념과 차이가 있으므로 유의하라.

17) [역주] $a_v = \dfrac{(\text{가변자본 축적을 위한 할당량})}{v} \times 100$. (퍼센트 값.) 앞의 표식에서 a_v의 개념과 차이가 있으므로 유의하라.

Ω = 자본의 유기적 구성, 또는 $c:v$

j = 연도

또한 $r=1+\dfrac{a_c}{100}$, $w=1+\dfrac{a_v}{100}$.이라고 하자.

● 공식

j년 후에, 가정된 축적 비율 a_c 하에서 불변자본 c는 $c_j=c_o\,r^j$ 수준에 도달한다. 가정된 축적 비율 a_v 하에서 가변자본 v는 $v_j=v_o\,w^j$ 수준에 도달한다.[18]

1년 후, 즉 $j+1$차 연도에 축적이 정상적으로 계속된다면, 공식에 따라서 다음과 같은 식이 성립한다.

---

18) [역주] 이를 간단히 표로 표시하면 다음과 같다.(가변자본의 경우도 동일한 방식으로 구할 수 있다.)

연도	불변자본
초기 값	c_0
1차 연도	$c_0+c_0\dfrac{a_c}{100}=c_0\left(1+\dfrac{a_c}{100}\right)=c_0\,r$
2차 연도	$c_0\,r+c_0\,r\dfrac{a_c}{100}=c_0\,r\left(1+\dfrac{a_c}{100}\right)=c_0\,r^2$
…	…
j차 연도	$c_0\,r^j$

$$S = k + c_0 r^j \frac{a_c}{100} + v_0 w^j \frac{a_v}{100} = \frac{s}{100} v_0 w^j.\,^{\text{19)}}$$

그러므로,

$$k = \frac{v_0 w^j}{100}(s - a_v) - c_0 r^j \frac{a_c}{100}.$$

k가 0보다 크려면 다음과 같은 식이 반드시 성립해야 한다.

$$\frac{v_0 w^j}{100}(s - a_v) \, \rangle \, c_0 r^j \frac{a_c}{100}.$$

다음과 같은 경우에, n차 연도에 $k = 0$이 된다.

$$\frac{v_0 w^n}{100}(s - a_v) = c_0 r^n \frac{a_c}{100}$$

절대적 위기의 시점은, 기업가의 소비 몫이 완전히 사라지는 시점인데, 이는 기업가의 소비가 감소하기 시작한 시점부터 상당한 시간이 지난 후다. 이는 다음을 의미한다.

---

19) [역주] $\dfrac{s}{100} = \dfrac{S}{v}$ 이므로 $S = \dfrac{s}{100} v$이다. 또한 $v = v_0 w^j$이므로 $S = \dfrac{s}{100} v_0 w^j$.

자본주의 체계의 축적과 붕괴 법칙

$$\left(\frac{r}{w}\right)^n = \frac{s - a_v}{\Omega \, a_c}. \text{ [20)]}$$

그러므로

$$n = \frac{log\left(\dfrac{s - a_v}{\Omega \, a_c}\right)}{log\left(\dfrac{100 + a_c}{100 + a_v}\right)}. \text{ [21)]}$$

$s > a_v$ 이면 n은 실수 값이다. 하지만 이는 우리의 연구에서 항상 가정하는 바다. [바우어의 표식에서 잉여가치율은 100%로 가정되고, 가변자본은 매년 5%씩 증가하는 것으로 가정된다.]

n차 연도 시점 이후로는 가정된 조건 하에서 잉여가치량 S가 c와 v의 가치증식을 보장하기에 충분하지 않다.

● **공식에 대한 검토**

따라서 절대적 위기가 발생하는 연도 n은 다음의 네 조건에 의존한다.

---

20)   [역주] $\Omega = \dfrac{c_0}{v_0}$.

21)   [역주] $log\left(\dfrac{r}{w}\right) = log\left(\dfrac{1 + a_c/100}{1 + a_v/100}\right) = log\left(\dfrac{100 + a_c}{100 + a_v}\right)$.

① 유기적 구성 Ω의 수준. Ω의 수준이 높을수록 연도 n이 작아진다. 위기가 가속화된다.

② 불변자본이 축적되는 비율 a_c. a_c는 자본의 유기적 구성 Ω와 같은 방향으로 작용한다.

③ 가변자본이 축적되는 비율 a_v. a_v는 위기를 첨예화하거나 혹은 완화하거나, 두 방향으로 작동할 수 있으며, 따라서 그 영향은 양면적이다.

④ 잉여가치율 s의 수준. s는 위기를 완화하는 영향을 준다. 즉 s가 높아질수록 n은 더 커지며, 따라서 붕괴 경향이 연기된다.

처음에 설정했던 가정이 수정된다면 축적과정은 지속될 수 있다.

① 불변자본이 축적되는 비율 a_c가 하락하여 축적의 속도가 느려진다.

② 불변자본의 가치가 하락된다. 이는 다시 축적되는 비율 a_c를 하락시킨다.

③ 노동력의 가치가 하락된다. 즉 임금 삭감이 발생한다. 이는 가변자본이 축적되는 비율 a_v가 하락되며, 잉여가치율 s가 개선된다.

④ 마지막으로 자본이 수출된다. 이는 다시금 불변자본이 축적되는 비율 a_c를 하락시킨다.

이러한 네 가지의 주요 사례는 우리가 실제로 현실에서 발견하는 모든 변화를 추론할 수 있게 하며, 그러한 변화는 자본주의적 생산양식에 어떤 탄력성을 부여한다.

특정 수준에서 이뤄지던 가치증식이 붕괴하고 축적과정이 침체에 빠지면, 머지않아 반작용 경향이 작동하기 시작하는 것을 우리는 현실에서 발견한다. 자본가는 자본의 가치증식을 회복하려고 시도한다. 위기에서 자본의 가치가 하락되고, 곧 재조직화와 집중화 과정이 뒤따르는데 그 과정에서 생산성 상승과 합리화를 통해 이윤율이 상승한다. 직접적인 임금 삭감을 통해서도 동일한 효과가 달성된다. 이러한 반작용 경향에 대해서 우리는 3장에서 좀 더 자세히 알게 될 것이다.

이러한 과정의 영향을 통해 붕괴 경향은 중단되며, 축적이 새로운 수준에서 다시 시작하고 절대적인 붕괴가 일시적인 위기로 전환될 수 있다. 이것이 슈피트호프의 오류에 대한 간단한 설명인데, 슈피트호프는 마르크스가 붕괴로 나아가는 장기적이고 일반적인 경향과 단기적 성격의 위기와 순환을 혼동했다고 주장했다.

따라서 자본주의적 생산이라는 관점에서 보면 위기란 치유 과정이며, 이를 통해 자본의 가치증식이 회복된다. "위기는 언제나 현존 모순의 일시적, 강제적 해결책이다. 위기는 폭력적으로 분출되며, 얼마간 교란된 균형을 회복시킨다"(Marx, 1959, p. 249). 위기가 지닌 바로 그 성격 때문에, 이러한 회복 과정의 지속 기간은 확정할 수 없다. 축적의 최대점 z에 이르기까지 축적의 지속 기간은 계산할 수 있고, 따라서 경제가 상승하는 기간의 길이는 확정할 수 있지만, 위기 기간의 길이를 정확히 확정하는 것은 불가능하다. 기업가는 결국 성공할 때까지 어떻게 해서라도 가치증식을 회복하기 위해 분투한다. 위기는 축적의 두 국면 간의 간격이 다소간 연장된 것에 불과하다.

일단 반작용 경향이 작동하기 시작하면, 우리가 분석을 전개하기 위해 세웠던 가정이 필연적으로 변화한다. 위에서 제시된 방식에 따라 가정을 수정하는 것은, 새로운 절대적 위기가 발생하기 전까지는 그 기간에 축적과정이 새로운 기초 위에서 지속된다는 의미이다. 새로운 절대적 위기는 일련의 새로운 가정에 의해 정확하게 알아낼 수 있으며 동일한 공식에 따라 계산될 수 있다. 이와 마찬가지로 위기는 설정된 조건을 다시 한 번 바꿈으로써 극복될 수 있는데, 예를 들어 기업가가 새로이 임금 삭감을 강제할 수 있다. 임금 삭감은 노동인구의 증가에 조응하여 가변자본이 증가한다는 최초 가정을 파괴한다는 사실은 논외로 하더라도, 특정한 시간이 경과한 후에 축적이 더 이상 지속될 수 없음은 여전히 증명될 것이다. 임금 삭감에도 불구하고 축적은 또 다시 가치증식의 한계에 부딪치며 따라서 추가적인 임금 삭감이 필요해진다. 이것이 계속 반복될 것이다.

마르크스는 자본주의의 본질은 임금을 단지 생존에 필요한 최소수준으로 끌어내리는 것이 아니라, 이러한 최소수준 아래로 낮추는 것이라고 말한다. 이처럼 근원적인 [축적과 임금의] 연관성은 마르크스가 말한 바의 진정한 의미를 우리가 도출할 수 있게 한다.

> 따라서 그들 [노동자]에 대한 비용이 0인 것은 수학적인 의미에서의 한계이며, 언제라도 도달할 수 없는 한계이지만, 우리는 언제나 그 한계에 점점 더 접근할 수 있다. 자본이 노동비용을 0을 향해 낮추려고 강제하는 것은 자본의 불변의 경향이다.(1954, p. 562)

좀 더 뒤에서 마르크스는 다음과 같이 말한다.

> 사회적 부, 기능하는 자본, 그 성장 규모와 활력이 커질수록, 따라서 프롤레타리아의 절대적인 수가 증가하고 그들의 노동생산성이 상승할수록, 산업예비군은 더 증가한다. 자본의 확장력을 발전시키는 원인과 동일한 원인이 마음대로 사용할 수 있는 노동력을 증가시킨다. 산업예비군의 상대적인 수는 따라서 부의 잠재력과 함께 증가한다. 하지만 현역 노동군勞動軍에 대비하여 산업예비군의 수가 증가할수록 … 공식적인 구호대상자가 더 증가한다. 이것은 **자본주의적 축적의 절대적인 보편적 법칙**이다. 다른 모든 법칙과 마찬가지로 그 법칙이 작동할 때에는 여러 상황에 의해 수정되지만, 이러한 상황에 대한 분석은 여기에서 고려하지 않는다.(p. 603)

이어서 마르크스는 "자본축적에 비례해서 노동자의 상태는 임금이 높든 낮든, 반드시 더 악화된다"(p. 604)라고 주장한다.

순수한 자본주의에 내재한 이처럼 절대적으로 필연적인 일반 경향에 대해, 사람들은 이 시기 또는 저 시기의 실제 실질임금 수준을 언급하며 이의를 제기했다. 마치 마르크스가 자본주의적 축적의 특정 국면에서 실질임금의 상승이 가능하다는 것을 부정했다는 듯이 말이다. 하지만 축적의 후기 단계에서 실질임금이 침체로 향하는 일반적 경향이 가차 없이 출현하며, 이는 유기적 구성의 상승을 기초로 하는 축적 과정 그 자체로부터 나타난다는 사실은 그대로 남아 있다. 따라서 그 경향이 얼마간 지연될 수 있고, 특정한 반작용 경향이 작동해 감속될 수 있지만 그 경향이 폐지될 수는 없다는 결론이 도출된다. 이처럼 순전히 일시적인 국면을 추상하면, 순수한 자본주의 하에서 임금이 초기에 상승하더라도 축적의 특정 시점 이후로는 임금이 반드시 지속적으로 하락한다는 것을 우리는 발견한다. 이 시점 이후로는 축적과 기술진보의 속도가 늦어지고 산업예비군이 증가한다.

분명히 이러한 과정은 무한히 지속될 수 없다. 임금의 지속적 하락은 오직 이론적으로만 가능하며, 순전히 추상적인 가능성일 뿐이다. 현실에서 지속적인 임금 삭감에 의해 달성되는 노동력의 끊임없는 가치하락은 넘어설 수 없는 한계에 부딪힌다. 노동자의 생활조건이 크게 하락하면 이는 불가피하며 노동계급의 반란을 추동한다. 자본주의적 체계는 이러한 방법으로, 그 체계에 내재한 메커니즘을 통해 그 최종적 종착지를 향해 끊임없이 움직이며, 이는 '자본주의적 축적의 엔트로피 법칙'의 지배를 받는다.

11. 마르크스주의 축적이론과 붕괴이론은 왜 곡해되었는가

마르크스의 축적이론은 설득력이 강한 논리를 지녔지만 심지어 마르크스주의자조차 일관성 있게 그 적절한 결론에 결코 도달하지 못했다. 여기에는 특유한 이유가 있다. 마르크스의 서신을 보면, 독일의 정당 집단조차 『자본』에 대해 거의 믿을 수 없을 정도로 무관심했고, 이 때문에 마르크스가 얼마나 고통스러워했는지 알 수 있다. 그 당시 독일의 노동자운동은 미성숙했기 때문에 그들에게는 마르크스의 거대하고 눈부신 이론보다는 라살의 소책자가 더 잘 어울렸다. 심지어 노동자운동의 지도적 사상가들조차 마르크스 이론의 결정적 측면을 파악할 수 없었다. 1868년에 빌헬름 리프크네히트가 엥겔스에게 '마르크스와 라살 사이에 진정한 차이가 어디에 있는지 밝혀 달라'고 요청한 사실은 지극히 전형적이다. 따라서 현재에 M. 비어가 다음과 같이 말하는 이유를 이해하기란 어렵지 않다.

> 1882년까지 그리고 그 이후로도 몇 년간, 독일에서 마르크스주의의 흔적은 실제로 존재하지 않았다. 라살의 저술, 1848년을 다루는 회고록, 프랑스 문헌이야말로 운동이 자신의 이론, 관념, 감정을 끌어온 진정한 원천이었다. 다수의 사회주의자는 로트베르투스와 뒤링을 통해 [이론적] 훈련을 받았고, 다른 이들은 기껏해야 국제노동자협회의 출판물을 알고 있었을 뿐이며, 또 다른 이들은 도덕성과 인간성에 대한 호소에서 자신의 수요를 찾았다. 카우츠키는 마르크스의 사상을 조금씩 대중화하는 데 처음으로 성공했다.(Beer, 1923, p. 77)

마르크스의 『자본』 출판이 3권의 등장으로 마침내 완료되었던 바로 때, 독일 자본주의는 빠른 속도로 전성기를 맞이하고 있었고, 이에 따라 마르크스의 이론을 더 깊게 이해하려는 노력은 불행한 운명에 처하게 되었다. 일반적 감정은 마르크스의 이론이 자본주의의 실제 경향과 단호히 모순된다는 것이었다. 이 시대의 특징은 마르크스주의 이론의 심화와는 매우 거리가 멀었고, 마르크스주의 이론으로부터의 표류였다. 활기찬 자본축적의 시대(1890-1913)는 수정주의를 낳았고, 무제한적이며 균형을 유지하는 자본주의라는 관념을 산출했다. 이러한 관념은 훗날 힐퍼딩과 바우어 같은 공식적인 이론 대변인의 저술에서조차 다시 나타날 것이었다. 힐퍼딩의 사례는 파국에 대한 공포라는 부르주아 경제학자의 특징이 마르크스주의 경향 내부에 얼마나 깊숙이 침투했는가를 보여 준다.

　　역사를 돌이켜보면 마르크스의 『자본』에 대한 그런 태도는 이해할 수 있다. 처음에 『자본』의 대단한 인기는 공장 내부에서의 직접적인 생산과정을 설명하는 부분 때문이었다. 노동과정에 대한 설명은 동시에 가치와 잉여가치의 생산과정에 대한 설명이었고, 이러한 설명은 노동계급의 위치, 자본에 의한 노동자의 착취에 날카롭게 초점을 맞췄고, 일상의 계급투쟁을 완전히 이해할 수 있게 했다. 따라서 『자본』 1권은 다가올 수십 년 동안 노동계급의 '성경'이 되었다.

　　자본축적의 역사적 경향을 설명한 부분은 완전히 상이한 운명으로 고통을 받았다. 그 부분은 자본주의 붕괴 문제를 눈부시게 다루었지만, 쉽게 이해될 수 없는 운명인 채로 남아 있었다. 자본주의는 여전히 성숙한 단계에 도달해야만 자본주의의 붕괴라는 질문과 사회주의의 실현이라는 문제가 즉각적인 현실성을 확보할 수 있었다. 마르크스는 그 자신의 시대를 한참 앞서갔고, 마르크스의 작업 중 이러한 문제를 다루는 부분은 처음에 이해할 수 없는 채로 남아 있을 수밖에 없었다. 이런 의미에서 마르크스 자신의 일생의 작업은 역사에 대한 유물론적 개념화가 진리라는 점을 더욱 더 확증하게 되었다.

『자본』의 출현 이후로부터, 축적의 보편적인 진전으로 자본주의가 현재의 제국주의적 단계로 성숙하고, 전쟁이라는 거대한 경련 속에서 단기적 해결책을 찾게 될 갈등을 산출할 때까지 무려 두 세대 전체가 지나야 했다. 오직 현재에 이르러서야 사회주의를 성취한다는 문제가 사회주의적 강령의 흐릿한 세계로부터 일상적 실천이라는 현실로 서서히 내려왔다. 현재 우리는 이미 순전히 학술적인 문제나 단순히 이론 문제가 아니라 일상적 생활의 요구에 뿌리를 둔 문제에 대한 답을 찾고자 『자본』에 의지한다. 역사적 상황이 변했고 이 변화는 이전 세대로부터 물려받은 모든 말과 그 의미를 은폐했던 장막을 찢어 버린다. 마르크스의 붕괴이론을 재건할 시간이 왔다.

'이윤율'과 '이윤량'은 물론 밀접한 관련이 있지만, 이론에서는 전혀 상이한 의미를 지닌다. 차라소프, 보댕과 여타 저자는 마르크스 이론의 중심점이 여기에 있다고 느꼈다. 그러나 그들은 이윤율 하락에만 국한하여 주의를 기울였기 때문에 자본주의의 필연적 붕괴를 입증할 수 없었다. 붕괴는 이윤율 하락으로부터 도출할 수 없다. 어떻게 백분율, 즉 이윤율과 같은 그저 수치가 현실 체계의 붕괴를 산출할 수 있는가? 표 2는 자본주의 체계가 이윤율 하락에도 불구하고 생존할 수 있으며 35차 연도의 최종 붕괴는 이윤율 하락 그 자체와는 무관하다는 점을 보여 주었다. 우리는 왜 이윤율이 9.7%인 34차 연도에는 체계가 생존하며, 왜 이윤율이 9.3%인 바로 그 다음 해에는 체계가 붕괴하는지를 설명할 수 없다. 우리가 붕괴를 이윤율이 아니라 이윤량과 결부시킬 때에만 붕괴를 설명할 수 있다. "축적은 이윤율뿐만 아니라 이윤량에도 의존한다"(Marx, 1969, p. 536).

만약 우리가 좀바르트와 바우어의 관점을 수용한다면, 즉 마르크스에게 가치란 결코 실제 현상이 아니라 순전히 관념, '정신적 실제', 또는 사고의 조력자에 불과하다는 관점을 받아들인다면, 이윤량의 상대적 감소(이윤율 하락은 단순히 이러한 사실의 외부적 표현일 뿐이다)로 인한 자본주의의 붕괴는 불가사의

자본주의 체계의 축적과 붕괴 법칙

한 신비가 되어 버린다. 관념은 결코 현실 체계를 파괴할 수 없다. 이는 좀바르트와 바우어가 마르크스의 붕괴이론을 결코 받아들일 수 없었던 이유다. 그러나 가치가 실제 크기를 지니며, 따라서 이윤량이 실제 크기를 가진다고 생각하면 상황은 지극히 달라진다. 이런 경우 체계는 이윤량의 상대적 감소로 인해 반드시 붕괴해야 하며, 이윤량이 절대적으로 증가할 수 있고, 실제 증가하더라도 그러하다. 실로 이윤율의 하락은 오직 잉여가치량의 상대적 감소와 동일하다는 점에서만 마르크스에게 중요할 뿐이다.

오직 이러한 의미에서만 이윤율 하락과 함께 체계가 붕괴한다고 말할 수 있다. 이윤량이 상대적으로 감소하기 때문에 이윤율이 떨어진다. "이윤율 하락은 잉여가치량이 투하된 총자본에 대비해 상대적으로 감소함을 표현한다"(Marx, 1959, p. 214). 이는 이윤량(또는 잉여가치량)의 상대적 감소이며, '생산의 확대와 잉여가치 생산 사이의 갈등'(p. 247)을 설명하는 실제 크기로 이해된다. 축적의 특정한 한계를 넘어서면, 계속해서 팽창하는 자본의 정상적인 가치증식을 보장하기 위한 잉여가치가 너무 적다.

12. 붕괴와 경기순환의 요인들

O. 모르겐슈테른(Morgenstern, 1928)과 같은 저자들은 어떤 규칙적이거나 체계적인 경제변동이 존재한다는 개념을 그냥 기각해 버린다. 그들은 팽창 국면과 수축 국면이 순전히 우연적으로 서로 잇따른다는 의미에서 위기가 순전히 우연적 성격을 지닌다고 생각한다. H. 디첼(Dietzel, 1909)은 농업 수확량의 순전히 무작위적인 변동이 국면적 진동의 기본적 결정요인이라고 보았다. 뵘-바베르크는 경제순환 이론이 논리적으로 완벽한 경제이론의 결론 장_章을

구성할 수 있을 뿐이라고 생각했다. 이러한 경우에, 즉 부르주아 경제학이 경제순환 이론은 불가능하다고 주장한다면, 자신이 경제과학이 파산했다고 고백하며 종말을 맞이하는 것일 뿐이다.

　　부르주아 경제학의 어떤 대표자도 위기의 주기성에 대해 심지어 얼마간이라도 정확하고 인과적인 설명을 제시할 수 없었다. 그들은 기껏해야 경제순환의 이런저런 국면에 대한 부분적 설명을 제시할 수 있었을 뿐이다. 이처럼 위기의 주기성을 설명하지 못하므로, 개별적 국면의 길이나 주기적 운동의 진폭을 결정하기 위한 모든 이론적 기초도 제거된다.

　　개별 국면의 지속 기간을 결정하는 기본적인 문제에 관해서 해설자들은 경험주의에 곧장 뛰어들었다. 최근 들어 다양한 경기순환 학파들이 구한 '정확한' 결과는 기상천외한 엄청난 논란을 불러 일으켰지만, 이러한 논란은 이들 학파의 수학적 변장 뒤에 도사리고 있는 이론적 파산상태와 가망 없는 경험주의를 은폐할 뿐이다. 미국에서의 관찰은 경기순환의 국면이 점점 더 짧아지는 경향이 있다는 결론을 이끌었다. 정반대로, 투간-바라노프스키는 영국의 자료를 조사하여 순환적 위기가 점점 더 길어지고 있다는 결론에 이르렀다(Tugan-Baranovsky, 1901, p. 166). 이론이 구성되는 방법을 두고 역사적으로 접근하는 학파와 연역적으로 접근하는 학파는 지난 40년간 결판이 날 때까지 싸웠는데, 부르주아 경제학자는 이러한 '방법에 관한 논쟁'을 더 깊이 추적하지 않고 지나쳐 버렸다.

　　현재 경기순환 연구 분야에서는 슈몰러가 이끄는 역사학파의 가망 없는 경험주의가 다시금 지배적이다. 구舊 역사학파가 가능한 한 풍부한 역사적 증거라는 형태로 이론을 구성하기 위한 예비적 기초를 세우려는 시도가 아니었다면, 도대체 무엇이었나? 미국과 유럽에 존재하는 현대적인 경기순환 학파의 전체 성향은 이런 종류의 자료를 집계한다는 특징이 있지만, [구 역사학파와의] 차이가 있다면 그러한 자료가 아마도 더 동시대적이라는 차이뿐이다. 그들의 모든 작업의 기본적인 관심은 무엇이 적절한 지표인지 선택하는 것이다. 미국에서는 이러한 지표들이 주로 유통, 가격, 시장과 관련이 있다면, 독일에서는 생산도 고려된다. 하지만 두 경우 모두에 기본적인 특징은 인과적 설명이 묘사로 대체된다는 사실이다. 현재 부르주아 경제학은 이론에 진저리를 낸다. 따라서 A. 뢰베가 다음과 같이 말한 것은 지극히 올바르다. "근본적으로, 지난 10년간 경기순환 이론은 한 발자국도 나아가지 못했다"(A. Lowe, 1926, p. 166).[22]

그렇지만 마르크스주의자들 내부에서도 역시 이 분야에 대한 혼란이 존재한다. 마르크스는 순환의 길이를 연장하거나 단축하는 요인에 대해 언급했고, 자신의 시대에는 "현대 산업의 핵심 부문에서 이러한 생애주기가 이제 평균 10년"이라고 추정하고 "하지만 우리는 여기서 정확한 수치를 다루지는 않는다"(1956, p. 188-9)라고 말했다. 순환적 운동 혹은 산업 순환의 다양한 국면의 진폭은 더 커질 수도 있고 작아질 수도 있다. 하지만 진폭의 변동은 그 운동의 주기성을 없애지 않을 것이다.

카우츠키는 자신이 투간-바라노프스키의 위기이론에 기본적으로는 동의하지 않지만, 몇몇 요점에 대해서는 그에 동의한다고 생각했다. 그 요점 중 하나는 "위기의 주기성을 결정하는 원인에 관해 투간-바라노프스키가 언급한 바"다(Kautsky, 1901, p. 133). 이러한 주장이 논리적으로 방어될 수 없음은

---

22) 우리는 마음대로 사용할 수 있는 데이터가 풍부한 시대의 초창기에, 심지어 어렴풋하게라도 도달하지 못했다. 그런데도 이러한 저술은 어떤 이론적 결과에 대한 권리를 주장하는가? 이론 연구의 이러한 전체 지향이 제한적인 의미만을 지닌다는 점은 뉴욕 연방준비은행의 수석 통계학자 칼 스나이더가 인정하는 바다. "이러한 세부적이며 예리한 연구로부터 얻게 될 원리의 총합이 무엇이냐고 우리가 묻고자 한다면, 그 답은 예측과 통제라는 측면에서 보면(예측과 통제는 모든 진정한 과학의 품질증명이다) 그러한 연구의 산출물이 진정으로 적다는 것이 답이 되어야 할 것이다"(1928, p. 27). 경험적 통찰이 확대되면 이로부터 이론 구성이 직접 촉진되리라 기대하는 것은 이론과 경험적 연구의 논리적 관계를 완전히 잘못 이해하는 것이다.

명확하다. 어떻게 투간-바라노프스키의 위기이론에는 동의하지 않으면서 그의 위기이론이 제시하는 주기성의 원인은 받아들일 수 있는가? 그리고 카우츠키에게 그토록 깊은 인상을 준 투간-바라노프스키의 획기적인 발견은 무엇인가?

> 투간과 마찬가지로 나는 철도의 불규칙적인 국제적 팽창이 번영과 위기의 상호 교체 뒤에 있는 기본 요인 중 중 하나라고 본다. 19세기에 세계시장의 팽창과 철도의 확장은 서로 밀접히 연관되어 진행되었다.(p. 137)

이는 카우츠키가 마르크스의 위기이론을 왜곡하고 속류화한 방식이다. 그래서 레더러는 노동가치이론이 동역학적 현상을 결코 다룰 수 없고, 룩셈부르크의 이론을 제외하면 "호황과 불황에 관한 모든 문제는 불비례성의 문제로 볼 수 있다"(Lederer, 1925, p. 359)라고 추측했는데, 이는 지극히 자연스러웠다.

레더러는 다음과 같이 주장한다.

> 노동가치이론 내부에서 위기는 생산성의 상승과 시장 수용력의 지체 간 모순이라는 측면에서 설명되거나, 또는 생산수단이 개별 영역에 분배될 때 발생하는 오류라는 측면에서 설명된다. 그러나 하지만 이것들이 진정으로 위기의 원인이라면, 이 원인을 이해함으로써 위기를 완전히 제거하지 못할 이유가 없다. 게다가 위기의 주기성은 이러한 이론으로는 설명되지 않는다.(p. 360)

달리 말하면, 우리가 노동가치이론을 받아들이면, 결국 과소소비 이론이나 불비례성 이론에 도달하게 되지만, 이러한 이론 중 어느 것도 주기성을

설명할 수 없다는 말이다.[23]

　나는 노동가치이론을 받아들이면 마르크스의 축적이론에서 붕괴이론 및 위기이론으로 나아간다는 것을 보여 주었는데, 그러나 레더러가 열거한 이유와는 완전히 상이한 이유에 따른 것이었다. 과잉축적이론은 왜 재생산 과정이 필연적으로 순환적인 형태를 취하는지를 설명하며, 오직 과잉축적이론만이 우리가 주기를 이루는 개별적 국면의 길이를 규명할 수 있게 한다.[24]

　이 책의 기저에 있는 방법을 고려하면, 국면의 지속 기간을 규명하기 위한 절차는 경험적이거나 통계적인 절차가 될 수 없다. 심지어 특정한 경제 현상과 순환의 지속 기간 사이에 어떤 확고한 통계적 관계가 성립될 수 있다고 하더라도, 이는 그 자체로 그 관계가 논리적으로 필연적인 성격을 지닌다고 증명하는 것은 아닐 것이다. 통계학의 방법을 통해서는 어느 누구도 어떤 한 요인의 변동이 필연적으로 다른 요인의 변동의 원인이 되는지 증명할 수 없다. 하이에크에 따르면, 경제적 사실 간에 경험적으로 확인할 수 있는 관계는 "그 관계가 통계학적 측정과 무관하게, 논리적으로 필연적인 성격을 지닌"(Hayek, 1928, p. 251) 근본적인 모형으로 변형될 수 없는 한, 이론적으로 의문의 여지가 있는 채로 남아 있게 된다. 하이에크의 이러한 언급은 지극히 올바르다. 그는 계속해서 다음과 같이 말한다.

---

23) 불비례성 이론에 대한 레더러의 비판은 이 주제에 관해 저술된 글 중 최선의 것이다. 하지만 그 비판은 마르크스주의 위기이론에 영향을 끼치지 않는데, 왜냐하면 마르크스주의 이론은 주기적으로 재발하는 잉여가치의 결핍이라는 측면에서 위기를 추적하기 때문이다. 모든 불비례성 이론은 부분적인 과잉생산 이론을 함의한다. 하지만 마르크스는 완전한 비례성 하에서 발생하는 일반적 과잉생산으로부터 자본주의의 내적 위기를 추론한다.

24) 나는 앞으로 제시할 순환에 관한 설명에서 오직 핵심적인 인과관계만을 다룰 것이다. 따라서 나는 신용이 재생산 과정에 미치는 영향에 관해 더 자세히 다룰 수 없는데, 이는 나의 주요한 연구과제로 남겨둘 것이다. 마르크스주의적 입장은 왜 신용이나 유통과정과는 전혀 무관하게 위기가 불가피한지, 어떻게 위기가 생산 내부의 원인에 뿌리를 두는지 제시해야 한다.

모든 경제이론과 마찬가지로, 경기순환 이론의 타당성에 관해서는 기본적으로 오직 두 가지의 기준이 존재할 뿐이다. 첫째, 경기순환 이론은 특정 이론 체계의 기본 원칙으로부터, 논리적으로 엄격한 방식으로 연역될 수 있어야 한다. 둘째, 경기순환 이론은 순환 과정에서 실제로 관찰되는 다양한 현상을 순전히 연역적으로 설명할 수 있어야 한다.(p. 252)

분명히도 이는 특정 국면의 지속 기간을 규명할 때도 적용된다. 따라서 앞으로 나는 순환적 운동의 진폭을 순전히 연역적인 방법으로 도출하고자 하며, 이는 재생산 메커니즘의 기본 요소가 낳는 필연적인 결과가 될 것이다.

앞에서 제시한 공식은 팽창 국면의 지속 기간을 결정하는 요인들을 정확히 명시한다. 팽창 국면의 길이는 표식에서 설정된 조건 하에서 계산될 수 있다. 물론 실제 현실에서 이 표식의 순수한 운동은 극도로 다양한 종류의 상황과 교차한다. 나는 바우어 표식을 그대로 사용하여 팽창 국면의 길이가 그러한 요인의 변동에 따라 어떻게 연장되거나 단축되는지 보여 주고자 한다.

첫째, 만약 바우어가 자본의 유기적 구성의 초기 값을 더 높게 설정했다면(예를 들어 [바우어는 $200,000\,c + 100,000\,v$로 설정했는데 그 대신에] $200,000\,c + 25,000\,v$로 설정했다면), 따라서 잉여가치의 비축량이 더 적다고 설정했다면 체계는 훨씬 더 빨리 붕괴할 것이다. 왜냐하면 자본가의 소비, k부분이 이미 1차 연도부터 감소하기 시작하기 때문이다. 이는 표 2.3에 제시된다.

자본주의 체계의 축적과 붕괴 법칙

[표 2.3]

연도	c	v	k	a_c	a_v	AV
1	200000 +	25000 +	3750 +	20000 +	1250 =	250000
2	220000 +	26250 +	2938 +	22000 +	1312 =	272500
3	242000 +	27562 +	1 984 +	24200 +	1378 =	297124
4	266000 +	28940 +	893 +	26600 +	1447 =	323880
5	292600 +	30387 +	0 +	29260 +	1519 =	
					부족량 = 392	

유기적 구성이 높기 때문에 그 체계는 더 일찍, 즉 5차 연도에 붕괴해야 한다. 자본화에 배정되어야 할 잉여가치가 부족해질 것이며, 그렇지 않으려면 잉여가치율, 즉 착취율이 상승해야 한다. 곧 임금이 삭감되어야 한다.

따라서 자본의 유기적 구성의 수준은 붕괴 경향에 엄청나게 중요하며, 바로 이런 이유 때문에 마르크스는 자본축적의 보편적 법칙에 관한 장의 서두에서, "이 연구에서 가장 중요한 요소는 자본의 구성이며, 축적과정이 진행되면서 자본의 구성이 겪는 변화"(1954, p. 574)라고 말해야 했다.

둘째, 불변자본의 성장률이 상승하면 마찬가지로 붕괴가 가속화된다. 표 2.4는 불변자본의 성장률 a_c가 10%가 아니라 20%라고 가정한다.

[표 2.4]

연도	c	v	k	a_c	a_v	AV
1	200000 +	100000 +	55000 +	40000 +	5000 =	400000
2	240000 +	105000 +	51750 +	48000 +	5250 =	450000
7	597196 +	134008 +	7870 +	119438 +	6700 =	865220
8	716634 +	140078 +	0 +	143326 +	0 =	

만약 불변자본 성장률이 20%로 두 배가 된다면, 붕괴는 8차 연도 이후에 시작된다. 이때부터 이미 요구되는 불변자본의 추가량은 이용 가능한 총잉여가치량보다 크다. 가변자본의 추가량(a_v)이나 자본가의 소비를 위해서는 아무 것도 남지 않을 것이다.

지금까지 우리는 불변자본이 축적되는 비율을 순전히 가치의 크기라는 측면에서만 검토했다. 그러나 우리가 그 비율을 가치 측면이 아니라 자연적인 형태 또는 물질적인 내용물이라는 측면에서 검토한다면, 이러한 요인은 무엇을 의미할까? 그것은 생산 조직체를 확대하는 데 필요한 생산수단을 의미한다. 그렇다면 이제 이 요소의 물리적 수명 또는 '사회적'(moral) 수명은 축적과정에 어떤 영향을 미치는가? 이미 시스몽디는 위기가 고정자본의 수명과 밀접히 연관되어 있다고 주장했다.

오늘날 제조 산업에 경련을 일으키는 폭력적인 충격은 과학적 발견이 잇따라 일어나는 속도와 관련이 있다는 의견이 제시되었다. 그 때문에 현존 상품의 가치가 감소할 뿐만 아니라, 전체 고정자본과 모든 기계가 쓸모없게 된다.(Grossman, 1924, p. 45)

하지만 마르크스 이전에 어느 누구도 그 연관성이 정확히 무엇인지를 설명하지 못했다.

지금까지 재생산표식은 단순화를 위해서 고정자본의 수명이 재생산의 한 기간과 동일하다고 가정했다. [곧 재생산표식에서 고정자본의 수명은 1년이다.] 즉 고정자본이 각 생산주기 내에서 완전히 소모되어 그 해의 생산물로부터 다시 갱신되어야 한다고 가정했다. 이 가정은 순전히 허구적인 성격을 지니며, 수정되어야 한다. 불변자본 중 고정자본 요소는 여러 생산주기에 걸쳐 작동하며 매년 갱신될 필요가 없다고 가정하는 것이 더 현실적이다. 가치와 잉여가치 생산에서 고정자본의 참여는 여러 해에 걸쳐 이루어지는 것으로 확장된다. 이렇게 되면, 고정자본의 가치가 연간 감가상각률에 비례하여 생산품에 더 적게 이전된다 하더라도 [연간 가치이전량이 더 적어지더라도], 고정자본은 실제 내구성에 비례하여 [더 오랫동안 사용할수록] 더 많은 가치, 따라서 더 많은 잉여가치를 창출하는데 기여한다. 따라서 주어진 자본의 가치증식이 개선되며 붕괴 경향은 약해지고, 팽창 국면의 지속 기간이 연장된다. 기술진보가 점진적으로 고정자본의 물리적 내구성을 강화하기 때문에 우리는 여기서 경기순환을 연장하는 경향이 있는 요인을 발견한다.

고정자본의 '사회적' 가치절하는 정확히 정반대의 효과를 낸다. 사회적 가치절하는 고정자본이 기능하는 시간을 단축시킴으로써, 그에 따라 고정자본이 형성하는 가치 총량과 잉여가치 총량을 감소시킴으로써, 주어진 자본의 가치증식을 악화시키고, 축적 기간 또는 경기상승 기간을 단축한다. 이에 대하여 마르크스는 다음과 같이 말한다.

자본주의적 생산양식이 일반적으로 발전하면서, 사용되는 고정자본의 가치량과 내구성이 증가하는 만큼, 산업의 수명, 각 투자 부문에서의 산업자본의 수명도 늘어나, 여러 해로 이루어진 기간으로 확장된다. 한편으로는 고정자본의 발전이 그 수명을 연장하지만, 다른 한편으로는 생산수단의 지속적 혁명이 그 수명을 단축시킨다. 그 혁명은 자본주의적 생산양식의 발전과 함께 끊임없이 가속화된다. 이는 생산수단의 변화를 동반하며, 사회적 가치 절하 때문에 생산수단이 물리적으로 수명이 다하기 오래 전에 지속적으로 교체되어야 할 필요성이 증대된다. 현대 산업의 핵심 부문에서 이러한 생애주기가 평균 10년이라고 가정할 수도 있다. 하지만 우리는 여기서 그 정확한 수치를 다루지 않는다. 하지만 이것만은 분명하다. 즉 상호 연결된 회전들로 이루어진 순환은 수년간에 걸쳐 진행되고, 자본은 고정자본 요소 때문에 그 순환 속에 꼭 붙잡혀 있으므로, 그러한 순환은 주기적 위기를 향한 물질적 기초를 제공한다는 것이다. 이러한 순환 동안 기업은 침체, 중간 수준의 호황, 지나친 활황, 위기라는 연쇄적인 기간을 통과한다.(1956, p. 188-9)

셋째, 만약 인구가 일정하게 유지되거나 또는 5%라고 가정한 성장률에 따라 증가한다면, 가변자본 성장률의 상승은 불변자본 성장률의 상승과 동일한 효과를 낸다. 이러한 가정 하에서는 임금률 [일인당 임금]이 매년 상승하면서 가변자본이 원래 표식보다 더 빠르게 축적될 수 있다. 따라서 가변자본의 연간 증가는 두 가지 원인에서 비롯된다. 1) 노동자의 수가 증가하기 때문에, 2) 임금률이 상승하기 때문에. 그러한 상황에서 임금률의 상승은 잉여가치율의 하락을 뜻한다. 매년 노동인구가 5%씩 증가하는 반면, 임금률은 매년 20%씩 상승한다고 가정해 보자. 다른 조건들이 같다면, 우리는 표 2.5에 제시된 결과를 얻는다.

자본주의 체계의 축적과 붕괴 법칙

[표 2.5] [25]

연도	c	v	a_c	a_v	k	AV
1	200000 +	100000 +	20000 +	26000 +	54000 =	400000
2	220000 +	105000 +	22000 +	32300 +	50700 =	430000
5	292600 +	121550 +	29260 +	53151 +	39139 =	535700
11	518357 +	162886 +	51835 +	105236 +	5815 =	1154791
12	570192 +	171030 +	57019 +	115497 +	0 =	
13	627211 +	179581 +	172516 = 부족량 1486			

가변자본 성장률의 증가는 붕괴를 엄청나게 가속화한다. 만약 임금률이 20%씩 상승한다면 12차 연도에 잉여가치가 부족해질 것이다.

이러한 경우에는 인구증가율이 5%로 일정하고 임금률이 상승하기 때문에 가변자본의 성장률이 상승하는데, 이는 인구 그 자체가 5%를 초과하는 성장률로 증가하여 가변자본의 성장률이 상승하는 경우와 구별되어야 한다. 모든 다른 조건이 같다면, 인구 성장률의 상승에 따라 가치증식의 기초가 확대되면 붕괴 경향은 필연적으로 약화된다. 만약 노동인구가 1년에 8%씩 증가한다면, 결과적으로 잉여가치량이 8%씩 증가하며, 표 2.4에서 가정된 조건들 하에서라면 붕괴 시점은 표 2.6에서 제시된 것처럼 1년 연장될 것이다.

---

25) [역주] 가변자본(v) 열은 연간 5%의 노동인구 증가만을 반영한다. 반면 축적될 가변자본량(a_v) 열은 증가한 노동자에게 연간 임금률 상승 20%를 반영한 누적 액수를 지불하기 위해 필요한 총액을 보여 준다.

[표 2.6]

연도	c	v	k	a_c	a_v	AV
1	200000 +	100000 +	52000 +	40000 +	8000 =	400000
2	240000 +	108000 +	51360 +	48000 +	8640 =	456000
7	597196 +	158685 +	26553 +	119438 +	12694 =	914566
8	716634 +	171379 +	14334 +	143326 +	13709 =	1059392
9	859960 +	185088 +	0+	171992 +	14806 =	

186798 = 부족량 1710

넷째, 잉여가치율의 상승은 붕괴 경향을 감속할 것이다. 표 2.7은 잉여가치율의 하락이 초래하는 결과를 보여 준다. 불변자본의 성장률이 20%이며, 가변자본의 성장률 5%이고, 잉여가치율이 단지 50%일 때, 붕괴 경향은 가속화될 것이다.

[표 2.7]

연도	c	v	k	a_c	a_v	AV
1	200000 +	100000 +	5000 +	40000 +	5000 =	350000
2	240000 +	105000 +	0 +	48000 +	5250 =	

53250 = 부족량 750

이 사례에서의 극단적으로 빠른 붕괴의 시작은 더 높은 자본성장률과 더 낮은 잉여가치율이 결합되었기 때문이다. 거꾸로 만약 잉여가치율이 예컨대 150%라면 붕괴는 연기될 것이다.

요약하면, 경제 상승의 지속 기간이나, 붕괴와 위기로의 하강이 발생하

자본주의 체계의 축적과 붕괴 법칙

는 시점은 상호 양립할 수 있는 네 가지 변수의 함수다. 그 변수는 자본의 유기적 구성의 수준, 잉여가치율, 불변자본 성장률, 가변자본 성장률이다.

13.   위기와 과소소비이론

일단 우리가 호황의 원인을 파악하면, 현존 위기이론이 부적합하게 설명할 수밖에 없는 일련의 경험적 현상을 제대로 설명할 수 있게 된다. 인플레이션이 '인위적인' 호황을 창출한다고 한다. 그러나 이러한 부류의 호황에서 무엇이 인위적인가? 이른바 인위적인 호황은 진정한 호황과 어떻게 다른가? 예를 들어 대중의 과소소비가 위기의 기본 원인이라면 인플레이션은 거대한 위기를 야기해야 한다. 왜냐하면 임금이 상품 가격에 뒤처지고 실질임금이 하락하며 노동계급의 과소소비가 가파르게 증가할 것이기 때문이다. 하지만 만약 인플레이션이 경제순환에서 상승을 의미한다면 이는 대중의 과소소비가 위기를 충분히 설명할 수 없다고 증명할 뿐이다. 이러한 인플레이션 옹호 이론에 따르면 호황의 출현은 지극히 자명하다. 실질임금이 하락하면서 이윤율이 상승하고 가치증식이 개선된다.

상품가격, 임금, 이자율의 변화를 고려하지 않고 이를 모두 추상했음에도 불구하고 순환 과정의 필연성은 이미 입증되었다. 사실 상품가격, 임금, 이자율의 운동은 그 기저에 있는 순환적 운동의 결과일 뿐이다. 따라서 상품가격, 임금, 이자율의 운동을 경제순환의 전제조건으로 삼으면 논리적 순환이라는 오류에 빠진다.

우리는 기술수준이 지속적으로 상승하더라도 자본축적이 전체 노동인구에 대한 고용을 유지할 수 있는 완벽한 균형을 가정하면서 출발했다. 이러한 균형 상태는 자본과 노동력의 비례적 증가로 정의되는데, 이때 축적은 가격 구조의 어떤 변화 없이도 진행될 수 있다. 나는 심지어 이처럼 우호적인 조건을 가정하더라도 축적이 필연적으로 붕괴하는 시점이 반드시 도래한다고 입증했다.

하지만 이 같은 비례적 축적은 꽤 비현실적이다. 자본주의 메커니즘 내에는 축적규모를 균형 상태에 필요한 수준에 맞춰 의식적으로 조정할 수 있는 규제자가 없다. 실제 축적규모는 재생산표식에서 설정된 균형 상태로부터 이탈하는 경향이 있다. 축적의 크기는 얼마나 많은 양의 잉여가치가 불변자본과 가변자본으로 축적되는지, 얼마나 많은 양이 자본가의 개인적 소비에 쓰이는지에 달려 있다.

원리상으로는 두 가지 경우가 가능하다. 즉 축적이 균형 수준을 초과하거나 미달할 수 있다. 하지만 실제로는 두 번째 경우만 가능한데, 이때 잉여가치의 일부분만이 축적의 목적으로 배정된다. 가령 불변자본이 표식에서 가정된 연간 10% 대신 연간 5%씩 증가하는 경우만 가능하다. 이런 경우에 신규 노동자가 모두 생산과정에 흡수되지는 않을 것이며 산업예비군이 매년 형성될 것이다. 잉여가치 중 남은 부분, 자본화되지 않은 부분은 자본가의 소비로 들어갈 것이다. 그러한 남은 부분은 투자 목적을 위한 예비금으로 보존될 것이며, 대부자본의 형태를 취할 것이다.

지금까지 우리는 재생산 과정에 생산적으로 흡수되는 사회적 총자본을 하나의 단일한 단위로 간주했으며, 산업자본가는 그 자신의 자본을 이용한다고 가정했다. 이러한 가정은 순전히 허구적이며, 단순화를 위한 방법론이라는 측면에서만 정당화될 뿐이다. 그 가정은 화폐자본가나 금리생활자를 분석의 범위에서 배제한다. "만약 모든 자본이 산업자본가의 수중에 있다면 이자나 이자율과 같은 것은 존재하지 않을 것이다"(Marx, 1959, p. 377). 하지만 이자는 존재하며 따라서 우리의 허구적 가정을 중단해야 한다. 현실에서는 자본가 중 오직 소수만이 오로지 그 자신의 자본만을 운영할 뿐이다. "산업자본가의 대다수는 그 자신의 자본뿐만 아니라 차입한 자본으로 사업을 하고 있는데, 자기 자본과 차입한 자본의 비율은 산업자본가마다 상이할 수 있다"(p. 376). 따라서 저축된 잉여가치의 일부분을 의미하는 신용을 분석 내로 다시 도입해야 한다. 그럼으로써 추상적인 재생산표식은 경험적 요소를 추가함으로써 풍부해지며, 분석은 실제 현실에 한 걸음 더 가까워진다.

마르크스는 다음과 같이 말한다.

> 차입한 자본으로 사업을 하는 생산적 자본가의 관점에서, 총이윤은 두 부분으로 분할된다. 첫 번째 부분은 이자로, 생산적 자본가는 이자를 대출자에게 지불해야 한다. 두 번째 부분은 이윤 중에서 이자를 넘는 초과분으로, 이는 이윤 중에서 생산적 자본가 그 자신의 몫 [기업가 이득]이 된다.(1959, p. 372-3)

이로부터 산업자본에 실제로 돌아가는 이윤의 크기는 "이자에 의해 결정된다. 왜냐하면 이자는 일반 이자율에 의해 고정되어 있으며, 생산과정이 시작되기 이전에 미리 지불되어야 한다고 간주되기 때문"(p. 373)이라는 결론이 도출된다. 일반 이자율을 결정하는 규칙이 없다고 하더라도 특정 시기, 특정 국가에서 생산의 균형 상태에 조응하는 이자율의 '평균적인 수준'은 여전히 존재한다. 생산 조직체가 이러한 균형 상태에 있다면, 사회의 잉여가치 전체는 개인적으로 소비되지 않는 한, 축적을 위해 사용될 것이다. 그렇지만 자본가 중 하나의 집단인 화폐자본가와 금리생활자는 생산과정에서 직접적으로 기능하지 않는다. 그들은 자신의 자본을 생산자본가에게 이전한다. 이러한 집단이 그들의 자본으로부터 수령하는 이자는 이러한 자본가의 수, 자본의 크기, 기타 등등에 의해 결정되는 '정상正常 이자'라고 볼 수 있다.

하지만 우리는 균형을 이루는 경우만 다루지 않으며, 축적에 사용되어야 할 잉여가치의 일부분이 생산적으로 사용될 곳을 찾을 수 없는 경우도 다룬다. 이처럼 대부될 수 있는 자본의 일부분은 소비되는 것도 아니고 직접적으로 자본화되는 것도 아니며, 투자처를 찾아 화폐시장에 나타나고, 방금 정의했던 의미의 '정상 이자' 아래로 이자율을 낮춤으로써 사업 활동을 촉진한다. 따라서 축적은 가속화된다. 마르크스는 "낮은 금리가 기업가 이득으로 전환될 이윤 부분을 증가시킨다는 사실 때문에 실제 축적과정의 팽창이 촉진된다"(1959, p. 495)고 말한다.

유사한 과정이 노동시장에서도 일어난다. 원래 전체 노동인구는 생산과정에 흡수되었으나, 불변자본 성장률이 균형을 이루는 수준보다 더 낮은 경우에는 이제 산업예비군이 형성되기 시작한다. 이는 결국 임금 수준을 낮춰서 다시 기업 활동을 자극한다. 두 요인에 의해 잉여가치율은 100%를 초과하며, 생산요소가 저렴해지면서 나타나는 자본의 수익성 상승은 축적 속도를 가속화한다. 자본성장률은 다시 균형 수준에 근접할 것이다. 표 2.8은 불변자본이 연간 5%라는 낮은 수준으로 성장한다고 가정하더라도, 축적과정에서 이용 가능한 대부자본이 고갈되는 경향이 나타날 것임을 보여 준다.

[표 2.8] [26)]

연도	c	v	산업예비군	k^*	L	a_c	a_v
1	200000 +	25000 +	0 +	2500 +	12444 +	10000 +	56
2	210000 +	25056 +	1194 +	2505 +	11994 +	10500 +	57
3	220000 +	25113 +	2449 +	2115 +	11516 +	11025 +	61

26)　[역주] L은 대부자본(loan capital)을 뜻한다.

7	268018 +	24842 +	7974 +	2484 +	9211 +	13201 +	38
8	281219 +	24880 +	9576 +	2488 +	8386 +	14060 +	0

$$* \ k = \text{연간 잉여가치의 } 10\% \,(s = k + L + a_c + a_v)$$

한편, 만약 상승한 수익성으로 인해 불변자본의 성장률이 5%를 넘게 될 경우, 대부자본의 양은 더 빠르게 고갈될 것이다. 다른 모든 조건들이 같을 때, 불변자본의 성장률이 5%에 시작하여 매년 2%p씩 더 높아진다(2차 연도에 5%, 3차 연도에 7%, 4차 연도에 9% …)고 가정해 보자.

[표 2.9]

연도	c	v	산업예비군	k *	a_c	a_v	L
1	200000 +	25000 +	0 +	2500 +	10000 +	56	+12444
2	210000 +	25056 +	1194 +	2505 +	14700 +	535	+7316
							19760
3	224700 +	25591 +	1917 +	2559 +	20223 +	1056	+1753
							21513
4	244923 +	26647 +	2293 +	2664 +	26941 +	1565	−4523
							16990
5	271864 +	28212 +	2175 +	2821 +	35320 +	2238	−12167
							4823
6	307184 +	30450 +	1456 +	3045 +	44077 +	2477	−19245
							−14426
7	(253361) +	(32927) +	(74) +	0			

표 2.9는 축적과정이 두 개의 뚜렷이 구분되는 국면으로 나뉨을 보여 준다. 첫째 국면은 3차 연도까지 연장되는데 대부자본의 양이 증가하여 3차 연도 말에 최고점에 도달한다. 이러한 대부자본의 팽창은 분명히도 이자율을 정상 수준 미만으로 하락시켜 자본가들이 생산 규모를 더 확대하도록 조장한다. 4차 연도는 전환점이다. 축적으로 인해, 생산 규모는 더 이상 축적된 자본의 가치증식을 위한 잉여가치가 충분하지 않은 수준에 도달한다. 축적기금 $(a_c + a_v)$은 4,523만큼 부족한데, 이러한 부족분은 처음에는 차입에 의해 조달된다. 이는 결국 이용 가능한 대부자본의 총량을 감소시킨다. 대부자본의 감소는 6차 연도까지 계속되어 대부자본이 완전히 고갈된다. 6차 연도는 위기의 출발점인데, 왜냐하면 축적을 지속하기에는 잉여가치가 부족하고 심지어 대부자본이 고갈되기 때문이다. 이는 이미 기능자본이 과잉축적되어 너무 많다는 뜻이다. 마르크스는 그 과정의 특징이 다음과 같다고 말한다.

이제 이자율은 평균 수준으로 상승한다. 새로운 위기가 개시되자마자 이자율이 다시금 최고점에 도달한다. 그러면 신용이 갑자기 중단되고, 지불이 연기되며, 재생산과정이 마비된다. 유휴 산업자본의 과잉은 대부자본의 거의 절대적인 결핍과 함께 나타난다. 그러므로 전반적으로 보면, 이자율로 표현되는 대부자본의 운동은 산업자본의 운동에 대해 정반대 방향을 향한다.(1959, p. 488-9)

과소축적[본래의 균형 수준에 미달하는 축적]은 대부자본의 양을 확대하고, 따라서 이자율을 낮추며 이윤율을 개선한다. 비정상적인 상승기가 뒤따른다. 그림 3은 상승기가 단순한 직선이 아니라 더 낮은 출발점에서 시작하여 급격하게 상승하는 곡선의 형태를 취한다는 점을 보여 준다. 이러한 상승기에는 출발점에서는 축적이 완만한 속도로 이루어졌으나, 낮은 이자율이 가하는 자극을 받으며 그 속도가 점점 더 빨라진다. 대부자본의 비축분이 완전히 고갈되면 축적이 멈추거나, 또는 위기가 시작된다.

[그림 3]

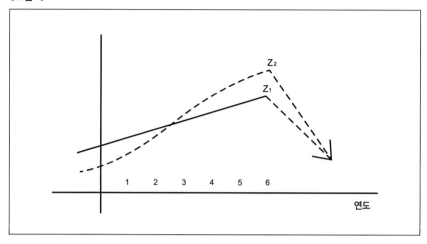

이와 유사한 운동을 노동시장에서도 식별할 수 있다. 우리가 가정하고 있는 과소축적은 사용되지 않는 노동력을 이용할 수 있다는 의미를 담고 있다. 노동력가치 미만으로 임금을 낮추면 이윤율이 개선된다. 이는 자본이 생산 규모를 확대하도록 조장한다. 팽창 국면의 전반부에서는 산업예비군이 증가하는 특징이 있으므로, 이러한 충동이 훨씬 더 강해진다. 그러나 실업자의 수가 감소하기 시작하면서 임금은 상승하기 시작한다.

이로부터 신용을 분석에 도입하면 축적과정이 더 현실성을 얻는다는 결론이 도출된다. 하지만 산업 순환과 위기의 원인에 대한 우리의 기본적인 설명에 새로운 요소가 도입된 것은 아니다. 우리가 팽창 국면을 전체적으로 살펴본다면 우리는 분석의 방법론적 출발점[즉 균형 상태]으로 되돌아가는데, [균형 상태로부터] 이자율의 이탈과 임금률의 이탈은 서로 반대 방향이며, 서로 상쇄 효과를 발휘하므로 평균적 또는 정상 수준의 효과를 산출하기 때문이다.

나는 바우어를 비판하면서, 바로 축적의 메커니즘이 자본의 과잉축적을 낳으며, 따라서 위기를 산출한다는 점을 입증했다. 심지어 임금 삭감도 극복할 수 없는 일정한 한계 내에서만 실행될 수 있다. 따라서 축적이 필연적으로 멈추게 되거나, 체계가 붕괴한다. 자본, 즉 잉여가치의 일부분이라는 형태를 취했던 자본은 그 이전에는 축적에 사용되었지만, 위기의 순간에 이르러 생산과정에서 배제된다. 판매되지 않는 재고가 축적되면서 절대적 과잉생산이 개시된다. 투자처를 찾는 화폐자본은 더 이상 생산에 유익하게 사용될 수 없게 되고, 증권 거래 쪽으로 돌아선다.

증권 거래 활동은 화폐시장에서 이자율의 운동과 불가항력적으로 밀접히 관련된다. "이러한 증권의 가격은 이자율과 반대 방향으로 상승, 하락한다"(Marx, 1959, p. 467). 모든 위기의 출발점에서 이자율이 갑자기 상승하면서 증권 가격은 가파르게 하락한다. "화폐시장이 긴축될 때 증권 가격은 두 가지 이유로 하락한다. 첫째, 이자율이 상승하기 때문이다. 둘째, 증권을 현금으로 바꾸려고 하므로 증권이 대량으로 시장에 쏟아져 나오기 때문이다"(p. 467).

위기 시에 증권의 가치하락은 거대한 투기 열풍을 촉발한다. 이는 위기의 말기나 불황기에 과열된 증권 거래 활동이 수반되는 이유이다. 그림 3의 Z점에서는 과잉축적이 존재하고 투자 기회가 부족한데, 한 마디로 이용 가능한 자본이 거대하게 존재한다. 이 자본이 증권 쪽으로 돌아선다. 레더러는 "심지어 불황기에도 저축은 투자처를 찾는다"(Lederer, 1925, p. 377)라고 주장하는데, 이는 이러한 투자가 순전히 환영적인 성격을 띤다는 점을 무시한다. 은행가의 관점에서 보면, 증권 거래가 다른 종류의 투자와 비슷하게 수익성이 있을지도 모른다. 그러나 증권 거래에 대한 투자는 가치도 창출하지 않고 잉여가치도 창출하지 않는다. 자본은 증권시장 시세에 따라 그저 이동될 뿐이다. 이자율은 위기 기간에 극적으로 상승한 후에, 불황기와 팽창기 초반에 다시 하락하는데, 이때 증권의 가치가 상승하기 시작한다. "폭풍이 끝나자마자 이 증서의 가격은 다시 이전 수준까지 상승한다"(Marx, 1959, p. 467-8). 이러한 방식으로 위기 시의 증권의 "가치절하는 부를 집중하는 잠재적인 수단으로 기능한다"(p. 468). 마르크스는 몇 쪽 뒤에서 다음과 같이 말한다.

> 이러한 소유권 증서의 가격변동을 통한 이득과 손실, 그리고 철도 거부巨富 수중으로 소유권 증서의 집중화 등은 그 본질에 따라 점점 더 도박이 되어 가며, 이는 자본 소유를 획득하는 애초 수단이었던 노동을 대체하는 것으로 보인다.(Marx, 1959, p. 478)

이는 인과적인 연쇄를 완성한다. 나는 생산 영역에서부터 시작하여, 바로 자본주의적 축적법칙이 축적에 순환적 형태를 부여하여, 이러한 순환적인 운동이 유통 영역(화폐시장과 증권 거래)에 영향을 준다는 것을 입증했다. 전자[즉 자본주의적 축적법칙]가 독립변수이고 후자[즉 순환적 형태]는 종속변수다. 일단 반작용 경향들이 작동하기 시작하고 생산적 자본의 가치증식이 다시 회복되면, 추가적인 축적 기간이 개시된다. 이윤율은 상승한다. 이윤율이 고정금리 증권의 수입을 초과하자마자, 화폐는 다시금 증권 거래에서 생산 영역으로 쏠린다. 이자율이 상승하기 시작하고, 증권가격이 점점 떨어지면서 증권은 오직 장기투자를 기대하는 '공중公衆'에게 이전된다. 그러나 이와 같은 '장기'투자에 대한 기대는 단지 다음번 위기에 이르기까지, 또는 다음번 투기적 매입의 파도에 이르기까지 지속될 뿐이다. 이러한 모든 과정을 거쳐, 화폐 소유가 점차 집중화되며 이는 결국 금융자본의 권력을 증가시키는 원인이 된다.

14.   축적의 탄력성

룩셈부르크는 마르크스의 확대재생산표식을 다음과 같은 측면에서 비판한다. "어떤 경우라도 이러한 확대의 한계는 자본화되어야 할 잉여가치량에 의해 매번 미리 결정된다"(Luxemburg, 1968, p. 330). 이어서 그녀는 다음과 같이 말한다.

> 따라서 그 표식은 비약적인 생산 확대라는 가능성을 배제한다. 표식은 오직 잉여가치 형성과 엄격히 보조를 맞추는 점진적인 생산 확대만을 허용한다. 동일한 이유로, 그 표식은 축적이 두 부문에 동등하게 영향을 끼치며, 따라서 축적이 자본주의적 생산의 모든 분야에 동등하게 영향을 끼친다고 간주한다. 표식은 비약적인 수요 확대라는 가능성을 배제하며, 이와 마찬가지로 자본주의적 생산의 개별 부문이 일면적으로, 또는 때 이르게 발전할 가능성을 가로막는다. 따라서 그 표식이 가정하는 총자본의 운동은 자본주의적 발전의 실제 과정에 위배된다.(p. 342)

이러한 비판이 그 모든 학파를 낳았다. 일련의 마르크스주의 저자들은 룩셈부르크의 이견을 반복했고, 레닌이 자본주의의 불균등발전 법칙을 처음으로 공식화했다고 장담했다. 예브게니 바르가는 우리에게 말한다. "마르크스는 『자본』에서 자본주의의 불균등발전 법칙을 위한 온전한 경제학적인 기초를 제공하지 않았다. 그는 현상의 총체를 출발점으로 삼았다"(Varga, 1926, 'Der uberimperialismus', p. 246). 분명히도, "레닌이 불균등발전 법칙을 최초로 제기했다"(p. 248). 마찬가지로, 니콜라이 부하린도 '자본주의 발전의 불균등성에 관한 레닌주의적 법칙'을 언급한다. 늘 그랬듯이, 슈테른베르크는 룩셈부르크가 말해야 했던 바는 무엇이든 간에 맹목적으로 추종한다. "순수한 자본주의에서 발생하는 교환에 관한 엄격한 표식에서는 개별 산업들의 돌발적 발전은 상상조차 할 수 없다"(Sternberg, 1926, p. 153).

이러한 견해가 거짓이라는 점은 완전히 명백하다. 마르크스는 모든 생산 영역에서 균형적인 비례적 축적이라는 조화주의 이론을 조소했다. 이러한 종류의 축적이 가능하다면 위기는 존재하지 않을 것이다. 그래서 마르크스는 다음과 같이 말했다.

> 만약 수요와 공급이 서로 일치한다면, 만약 자본이 모든 생산 영역에 비례적으로 분배되어 한 품목의 생산이 다른 품목의 소비를 동반하고 따라서 그 자신 소비를 동반한다면, 과잉생산은 없을 것이다. 만약 [과거에] 과잉생산이 없었다면 [미래에] 과잉생산은 없을 것이다. 하지만 자본주의적 생산은 특정 조건 하에서, 특정 영역에서만 자유로이 발전할 수 있기 때문에, 만약 자본주의적 생산이 모든 영역에서 동시에 균형적으로 발전해야만 한다면 자본주의적 생산은 전혀 존재할 수 없을 것이다.(1969, p. 532)

룩셈부르크의 비판은 그녀가 마르크스의 방법론적 절차의 기본적인 측면을 파악하지 못했기 때문에 나올 수 있었을 뿐이다. 마르크스의 재생산표식은 축적의 평균 선을 의미하며, 이는 축적이 두 부문에서 비례적으로 발생할 때의 이론적 정상 궤도다. 현실에서는 이 평균 선으로부터 이탈이 존재한다. 마르크스 자신은 반복해서 자본의 탄성력에 주목했다. 그러나 이러한 이탈은 오직 평균 선을 통해서만 설명될 수 있다. 룩셈부르크의 오류는 다양한 가능성 중에서 오직 이론적 궤도를 표현하는 모형을 자본의 실제 궤도에 대한 정확한 설명으로 간주했다는 점이다.

바우어도 마찬가지다. 그는 자신의 재생산표식에서 제시된 수량 값이 생산과정이 파괴되지 않고 진행될 수 있는 유일한 형태라고 상상한다. 하지만 바우어 표식에서 매 생산 연도마다 일련의 변형變形을 산출하는 게 가능할 것이며, 각 변형은 자본이 부문 간에 분배될 때, 사회적 총생산의 규모를 바꾸지 않고도 나타날 수 있는, 서로 구별되는 형태를 의미할 것이다. 특정한 사회적 생산 규모에서도 다양한 균형 상태를 가정할 수 있다. 예를 들어, 축적이 전부 1부문에만 국한될 수 있는데, 이런 경우에 몇 년간 1부문은 비약적으로 강력한 발전을 보여 줄 것이지만, 2부문은 오로지 침체에 빠질 것이다.

룩셈부르크가 마르크스의 재생산표식을 비판하는 방식은 그녀의 스콜라주의가 지닌 특징을 가장 잘 보여 준다. 재생산표식에서 마르크스는 비례적 축적이라는 한 가지 사례를 분석했는데, 룩셈부르크는 그가 "비약적인 생산 확대라는 가능성을 배제한다"며 이견을 제시한다. 하지만 마르크스가 그 반대의 사례를 다룬다고 하더라도, 그녀는 다음과 같이 말할 것이다.

> 마르크스는 1부문의 생산의 기초를 넓혀서 축적이 지속될 수 있게 한다. 2부문의 축적은 오직 1부문 축적의 조건이자 결과로 보인다. 언제나 1부문이 주도권을 보유하며, 2부문은 단지 수동적인 추종자일 뿐이다. 따라서 2부문의 자본가들에게는 오직 1부문의 축적에 필요한 만큼만 축적이 허용된다.(p. 122)

이는 룩셈부르크가 마르크스의 방법론적 절차가 지닌 의미를 얼마나 완전히 잘못 이해했는가를 보여 줄 뿐이다. 누가 축적이 두 부문 사이에 비례적으로 일어나도록 보장할 수 있겠는가? 자본주의에는 그러한 규제자가 존재하지 않으며, 존재할 수도 없다. 비례적인 축적은 순전히 이상적인 사례이며, 하나의 허구로서, 오직 우연적으로만 실제 달성될 수 있다. 원칙적으로, 축적의 실제 과정은 다양한 분문들 간에 지극히 불균등하다.

자본주의 체계의 축적과 붕괴 법칙

15.   자본주의에서 생산력의 제한적 발전

만약 자본주의 체계가 이윤량의 상대적 감소로 인해 불가피하게 붕괴한다면, 우리는 마르크스가 이윤율의 경향적 하락에 그처럼 막대한 중요성을 부여한 이유를 이해할 수 있다. 이윤율의 하락은 오직 붕괴의 표현이다. 다음과 같은 말의 의미도 명확하다. "자본주의적 생산의 **진정한 장벽**(barrier)은 **자본 그 자체다**. 자본과 자본의 자기 확대는 생산의 출발점과 종점, 생산의 동기와 목적으로 나타난다"(Marx, 1959, p. 250).

마르크스는 리카도가 사용가치의 생산과 가치의 생산을 혼동했고, 노동과정과 가치증식과정을 혼동했다고 비판했다. "따라서 리카도는 부르주아적 생산양식이 그 내부에 생산력의 자유로운 발전을 가로막는 장벽을 포함하고 있으며, 그 장벽이 위기 시에 표면에 나타난다는 점을 인정할 수 없었다" (1969, p. 527-8). 사용가치 생산을 위한 노동과정으로서, 순전히 기술적인 측면에서는 어느 것도 생산력의 확대를 방해할 수 없다. 이러한 생산력의 확대는 가치증식과정이라는 형태에서 장벽에 부딪치는데, 생산요소가 반드시 가치를 증식해야 하는 자본으로서 나타난다는 사실 때문이다. 만약 이윤이 사라진다면 노동과정은 중단된다. 최대한의 가치증식은 자본주의적 생산과정에 고유한 목적이다.

자본주의의 생산력 발전에 대한 장벽은 이중적인 성격을 갖는다. 첫번째로, 사회적인 관점에서 보면 자본주의에서 달성할 수 있는 기술적 완성 수준은 자본주의가 아니라면 달성할 수 있는 수준보다 훨씬 더 낮다. 마르크스는 자본주의에서 개선된 생산수단을 적용하는 범위가 훨씬 더 좁다는 것을 처음으로 보여 주었다. 자본의 관점에서 보면, 문제가 되는 것은 지불노동을 절약하는 것이지, 노동 그 자체를 절약하는 것이 아니다. 예를 들어, 어떤 상품의 생산에 사회적으로 10시간의 노동시간이 요구된다면, 노동시간을 절약할 수 있는 어떤 기계도 사용될 것이며. 그 상품을 생산하기 위해 가령 9.5 시간이 여전히 요구되더라도 그러할 것이다. 그러나 만약 자본가가 노동자에게 가령 5시간의 노동시간에 해당하는 등가물을 지불한다면, 기계를 사용하는 비용이 5시간의 등가물 미만일 때만 자본가는 기계를 사용하여 이익을 얻을 것이다. [기계를 사용하는 비용이 상대적으로 높고 임금률이 상대적으로 낮다면 기계가 도입되지 않는다.]

아시아와 아프리카는 완전히 논외로 하더라도, 현재 동유럽과 남동부 유럽의 대부분에서 살아 있는 노동이 매우 저렴해서 자본가는 기계를 사용해서 얻는 이익이 없다. 따라서 인간 노동이 기계에 의해 대체될 수 있지만, 실제로는 인간 노동이 거대하게 낭비된다. 심지어 독일과 미국 같은 더 선진적인 자본주의 국가에서도 선진 기술은 소규모 자본가집단에 국한되어 있으며, 그러한 집단 바로 옆에는 구식 기계와 육체노동을 사용하여 인간 노동을 허비하는 기술적으로 후진적인 기업이 즐비하다. 심지어 현재 사용되고 있는 최고의 기술도 사용할 수 있는 최고의 기술과 동일하지 않다. 물론 카르텔과 트러스트가 엄청난 수의 발명과 특허를 사들이고 있지만, 그들은 경쟁의 압력으로 인해 그러한 기술을 사용하도록 강요받기 전까지는 그 기술을 사용하지 않는다.

두 번째로, 경쟁은 판매 배출구를 확보하기 위한 투쟁을 통해서 생산력을 엄청나게 허비하는데, 한편에는 상품의 과잉생산이, 다른 한편에는 실업이 존재하게 된다. R. 리프만에 따르면, "이러한 경쟁적 투쟁은 끔찍할 정도로 비경제적이며, 종종 자본의 거대한 낭비를 의미한다"(Liefmann, 1918, p. 50). 하지만 독점자본주의의 시대에는 사정이 더 나아지는가? 리프만은 카르텔에 관한 한, 장래 전망에 근거한 생산의 의식적 규제가 존재하지 않는다고 주장한다. 기실, "카르텔의 형성은 기업의 생산 규모를 확대하도록 강력히 추동하지만, 카르텔은 거대하게 팽창한 생산량을 처리하는 데 엄청난 어려움을 자주 겪는다"는 게 밝혀졌다. 리프만은 이어서 말한다. "대체로 카르텔은 기업의 과잉팽창을 예방할 방법이 없다"(p. 69-70). 리프만은 카르텔의 특징이 '거대한 과잉자본화'라고 말한다.

세계대전 후에 생산능력의 과소 사용은 선진 자본주의 국가에서 일반적인 현상이 되었다. 이는 카르텔과 트러스트에 의한 생산의 '규제'라고 찬사를 받은 바의 진실이다. 카르텔과 트러스트는 계획적 계산과 요구에 따른 생산의 분배를 실현한 게 아니라, 가격 수준과 이윤을 끌어올리기 위해 생산능력의 가동을 제한한다. 마르크스는 이렇게 말한다.

> 자본주의적 생산은 생산력의 발전 과정에서 장벽에 부딪친다. 그 장벽은 부의 생산 그 자체와는 아무런 관련이 없다. 그리고 이러한 특유한 장벽은 자본주의적 생산양식의 한계를 증명하며, 자본주의적 생산양식이 단지 역사적이며 일시적인 성격을 지닌다는 점을 입증한다. 게다가 이러한 장벽은 자본주의적 생산양식이 부의 생산이라는 측면에서 보면, 완벽한 생산양식이 아니라는 점을 증명하는데, 특정 단계에 이르면 생산력의 계속적 발전과 충돌하기 때문이다.(1959, p. 242)

1815년 이후 영국 자본주의는 철 생산에서 교련법[연철 생산방법]으로 시작된 기술 변화를 통해 산업을 대변혁했다. 그러나 영국에서 자본축적이 진전됨에 따라 기술진보의 속도는 느려졌다. 1856년에 영국인 헨리 베세머는 자신이 새로운 제조법[제강법]을 발견했으며, 이 발견은 금속산업을 대변혁하며, 철의 지배를 강철의 지배로 대체할 게 틀림없다고 발표했다. 그러나 20년이 지나도록 영국은 베세머 제강법을 무시하고 교련법을 고수했는데, 그 후 독일, 프랑스, 벨기에와의 경쟁은 영국이 베세머 제강법을 수용하고 개량하지 않을 수 없도록 강제했다. 1879년 시드니 킬크리스트 토머스가 자신의 이름을 딴 제강법을 발견했을 때, 이는 다시 반복되었다. 영국은 그 발견에 완전히 무관심했고, 외국인이 그 발견을 구매하도록 내버려 두었다. 토머스 제강법은 3년 내에 유럽대륙의 모든 공장을 대변혁했다. 철과 강철 생산의 주도력은 점차 다른 국가의 수중으로 넘어갔고, 그에 따라 영국의 독점기업은 과거의 유물이 되었다.

19세기 말의 전기기술 분야에서도 우리는 똑같은 모습을 발견한다. 영국 자본주의는 전기기술을 그저 무시했는데, 그 당시 독일에는 실제로 '전기협회'가 없는 도시가 없었다. 1906년에 슐체-게페미츠는 영국의 '기술적 보수주의'를 언급하면서, 미국과 독일이 영국의 우월성을 대체하거나 위협하고 있는 모든 산업의 목록을 제시할 수 있었다. 그러한 목록에는 철과 강철, 기계제조, 조선, 화학 등이 포함되었다. 하지만 슐체-게페미츠는 영국의 보수주의를 설명할 때, 경제적인 원인을 수용하지 않고, 그 기원을 '정신적 쇠퇴 과정'에서 찾는 것을 더 좋아한다(Schulze-Gaevernitz, 1906, p. 212). 그러나 만약 그렇다면, 영국 경제발전의 진보적인 성격, 실은 혁명적인 성격이 왜 수십 년 만에 완전히 변해 버렸는가? 나는 자본주의에서 자본축적이 일정 수준에 이르면 자본의 가치증식이 더 이상 기술진보를 유지할 수 없기 때문에 기술진보가 감속될 수밖에 없다는 점을 입증했다.

문제를 이렇게 제기한다면, 자본주의에서 생산력이 일반적으로 정체한다는 말은 오해의 소지가 있음을 알 수 있다. 바로 이런 이유로 카우츠키는 자본주의의 경제적 붕괴 가능성을 부정할 수 있었는데, 왜냐하면 카우츠키는 자본주의가 생산력을 발전시킬 수 있는 능력을 증명했다고 이해했기 때문이다. 그러나 문제는 시공간 외부에 있는 어떤 추상적인 자본주의의 발전이 아니라, 특정한 역사적 자본주의 국가의 실제 발전이다. 각 국가는 자본축적의 특정한 단계에 처해 있다. 유럽에서 가장 오래된 자본주의 국가 즉 영국은 1세기 넘게 산업을 주도했으며, 세계대전 이전에 가장 거대한 자본축적을 달성했지만, 실상 "몇몇 가장 중요한 산업에서 다른 국가에 우위를 내주었다"(p. 334). 영국의 기술적 정체와 산업 주도력의 상실은 이미 거대한 자본축적으로 인해 축적 속도가 쇠퇴하여 발생한 것이다.

일단 독일과 미국 같은 국가에서 자본축적이 증가하면, 그곳에서도 역시 가치증식과정이 필연적으로 한계에 봉착하며, 그 한계는 기술진보를 감속시킬 것이다. 앞서 자세히 설명한 축적법칙은 아담 스미스도 이미 주목했던 현상, 즉 자본주의적 발전의 초기 단계에 있는 젊은 국가의 축적 속도가 더 부유한 선진 자본주의 국가보다 더 빠르게 나타나는 현상을 해명한다.

레닌은 고도로 발전된 자본주의의 특징이 '정체(停滯)와 부패'로 나아가는 내적인 경향이라고 말했는데, 이는 올바른 말이다. 그러나 레닌은 이러한 경향을 독점체의 증가와 연결했다. 그 연관성은 논쟁의 여지가 없지만, 단순한 언급만으로는 부족하다. 어쨌든 우리는 순전히 정체 현상만 다루는 것이 아니다. 경제적으로는 부패 상태에 다다른 바로 그 영국 자본주의가, 다른 측면에서는 극도의 공격성을 보인다. 영국 자본주의에 이른바 '제국주의'라는 특별한 도장을 찍게 하는 것은 바로 이러한 공격성 또는 비정상적인 에너지다.

정체와 공격성, 양자 모두 제국주의의 특징이다. 이러한 두 경향은 통일적으로 설명되어야 한다. 만약 독점화가 정체의 원인이라면, 우리는 어떻게 제국주의의 공격성을 설명할 수 있는가? 사실 두 가지 현상 모두 궁극적으로는 붕괴 경향, 즉 과잉축적으로 인한 불완전한 가치증식에 뿌리를 둔다. 독점의 성장은 가격을 올려서 수익성을 개선하는 하나의 수단에 불과하며, 이런 의미에서 보면 독점의 성장은 단지 표면적 외양일 뿐이고, 그 내부 구조는 자본축적과 연결된 불충분한 가치증식이다.

마찬가지로, 제국주의의 공격성도 가치증식의 위기로부터 필연적으로 도출된다. 제국주의는 어떤 대가를 치르더라도 가치증식을 회복하고 붕괴 경향을 약화시키거나 제거하기 위해 분투한다. 그래서 제국주의는 공격적 정책을 취하는데, 국내에서는 노동계급을 강력히 공격하고, 외국에서는 외국 민족을 속국으로 변형하려고 압박한다. 이는 부르주아 금리생활자 국가의 숨겨진 기초이자, 선진적 축적 단계에 있는 자본주의에서 나타나는 기생성의 은폐된 토대다. 높은 수준의 축적 단계에 있는 국가에서 가치증식이 이루어지지 않기 때문에 외국에서 유입되는 공납이 훨씬 더 중요해진다. 기생적 활동은 자본주의의 생명을 연장시키는 하나의 방법이 된다.

자본주의와 그 생산력 간의 대립은 가치와 사용가치 간의 대립이며, 사용가치의 무제한적 생산을 향한 경향과 가치증식의 한계에 의해 제약을 받는 가치 생산 간의 대립이다. 마르크스는 다음과 같이 쓴다.

> 매우 일반적으로 말하자면, 모순은 다음과 같은 사실 간에 존재한다. [첫째,] 자본주의 생산양식은 생산력의 완전한 발전을 향한 경향을 동반하는데, 이러한 경향은 자본주의 생산양식이 포함하는 가치와 잉여가치에 구애받지 않는다. [둘째,] 그런데 다른 한편으로, 자본주의 생산양식의 목적은 현존 자본의 가치를 보존하고, 자본의 자기 확대를 최고 극한까지 촉진하는 것이다.(1959, p. 249)

자본은 이러한 이중적 목표를 기술진보를 통해, 즉 자본의 유기적 구성의 점진적 고도화를 통해 달성한다. 하지만, 자본의 유기적 구성의 고도화는 우리가 이미 알고 있는 결과를 수반한다.

> 자본주의 생산양식이 이를 달성하는 방법에는 이윤율 하락, 현존 자본의 가치절하, 이미 창출된 생산력을 희생시키는 노동 생산력의 발전이 포함된다. 현존 자본의 주기적인 가치절하는 자본의 유통과 재생산 과정이 전개되는 조건을 교란하고, 따라서 생산과정의 갑작스러운 중단과 위기를 동반한

다.(Marx, 1959, p. 249)

그 과정을 전반적으로 조사하면 우리는 다음과 같은 그림을 얻는다. 축적과정은 사용가치와 가치의 대립을 통해 전개되는 운동이다. 사용가치 측면에서 보면, 생산력은 완전하게, 가차 없이 발전한다. 이러한 사용가치의 축적은 동시에 가치의 축적이며, 이윤율 하락으로 나아가고, 이는 결국 특정한 축적 속도에서는 투하된 자본의 가치증식이 더 이상 불가능하다는 의미다. 이는 위기, 곧 기존 자본의 가치절하를 뜻한다. 하지만 그러한 가치절하는 가치 측면에서 자본축적을 소생시킨다. "가치 측면에서의 자본축적은 이윤율 하락으로 인해 감속되는데, 이는 단지 훨씬 더 많은 사용가치의 축적을 재촉할 뿐이며, 이는 결국 가치 측면에서의 축적에 새로운 가속도를 더한다"(Marx, 1959, p. 250). 이 모든 과정은 불규칙적으로 진행되며, 위기와 그에 수반되는 자본의 가치절하를 거치므로, 생산력의 한계는 가치증식의 가능성에 달려 있다. 마르크스는 다음과 같이 쓴다.

자본 가치의 보존과 자기 확대는 거대한 규모의 생산자에 대한 착취와 그들의 빈곤화에 의존하지만, [자본주의적 생산의 진정한] 한계 내에서만 운동할 수 있을 뿐이다. 이러한 한계는 자본이 자신의 목적을 위해 채택한 생산방법과 지속적으로 충돌하게 되는데, 그러한 생산방법은 노동의 사회적 생산성의 발전을 추동한다. 수단, 즉 사회적 생산력의 무조건적인 발전이라는 수단이 제한적인 목적, 즉 현존 자본의 자기 확대라는 목적과 끊임없이 충돌하게 된다. 이런 이유 때문에, 자본주의 생산양식은 물질적 생산력을 발전시키고 특유의 세계시장을 창출하는 역사적 수단이다. 동시에 자본주의 생산양식은 이러한 역사적 임무와 그 자신에 조응하는 사회적 생산관계 간의 지속적인 충돌을 내포한다.(1959, p. 250)

몇 쪽 뒤의 한 구절에서 마르크스는 비슷하게 말한다.

> 여기서 자본주의 생산양식은 또 다른 모순에 빠진다. 그 역사적 임무는 인간노동의 생산성을 기하급수적으로, 무제한적으로 발전시키는 것이다. 하지만 여기에서 본 것처럼, 자본주의 생산양식은 생산성의 발전을 억제할 때마다 자신의 임무를 거스른다. 따라서 이는 자본주의 생산양식이 노쇠해지면서, 점점 더 자신의 시대를 넘어 연명하고 있다는 점을 다시금 보여 준다.(p. 262)

여기서 마르크스가 개진한 견해는 이미『자본』1권에서 더 일반적인 형태로 제시된 것이다. 하지만 위에서 인용한『자본』3권의 구절들은 자본주의적 축적과정에 대한 분석을 통해서, 자본주의가 생산성의 상승을 위해 역사적으로 필연적이었다고 하더라도, 시간이 지나면서 생산성의 상승을 구속한다는 사실을 구체적으로 보여 준다.

16. 불완전한 가치증식에 대한 마르크스주의 이론

룩셈부르크를 따라서 자본주의가 전적으로 우세한 생산양식이 아니라, 비자본주의적 부문에 의존해야만 한다고 가정해 보자. 이런 경우에는 바우어 표식의 외면에 비자본주의적 시장이 존재하고, 그러한 시장이 표식 내부에서 자본주의적으로 생산된 잉여가치 중에서 판매될 수 없는 잉여가치를 비자본주의적 시장이 모두 사들인다. 이러한 거래가 있어야만 잉여가치가 사용될 수 있는 자연적 형태로 전환될 수 있고, 자본주의 국가의 축적에 배정된다고 가정하자. 요약하면, 축적의 요소가 비자본주의적 국가에서 실현된 후에 그곳으로부터 다시 자본주의 국가로 되돌아오는 축적이 존재하고, 우리는 바우어의 표식이 그러한 축적을 표현한다고 가정하는 것이다. 그러나 그 결과는 무엇인가? 잉여가치가 비자본주의적 국가들에서 실현된다 하더라도 앞에서 언급했던 이유로 인해 자본주의의 붕괴가 여전히 불가피할 것이다.

이는 룩셈부르크의 모든 가설이, 관련된 문제[즉 자본주의의 붕괴]와 전혀 무관하며, 따라서 지극히 불필요하다는 것을 보여 줄 뿐이다. 잉여가치가 내부적으로 실현되느냐, 비자본주의 부문에서 실현되느냐 여부는 자본주의의 생애 기간이나 최종 붕괴의 시점과 그 불가피성과는 아무런 관련성이 없다. 어떤 경우든 붕괴는 불가피할 것이며, 붕괴의 시점도 같을 것이다. 이는 자본주의적 축적과 함께 자본의 유기적 구성이 점점 더 고도화된다는 사실로부터 도출된다. 즉 불변자본 c가 가변자본 v보다 더 빠르게 성장한다는 사실로부터 도출된다. 잉여가치가 어디에서 실현되느냐 문제는 아무런 상관이 없다. 문제가 되는 것은 오직 잉여가치의 크기다.

마르크스를 둘러싼 논쟁의 첫 20년은 자본주의의 붕괴라는 개념이 지배했다. 그 후, 세기가 바뀔 무렵, 투간-바라노프스키가 자본주의의 무제한적 성장이 가능하다는 이론을 제시했다. 곧 힐퍼딩과 바우어, 마침내는 카우츠키가 그를 뒤따랐다. 따라서 룩셈부르크가 마르크스의 아류들의 왜곡에 맞서 자본주의의 불가피한 붕괴라는 근본 개념을 방어해야 했던 것은 전적으로 당연한 일이다. 하지만 룩셈부르크는 마르크스의 전체 체계, 특히 축적이론이라는 틀 내에서 마르크스의 재생산 표식을 검토하지 않았으며, 마르크스의 이론 구조에서 재생산표식이 방법론적으로 어떤 역할을 하는지 질문하지 않았으며, 축적 표식을 궁극적 결론에 이르기까지 분석하지 않았다. 룩셈부르크는 무의식적으로 아류들의 영향을 받게 되었다. 룩셈부르크도 마르크스의 재생산표식이 무제한적 축적을 실제로 인정한다는 믿음에 동조하게 된 것이다.

우리는 투간-바라노프스키의 이론을 따라 쳇바퀴를 돌고 있다. 오로지 마르크스의 표식만을 두고 살펴보면, 그 표식은 투간-바라노프스키의 해석을 실제로 허용한다. 왜냐하면 마르크스 본인이 자신의 목표가 오직 자본가와 노동자로만 구성된 사회에서 총자본의 축적과정을 제시하는 것이라고 되풀이해서 명시적으로 언급했기 때문이다.(Luxemburg, 1968, p. 330-1)

룩셈부르크의 의견에 따르면, 마르크스는 "몇 가지 모형을 고안하고 분석을 제시하는 것 이상으로 축적의 문제를 깊이 다루지 않았다. 따라서 이 지점에서 나의 비판을 시작할 것"(1972, p. 48)이라고 말했다.

우리는 마르크스의 방법론적 원리들에 대한 이보다 더 심각한 왜곡을 거의 상상할 수 없다. 룩셈부르크는 재생산표식이 무제한적 축적가능성을 함의한다고 간주했기 때문에,『자본』1권에 나오는 붕괴 개념을 구출하기 위해서 재생산표식을 기각해야만 했다. 룩셈부르크 자신의 말은 이렇다.

혹자는 자본축적에 한계가 없다고 가정하면서, 명백히 자본주의의 무제한적 생존 능력을 증명했다! 만약 자본주의 생산양식이 생산력과 경제적 진보의 끝없는 확장을 보장한다면, 실로 천하무적이다.(1968, p. 325)

룩셈부르크는 비자본주의적 시장의 필요성이라는 즉흥적 모형을 통해서 일석이조를 달성하고 있다고 생각했다. 즉 자본주의에 엄연한 경제적 한계가 존재함을 입증함으로써 균형이라는 신조화주의자의 몽상을 논박하며, 동시에 제국주의를 설명한다는 두 가지 목표.

자본주의는 잉여가치에 대한 맹목적이며 무제한적 갈증에 의해 지배된다. 룩셈부르크의 해석에 따르면, 자본주의 체계는 마치 잉여가치의 과잉으로 고통받는 것처럼 보일 것이다. 즉 자본주의 체계는 잉여가치 중에서 판

자본주의 체계의 축적과 붕괴 법칙

매되지 않는 잔여물을 품고 있으며, 이런 의미에서 너무 많은 잉여가치를 보유하고 있다는 것이다. 이러한 이론은 자본의 가장 중요하며 고유한 기능, 즉 가치증식 기능을 이해하고자 노력하지만, 바로 그러한 측면에서 보면 지극히 비논리적이며 자기 모순적이다.

내가 제시한 해석에서는 모든 문제가 지극히 상이하다. 자본주의 메커니즘이 병드는 이유는 그 메커니즘이 잉여가치를 너무 많이 포함하고 있기 때문이 아니라 너무 적게 포함하고 있기 때문이다. 자본의 가치증식은 자본의 기본적 기능이며 자본주의 체계는 이 기능이 충족되지 않기 때문에 멈춰 선다. 마르크스의 이론 체계가 지닌 논리적 통일성과 일관성은 어떻게 이런 일이 발생하는지 설명할 때 가장 강력히 표출된다. 우리가 그 체계의 논리적 통일성을 전복하고자 하는 것이 아니라면, 자본주의의 필연적 붕괴를 이론 그 자체를 통해서 입증할 수 있어야만 한다. 즉 불필요하고 복잡한 부수적 가설들에 의존하지 않고, 가치법칙에 기초하여 입증해야 한다. 마르크스의 위기이론은 경기침체와 그 필연적이며 주기적인 재발을 설명할 수 있으며, 다른 특별한 원인을 원용할 필요가 없다. 이는 마르크스의 붕괴이론에 담긴 논리적 구조의 핵심이 무엇인지, 다른 모든 경기순환 이론과의 차이는 무엇인지 분명히 보여 준다.

다른 경기순환 이론들은 균형이론이다. 그 이론들은 정역학적 성격을 지닌다. 그 이론은 체계 그 자체로부터 일반적 위기(수요와 공급의 불일치와 같은 것에서 보이는)를 연역할 수 없다. 왜냐하면 균형이론에서는 가격이 서로 각각 조정하는 자동 메커니즘을 의미하기 때문이다. 균형의 파괴는 오직 외생적인 요인을 통해서만 설명할 수 있다.

마르크스의 위기이론에는 그런 결함이 없다. 실제 마르크스의 증명절차는 균형을 가정하면서 시작한다. 그러나 균형은 오직 잠정적인 방법론적 허구일 뿐이다. 마르크스는 이러한 가정을 통해서 장기적으로 볼 때 자본주의에서 균형이 성립 불가능하다고 증명한다. 자본주의는 그 본성상 정역학적이지 않고 동역학적이다. 만약 이론이 자본주의적 축적 그 자체의 내적 과정으로부터 완전히 연역적으로 도출된다면, 이론의 논리적 통일성이라는 관점에서 볼 때 어떤 이론이라도 갖추어야 할 모든 필요조건이 충족된다. 우리는 전체 체계의 논리를 따라가면서 경제적 운동의 가능성과 필연성을 증명할 수 있다. 그 경제적 운동은 체계의 균형이 주기적으로 파괴되는 상황으로 나아가며, 결국 체계의 최종적 붕괴로 나아간다.

이는 통해서 우리는 고전파 경제학과 마르크스의 기본적인 차이를 명확히 설명할 수 있다. 아담 스미스는 이미 이윤율 하락이 자본주의에 위협임을 파악했는데, 이윤이 생산의 원동력이기 때문이다. 하지만 스미스는 이윤율 하락을 자본 간 경쟁 심화라는 측면에서 설명했다. 리카도는 토지생산성 하락과 관련된 자연적인 요인에 근거하여 이윤율 하락 법칙을 수립했다. 이와 대조적으로, 마르크스는 경쟁과는 전혀 무관하게 자본주의 체계의 붕괴를 도출했다. 마르크스의 출발점은 균형 상태이다. 축적의 특정 단계에서 가치증식이 불안정해지기 때문에 시장과 투자처를 확보하려는 투쟁이 반드시 시작된다. 경쟁은 불충분한 가치증식의 결과이지, 원인이 아니다.

마르크스는 리카도에 반대하며, 생산의 사회적 형태에서 붕괴의 원인을 찾았다. 즉 자본주의적 메커니즘이 이윤에 의해 규율되며, 자본축적이 특정 수준에 이르면 이윤이 축적된 자본의 가치증식을 보장할 만큼 충분하지 않다는 사실에서 그 원인을 찾았다. 붕괴법칙은 마르크스의 사고에서 그 전체 구조를 지배하고 지지하는 근본법칙이다. Ⓜ

Ⅲ

반경향의 수정

3장

반경향의
수정

1.　서론

　　추상적이며 연역적으로 정교화된 이론은 결코 현실 외양과 직접 일치하지 않는다. 이러한 의미에서, 위에서 자세히 설명한 축적과 붕괴이론은 일상적인 부르주아 사회의 외양과 직접 조응하지 않는다. (지금까지 우리가 분석했던 바) 순수한 형태로 인식된 자본주의의 상태와(우리가 지금부터 분석해야 할 바) 경험적으로 발현되는 체계의 상태는 결코 동일하지 않다. 이는 이론적 연역이 단순화 작업을 동반하는 이유다. 즉 외양의 세계에 속하는 다수의 현실적 요인은 분석에서 의식적으로 배제된다.

　　지금까지 우리는 다음과 같이 가정했다.

자본주의 체계의 축적과 붕괴 법칙

① 자본주의 체계는 고립된 상태로 존재한다. 외국 무역은 존재하지 않는다.

② 두 계급, 즉 자본가와 노동자만 존재한다.

③ 토지 소유자는 존재하지 않는다. 따라서 지대도 존재하지 않는다.

④ 상품은 상인의 중개 없이 교환된다.

⑤ 잉여가치율은 일정하며, 임금의 크기에 상응한다. 즉 잉여가치율은 100퍼센트다.

⑥ 생산 영역은 오직 두 가지 영역만이 존재한다. 즉 생산수단의 생산 영역과 소비수단의 생산 영역.

⑦ 인구 성장률은 일정한 크기를 지닌다.

⑧ 노동력의 가치는 일정하다.

⑨ 생산자본의 모든 부문은 1년에 1회씩 회전한다.

어떤 이론도 이러한 잠정적 가정에 따라 작동하는데, 이러한 가정은 오류의 잠재적 원천이다. 그러나 이러한 가정은 우리가 자본축적이 작동하는 방향을 결정할 수 있게 하며, 이러한 분석의 결과가 잠정적 성격을 지닌다고 하더라도 그러하다.

마르크스는 그의 축적과 붕괴법칙이 추상적이고 잠정적인 성격을 지닌다는 점을 완벽하게 의식했다. 그는 '자본주의적 축적의 절대적인 보편적 법칙'을 제시하면서 이렇게 말했다. "다른 모든 법칙과 마찬가지로, 그 법칙은 여러 상황에 의해 그 작동이 수정된다. 여기서는 그러한 상황에 대한 분석이 영향을 미치지 않는다"(1954, p. 603). 다른 곳에서, 그는 축적 과정을 설명하면서 이렇게 썼다. "반작용 경향이 존재하지 않는다면, 이러한 과정은 곧 자본주의적 생산의 붕괴를 야기할 것이다"(1959, p. 246). 마르크스는 『자본』 3권과 『잉여가치 학설사』의 여러 곳에서 이러한 반작용 경향을 분석했다.

일단 우리가 순수한 형태로 축적의 경향을 제시했다면, 이제 우리는 자본축적이 진행되는 구체적인 상황을 검토해야 한다. 이는 법칙의 순수한 경향이 그 실현 과정에서 얼마나 수정되는지를 살펴보기 위해서다. 자본주의 체계가 점차적으로 외국 무역, (지대에 의지해서 살아가는) 토지 소유자, 상인과 중간계급을 다시 통합한다면, 그리고 잉여가치율과 임금 수준이 변화한다면, 순수한 체계의 발전 경향이 변화할 것이냐, 변화한다면 어떤 방향으로 변화할 것이냐를 우리는 질문하고 있다. 이러한 고찰은 추상적 분석이 현실 외양의 세계와 더 가까워진다는 것을 의미한다. 그러한 고찰은 우리가 붕괴법칙을 입증할 수 있게 한다. 즉 추상적인 이론적 분석의 결과가 구체적 현실에 의해 어느 정도나 확증되는지 살펴볼 수 있게 한다.

지난 수십 년간 생산성의 거대한 상승과 막대한 자본축적을 고려할 때, 왜 자본주의가 아직 붕괴하지 않았느냐는 질문이 떠오른다. 이는 마르크스의 관심을 끈 문제다.

> 일반 이윤율의 하락 경향을 생산하는 영향력과 동일한 영향력이 반대 효과도 불러일으켜서, 그러한 하락 경향을 방해하고, 지연시키며, 부분적으로 마비시킨다. 반대 효과는 법칙을 폐지하지는 않지만, 법칙의 효과를 약화시킨다. 그러한 반대 효과가 없었다면 우리가 이해할 수 없는 것은 일반 이윤율의 하락이 아니라, 오히려 법칙의 상대적 감속일 것이다. 따라서 법칙은 오직 경향으로서만 작동한다. 그리고 그러한 법칙의 효과는 특정한 상황 하에서, 그리고 오랜 기간을 거친 후에야 놀라울 정도로 분명히 나타난다.(1959, p. 239)

이러한 반작용 효과의 영향력이 작동하기 시작하면, 자본의 가치증식이 재확립되며 자본축적은 확대된 기초 위에서 재개될 수 있다. 이런 경우에 붕괴 경향은 중단되며, 일시적 위기의 형태로 그 경향이 발현된다. 따라서 일시적 위기는 붕괴를 향한 경향의 완벽한 실현이 중단되고 저지되었던 것이다.

그림 2에서 제시된 축적의 순환적 과정에 관한 도해로 잠시 돌아가 보자(p. 90을 보라).

축적과정의 바로 그 성격 때문에 순환의 두 국면 간에는 지속 기간과 그 성격이라는 측면에서 기본적 차이가 존재한다. 우리는 오직 축적 국면만이 특정한 규칙성으로 정의될 수 있다는 것을 살펴보았다. 그리고 팽창 국면의 길이(O-z_1, O-z_2 …)와 하강이 위기로 빠지는 시기를 정확히 계산하는 게 충분히 가능하다는 사실도 살펴보았다. 하지만 위기의 지속 기간(z_1-o_1, z_2-o_2 …)에 관한 한 이러한 계산이 불가능하다. z_1, z_2 등에서는 가치증식이 붕괴한다. 그 다음에 뒤따르는 상품의 과잉생산은 과잉축적에 기인하는 불완전한 가치증식의 결과다. 위기는 생산의 확대와 구매력의 결핍(즉 소비자의 부족) 간 불비례성 때문에 발생한 것이 아니다. 현존하는 구매력이 사용되지 않기 때문에 위기가 나타난다. 생산 규모가 이제 획득할 수 있는 잉여가치의 양에 차이를 낳지 못하기 때문에, 구매력은 생산을 더 확대하는 데 지출되지 않으므로 위기가 발생한다. 따라서 한편으로는 구매력이 사용되지 않고, 다른 한편으로는 생산요소가 판매되지 않은 채로 남아 있게 된다.

처음에는 생산을 더 팽창하는 게 수지타산을 맞추지 못하게 된다. 하지만 현존 규모의 재생산은 영향을 받지 않는다. 그러나 생산이 순환하면서 여기에 변화가 발생한다. 축적을 위해 매년 책정된 잉여가치의 일부분이 판매되지 않게 된다. 재고가 쌓이면서 자본가는 기업을 현존 규모로 유지하기 위한 자원을 획득하려고 어떤 가격에서라도 판매를 할 수밖에 없다. 자본가는 부득불 가격을 내리고 생산 규모를 감축할 수밖에 없다. 가동 규모가 감축되거나 완전히 문을 닫는다. 다수의 기업이 파산을 선언하고 그 기업에 대한 가치평가가 하락한다. 자본의 거대한 양이 손실로 처리된다. 실업이 증가한다.

이러한 질병은 두 가지 방향 중 하나로 나아간다. 붕괴 경향이 스스로 전개되는 것을 막을 수 있는 방법이 완전히 사라지면서 경제는 오로지 그 기능을 멈추게 된다. 또는 이러한 질병에 반작용하기 위한 특정한 방법이 취해져서 질병이 중단되고 치료과정이 시작된다. 여기가 질문이 떠오른다. 어떻게 위기가 극복되는가? 어떻게 새로운 상승 시기가 시작되는가? 우리에게 이러한 질병의 원인이 무엇이냐는 개념화가 없다면, 위기가 질병의 한 형태라는 말은 그저 소용없는 말일 뿐이다. 위기를 극복케 하는 특정한 수단은 질병의 진단과 분명히도 긴밀하게 연관된다. 치료약의 처방전은 위기의 기저 원인이 대중의 과소소비라고 보는지, 생산부문 간 불비례성이라고 보는지, 아니면 자본의 부족이라고 보는지에 따라 다양할 것이다.

물론 해외로부터 거대한 자금 유입에 의해 호황이 촉발되는 경우도 있다. 예를 들어, 1926-7년 거대한 양의 미국 자본이 독일로 수입된 사례가 그러하다. 그러나 수많은 경우에 위기는 어떤 외국자금의 유입 없이 극복되었다. (이런 사례가 일반적 규칙이다.) 마찬가지로, 그 원인이라고 언급되던 많은 것들이(예를 들어 대중의 과소소비가) 여전히 존재함에도 위기가 극복되었으므로, 우리는 호황을 설명하기 위해 일반적으로 언급하는 모든 요인이 어떻게 불황 그 자체가 극복되는가를 설명할 때 지극히 쓸모가 없다는 점을 알게 된다. 제안된 처방전은 산업이 겪는 질병에 대한 진단과 논리적으로 연결되지 않는다.

이처럼 다양한 이론에 대비하여, 우리의 이론은 위기를 극복하기 위해 실제로 시행된 수단이 우리의 분석에서 제시된 바, 산업의 질병을 낳은 실제적 원인과 완벽하게 조응한다는 점을 보여 준다. 이런 의미에서, 우리의 이론은 산업순환의 두 국면 즉 팽창으로부터 위기로의 전환과 그 후 위기가 극복되는 과정, 양자에 대한 일관된 설명을 제공한다. 위기가 자본의 불완전한 가치증식에 기인한다는 주장으로부터 자본의 가치증식이 회복되어야 오직 위기가 극복될 수 있다는 결론이 도출된다. 그러나 이러한 회복은 단지 시간이 흐르면서 스스로 나타날 수 없다. 그러한 회복은 일련의 조직적인 수단을 전

자본주의 체계의 축적과 붕괴 법칙

제로 한다. 위기는 경제의 이러한 구조적 재조직화(structural reorganising)를 통해서만 극복될 수 있다.

자본주의 메커니즘은 홀로 존재하는 것이 아니다. 그 메커니즘은 그 내부에 살아 있는 사회세력을 포함한다. 즉 한편에는 노동자계급이, 다른 편에는 산업자본가 계급이 존재한다. 산업자본가 계급은 현존 경제 질서를 보존하는 데 직접적인 이해관계를 지니며, 경제를 '부양'하고, 수익성의 회복을 통해서 경제를 다시 작동시키기 위한 수단을 찾기 위해 모든 가능한 방식으로 시도한다.

위기가 극복될 수 있는 상황은 매우 다양하다. 하지만, 궁극적으로 그러한 상황은 불변자본의 가치를 감소시키거나 잉여가치율을 증가시킨다는 사실로 모두 압축될 수 있다. 양자의 경우에 자본의 가치증식은 개선되며, 이윤율이 상승한다. 이런 상황은 생산 내부에 존재하거나 유통의 영역에 존재하는데, 이는 자본의 내적 메커니즘과 관련이 있을 뿐만 아니라 세계시장과의 외적 관계와 관련이 있다.

수익성을 회복하려는 자본가의 지속적인 노력은 자본의 메커니즘을 내부적으로 재조직(reorganising)하는 형태를 취할 수도 있고(예를 들어 생산비용을 절감하거나, 에너지와 원료, 노동력 사용의 효율성을 높임) 세계시장과의 무역 관계를 재구성하는 형태를 취할 수도 있다(예를 들어 국제 카르텔, 더 저렴한 원료 공급 원천 등). 이는 경제활동의 모든 영역을 완전하게 합리화(rationalisation)하려는 암중모색을 동반한다. 그런데 재조직화 과정은 종종 소기업의 범위를 완전히 넘어서기 때문에 이러한 방법들의 다수는 실패하며, 따라서 소기업은 쓸려 나간다. 결국 자본은 수익성을 올리는 적합한 수단을 찾으며, 재조직화는 점진적으로 실행된다. 이러한 재조직화와 경제적 재구조화 과정의 지속 기간은 순전히 불확정적이라는 성격을 지니므로, 그 기간을 계산하는 것은 불가능하다.

앞으로의 서술에서 나는 붕괴의 완전한 전개를 저지하는 모든 반경향

각각을 자세히 설명하지는 않을 것이다. 나는 그러한 경향 중 가장 중요한 것을 설명하고자 하며, 어떻게 이러한 반경향의 작동이 붕괴를 일시적 위기로 변형하고 따라서 축적과정의 운동이 지속적이지 않고 오히려 주기적 순환이라는 형태를 취하는지를 입증하고자 한다. 또한 우리는 어떻게 이러한 반경향이 점진적으로 무기력해지면서 세계자본주의의 적대가 점차 첨예해지고 붕괴로의 경향이 절대적 붕괴(absolute collapse)라는 최종적 형태에 점점 더 접근하는지를 살펴본다.

2. 자본 메커니즘에 내재적인 반경향

1) 생산성의 상승을 통한 이윤율의 상승

2장에서 나는 마르크스가 불변가격이라는 가정에 입각해서 축적과 위기 문제를 분석하도록 촉진한 방법론적 고려사항을 간략히 설명했다. 이러한 가정은 팽창과 쇠퇴라는 주기적 운동이 상품가격과 임금 수준의 변동과 무관하다는 점을 증명할 수 있게 했다. 여기서 나는 가격 변동을 출발점으로 삼는 부르주아 경제학자들의 정반대로의 가정이 이러한 쟁점을 혼동할 뿐이라는 점을 증명하고자 한다.

레더러는 경기순환을 분석하면서 그 결정적인 요인으로서 가격상승으로부터 출발한다는 사실은 우리가 이미 살펴보았다. 그에 따르면, "우리가 호황기를 관찰하면, 우리는 이러한 기간에 모든 가격이 상승한다는 것을 발견한다"(Lederer, 1925, p. 387). 레더러에 따르면, 호황기의 특징인 생산 규모의 확대는 가격상승의 결과다. 그러나 어떻게 가격의 일반적 상승이 가능한가? 레더러는 화폐가치가 불변이라면 가격의 일반적 상승은 오직 상품공급 측면에서의 변화에서 발생할 수 있다고 주장한다. 레더러는 이렇게 이어간다. "하지만, 이러한 생산 규모의 변화는 가격 수준의 변화가 낳은 결과일 뿐이다"(p. 388). 따라서 레더러는 신용의 팽창에 의해 새로운 구매력이 순환과정에 주입될 때에만 이러한 악순환이 깨질 수 있다고 보았다. "오직 신용만이" 수요 수준과 따라서 가격 수준을 상승시킴으로써 "호황을 창출하거나 가능하게 할 수 있다"(p. 391). "추가적인 신용과, 따라서 새롭게 창출되는 구매력만이 생산적 과정의 상당한 팽창을 가능케 한다"(p. 387).

레더러의 주장은 설득력이 없다. 방법론적 출발점의 결함을 제외하더라도, 그의 주장은 논리적으로 모순적이며, 호황의 실제 진행과정과 모순된다. 첫째, 가격의 일반적 상승은 화폐가치가 하락하는 경우를 제외하면, 아무런 의미가 없다. 가격의 일반적 상승은 순전히 명목상의 상승이며, 이윤량에 영향을 끼치지 않는다. 이를 염두에 두면 레더러가 제시한 추론의 기초는 무너진다. 둘째, 생산 조직체의 가장 중요한 혁신과 팽창은 불황기에 발생하는데, 이때는 상품가격이 낮다. 이러한 팽창 과정에서 수요가 공급을 초과한다고 가정한다면, 가격 수준을 상승시키는 것은 이때 창출되는 수요다.

원리적으로 가격상승은 위기의 극복에서 결코 필연적이지 않다. 가격상승은 호황의 결과일 뿐이며 그 원인이 아니다. 생산 규모의 확대는 가격상승 없이 발생할 수 있고 또한 발생하며, 심지어 가격 수준이 낮더라도 그러하다. 이는 문제를 이해하기 위한 기초다. 레더러에 따르면, 가격상승과, 이와 연결된다고 간주하는 생산 규모의 팽창 과정은 신용팽창의 결과다. 그렇다면, 가격이 여전히 낮을 때 신용이 풀린다는 결론이 나온다. 따라서 가격이 낮을 때, 생산 규모를 확대하기 위해 누가 융자를 받을 것인지 레더러는 우리에게 말할 수 있어야만 한다. 레더러는 단지 쳇바퀴를 돌고 있을 뿐이다.

가격이 낮은 불황기에 팽창 과정이 시작된다는 사실은 그대로 남아 있다. 우리가 팽창 과정을 순수한 형태로 이해하고자 한다면, 이로부터 더 심층적인 분석이 시작되어야 한다. 자본축적의 특정 수준에서 자본의 과잉생산 또는 잉여가치의 부족이 존재한다. 과잉생산은 상품을 구매할 충분한 구매력이 없다는 의미가 아니라, 생산 규모를 확장하는 것이 수익성이 없기 때문에 팽창 과정을 위해 필요한 상품을 구매하지 않는다는 의미다. "위기의 시기에… 이윤율과, 그와 함께 산업자본에 대한 수요는 모든 실제적 의미에서 사라졌다"(Marx, 1959, p. 513). 수익성의 결핍 때문에 축적이 중단되며, 생산은 현존 규모에서 수행된다. 가격은 하락할 수밖에 없다. 가격 하락은 침체의 결과이지, 그 원인이 아니다.

위기가 시작될 때 상품이 판매될 수 없기 때문에 경쟁이 개시된다. 각 개별 자본은 자기 자신을 위해 다른 자본을 희생시키면서, 자본가 전체가 획득할 수 없는 것을 확보하고자 한다. 과학적 관점에서 보면, 이는 자본주의 하에서 경쟁이 필연적이라고 증명한다. 우리는 자본에 가장 우호적인 조건, 즉 공급과 수요가 일치하는 균형 상태를 가정하고 출발했다. 하지만 자본축적의 특정 수준에서 경쟁이 필연적으로 부상한다. 우리는 초반에 자본가계급이 하나의 단일한 실체라고 간주했다. 그러나 우리는 위기를 검토하면서, 개별 자본가의 상호경쟁을 고려해야만 한다.

초반에 제기된 질문으로 되돌아가자. 즉 위기는 어떻게 극복되는가? 어떻게 다시금 새로운 생산 확대가 발생하는가? 그 답은 이렇다. 심지어 물가 수준이 침체하더라도, 생산의 재조직화와 합리화에 의해서 수익성이 다시 회복된다. 그림 4는 전체 운동 과정의 도해다.

자본주의 체계의 축적과 붕괴 법칙

[그림 4]

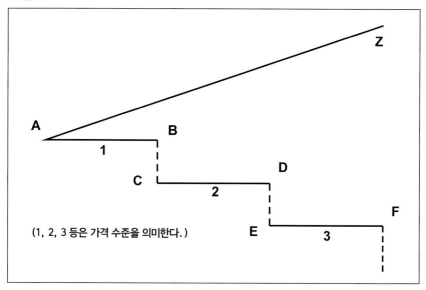

(1, 2, 3 등은 가격 수준을 의미한다.)

가격이 1수준일 때 위기가 시작되었다. 그 결과 가격 수준은 B에서 C로 하락하며, 새로우며 더 낮은 2수준에서 가격이 안정화된다(그림에서 C–D선). 모든 자본을 전체적으로 고려할 때, 이러한 조건에서 추가적인 축적은 무의미하다. 특정 산업 부문에 네 개의 기업이 있으며, 그 기업은 규모가 동일하지만 유기적 구성이 상이하다고 가정하자.

1) $50c : 50v$

2) $40c : 60v$

3) $35c : 65v$

4) $25c : 75v$

_____

$150c : 250v$

150c가 현재 조건에서 축적의 절대적 한계를 의미한다고 가정하자. 이러한 지점에서 위기가 뒤따르고, 기업들은 재조직화, 즉 공장의 합리화를 실행하도록 강제된다. 예를 들어, 기업1과 기업2가 합병을 하며, 그들의 유기적 구성을 확대하기로 결정한다. 말하자면, $7c : 3v$의 비율로 확대한다. 90c를 지니는 새로운 기업은(110v가 아니라) 오직 38v만 이용한다. 따라서 72v 가치에 해당하는 노동력이 방출된다. 즉 합리화는 산업예비군의 형성을 야기한다. 일단 합병이 완수되면 자본의 집중 과정과 72v에 해당하는 산업예비군의 결과로서 세 개의 기업이 남는다.

> 1) 90c : 38v
>
> 2) 35c : 65v
>
> 3) 25c : 75v
>
> ───────────
>
> 150c : 178v

합병의 결과로 등장한 새로운 기업의 경우 유기적 구성이 더 높아지면서, 심지어 가격이 1수준에서 2수준으로 하락했더라도 수익성의 회복을 동반한다. 왜냐하면, 첫째, 자본의 유기적 구성이 높아진다는 것은 노동생산성의 향상, 따라서 단위비용의 절감을 의미하기 때문이다. 둘째, 노동생산성의 향상은 잉여가치율의 상승도 뜻하기 때문이다. 이러한 잉여가치율의 상승은 다른 기업도 합리화를 결정함에 따라, 획득할 수 있는 총잉여가치가 비례적으로 확대된다는 것을 의미하는데, 이는 매년 노동자의 새로운 세대가 노동시장에 등장한다는 사실과는 전혀 무관하다. 그에 따라 자본축적이 가능한 최대한계는 150c 수준을 넘어서도록 밀어붙여진다.

위기 동안에 과잉생산이 존재했다. 어떻게 반전이 이루어졌나? 가동규모가 감축되었나? 정반대로, 그 규모는 오히려 더 확대되었다. 그럼에도 불구하고 위기는 극복되었다.

가동 규모가 오히려 더 확대되었지만 위기가 극복되었다는 사실은 위기가 구매력의 결핍, 소비자의 부족 또는 산업의 각 부문 간 불비례에서 유래하지 않는다는 최고의 증거다. 위기는 가치증식의 결핍에 뿌리를 두고 있기 때문에, 심지어 가격이 낮은 수준에 머물더라도 일단 수익성이 개선되면 위기는 필연적으로 사라진다.

이에 관한 경험적 증거는 정확히 말한 그대로 이를 확증한다. 독일 선박 운송회사의 사례를 들어보면, 선박 용적 톤수의 거대한 과잉생산과 파멸적으로 낮은 화물 운송료로 인해 가장 거대한 선박 회사들이 1892-1894년의 불황기에 걸쳐 지속적으로 과중한 손실을 입었다. 어떻게 이러한 혹독한 위기가 극복되었는가? R. 샤흐너는 화물 운송료의 침체는 선박의 기술적 구조의 중요한 변화를 자극했다고 설명한다. 1894년과 1895년, 건조 비용의 하락에 자극을 받아 선박 회사는 대규모 증기선에 관심을 쏟았다.(Schachner, 1903, p. 5) 선박 회사에서 나타난 이러한 혁명에 따라, 세계의 선박 통계는 선박의 평균 크기가 증가했음을 보여 준다. 즉 평균 총공인적재량(grt)은 1893년 1,418grt, 1894년 1,457grt, 1895년 1,499grt로 증가했다. 소규모 기업들은 화물시장에서 이처럼 거대한 증기선과 더 이상 경쟁할 수 없었고, 막대한 손실을 보고 그들의 증기선을 매각할 수밖에 없었다. 거대 선박 운송회사의 처지는 영국과의 강력한 경쟁에도 불구하고 완전하게 상이했다. 1895년, 함부르크-미국 노선의 운송회사는 연간보고서를 발표했다. "화물 운송료가 비참할 정도로 낮지만, 우리의 새로운 증기선은 용적 톤수가 크고(연료) 비용을 절약함으로써 일정한 이윤을 산출하며 운영될 수 있었다"(p. 7). 용적 톤수의 과잉생산이라는 위기를 극복하기 위해서 낮은 가격에도 불구하고 용적 톤수가 더 확대되었다.

1897-1900년의 호황 이후에, 1901년 새로운 위기가 시작되자 동일한 과정이 반복되었다. 다시금 개별 운영규모를 더 확대함으로써 선박 운송 비용을 절감하려는 일반적인 추동력을 통해서 침체의 영향을 완화하려는 시도가 이루어졌다(Schachner, p. 96). [1차] 세계대전 후 이러한 과정이 세 번째로 발생했다. 세계대전으로 인한 거대한 손실에도 불구하고 세계 선박운송은 적재용량의 과잉공급으로 고통을 받았다. 1926년에 이르러 세계 용적 톤수는 전전 수준과 비교하여 31.7% 증가했다.

세계무역은 여전히 전전 수준을 회복하지 못하고 있으므로, 세계 화물 시장의 혹독한 침체 상태는 놀라운 게 아니다. 운송료는 수익성의 최저 수준으로 가파르게 하락했다. 어떻게 이러한 위기가 극복되었는가? 용적 톤수의 거대한 과잉공급에도 불구하고, 국제 선박 운송은 훨씬 더 큰 규모로 운용되는 최신 선박 유형으로 전환했다. 1914년의 평균 적재량 1,857grt에 비교할 때, 그 수치는 1925년 2,136grt였다. 적재용량은 훨씬 더 급격하게 증가했다. 오늘날 현대적인 8,000톤의 증기선은 10노트의 속도로, 하루에 단지 30톤의 석탄을 소비한다. 세계대전 전에는 하루에 35-36톤을 소비했다. 수익성 문제 전체에 가장 결정적인 가장 중요한 기술적 변화는 새로운 추진장치 형태의 도입이었다. 1914년에 기계화된 선박은 전체 세계 용적 톤수의 단지 3.1%를 구성했었다. 1924년에 이르러 그 비율은 37.6%였다. 구형의 석탄운영 증기선에 비해서, 새로운 기계화 선박은 규모에 비해 훨씬 더 높은 적재용량, 더 낮은 연료 비용, 인력의 절약을 특징으로 한다. 영국 선박을 예로 들면, 선원의 노동일이 더 짧아졌지만, 선원의 평균 규모는 1920년 grt당 2.58명에서 1923년 grt당 2.41명으로 감소했다.

요약하면, 운송료가 저점으로 떨어졌지만, 선박 운송의 기술적 합리화는 이윤 수준을 회복했고 선박 운송 산업이 위기를 극복할 수 있게 했다.

1924-1926년, 독일의 안정화에 뒤따른 최근의 거대한 불황이 합리화

라는 동일한 방법, 즉 결합과 집중의 과정, 기술적 혁신을 통한 노동생산성의 향상을 통해 극복되었다는 사실은 너무나 최근의 일이기 때문에 우리는 이 사실을 입증할 필요를 거의 느끼지 못한다. 생산성의 상승과 생산 규모의 확대를 통해서 수익성이 부활했고, 위기가 극복되었다. 우리가 이러한 과정을 여러 차례의 순환이 이루어지는 장기간에 걸쳐 순수한 형태로 분석하고 다양한 반경향을 추상화한다면, 가격은 위기에서 그 다음 위기로 진행될 때 하락하는 경향을 보여 주며(그림 4에서 가격 수준1에서 가격 수준2로), 반면 생산 규모는 지속적으로 팽창을 경험한다. 현실에서 이러한 과정은 다양한 부수적 요인의 개입 때문에 이처럼 순수한 형태를 취하지 않는다.

특정한 생산부문에서 위기는 순전히 그 부문 내부의 기술 개선만을 통해서는 결코 극복되지 않는다. 자본주의는 산업의 다른 영역에서 달성된 기술적 변화와 조직적 변화로부터도 이익을 얻는다. 왜냐하면 이러한 변화가 재생산 과정에 필요한 기본요소를 저렴하게 함으로써 그들의 투자비용을 절감시키거나, 운송과 화폐유통의 개선이 자본의 회전 기간을 단축하고 따라서 잉여가치율을 상승시키기 때문이다. 합리화 운동이 새로운 산업의 전체로 점점 더 확산되고 침투할수록 호황은 더 강하게 나타나는데, 왜냐하면 한 산업영역의 개선은 다른 부문에서 잉여가치량의 확대를 의미하기 때문이다.

2) 생산성 향상을 통한 가변자본 비용의 절감

a) 앞에서의 분석은 축적과정 전체에 걸쳐 잉여가치율이 100%로 불변이라고 가정했는데, 이러한 동역학적 균형으로부터 시작해 보자. 이러한 가정은 현실과 충돌하며, 순전히 허구적이며 잠정적인 성격을 지닌다. 이는 수정

되어야만 한다.[27] 생산성 상승은 상품의 가격을 낮춘다. 이러한 상품 중에 노동자의 소비에 들어가는 상품이 포함되는 한, 그에 따라 가변자본의 구성요소도 더 저렴해지고, 따라서 노동력의 가치가 하락하며, 잉여가치가 증가하고 잉여가치율이 상승한다. 마르크스는 이렇게 말한다.

> 노동생산성이 상승함에 따라… 노동자가 저렴해지며, 따라서 잉여가치율이 상승하는데, 심지어 실질임금이 상승할 때도 그러하다. 실질임금은 결코 노동생산성의 상승에 비례하여 상승하지 않는다.(1954, p. 566)

잉여가치율을 개선하는 추가적인 요인은 노동집약도의 상승인데, 이는 생산성의 일반적 상승과 함께 나타난다. 자본주의적 생산의 일반적 과정에서 발생하는 노동착취도의 상승은 붕괴 경향을 약화시키는 한 요인을 구성한다.

b) "노동력 가치 미만으로의 임금을 인하하려는 압박"(Marx, 1959, p. 235) 도 동일한 방향으로 작동한다. 명백하게도, 노동의 효율성이 하락할 것이므로 이는 단지 일시적인 조치가 될 뿐이다.

우리는 분석 전반에 걸쳐, 가상적인 균형 상태에서는 노동력 상품이 완전히 고용된다고, 즉 산업예비군이 처음에는 존재하지 않는다고 가정했는데, 그렇다면 노동력은 다른 모든 상품과 마찬가지로 그 가치로 판매된다. 하지만 이러한 가정을 하더라도 나는 자본축적의 특정 수준에서는 불충분한 가

---

27) 바우어는 재생산을 분석할 때 잉여가치율이 100%라는 이처럼 잠정적이고 단순화된 가정을 활용했다. 하지만 그가 이러한 가정을 그 후에 수정해야 한다는 것을 망각했다는 사실은 바우어가 마르크스의 방법을 오해했다는 징후다.

치증식 때문에 이러한 노동예비군이 필연적으로 형성된다는 점을 보여 주었다. 특정한 자본축적 수준을 넘어서면서 발생하는 대규모 실업자는 임금 수준에 하향압력을 가하며, 따라서 임금이 노동력의 가치 미만으로 하락하고 잉여가치율이 상승한다. 이는 가치증식의 증대를 위한 추가적인 원천이 되며, 따라서 붕괴 경향을 극복하는 또 다른 수단이 된다. 노동력 가치 미만으로 임금을 인하하려는 압박은 축적의 새로운 원천을 창출한다. "그것은 노동자의 필수적인 소비기금을 특정한 한계 내에서 자본의 축적기금으로 변형한다"(Marx, 1954, p. 562).

일단 이러한 연관성이 분명하면, 우리는 임금인상이 국내시장을 확대함으로써 위기를 극복하는 수단이라고 주장하는 노동조합 내 이론가들이야말로 완전히 피상적인 인식을 지니고 있다는 사실을 파악할 수 있는 기준을 획득하게 된다. 이는 마치 자본가계급이 자기 자본의 가치증식보다는 자신의 상품판매에 주로 관심을 기울이는 것과 같다. F. 슈테른베르크도 마찬가지다. 그는 19세기 초반, 잉글랜드에 만연한 저임금이 "이 기간 동안 잉글랜드 자본주의가 19세기 후반에 비해 훨씬 더 깊은 격동을 야기했는지"(Sternberg, 1926, p. 407) 설명하는 한 가지 이유라고 언급했다. 저임금, 따라서 높은 잉여가치율은 위기를 완화시키는 환경을 형성한다.

3) 회전 기간의 단축이 잉여가치율에 미치는 영향

재생산표식에서 생산기간은 1년간 지속되며, 노동기간과 생산기간은 일치한다. 유통기간은 존재하지 않으며, 노동기간은 즉각 다음 노동기간으로 이어진다. 생산기간의 지속은 모든 생산 영역에서 동일하며, 모든 부문에서 자본은 1년에 1회씩 회전한다고 가정한다. 이러한 가정 중 어떤 것도 현실과 조응하지 않으며, 이러한 가정은 순전히 단순화를 위해 고안된 것이다. 첫째, 노동기간과 생산기간은 현실에서 일치하지 않는다. 둘째, 생산기간 외에도, 유통기간도 반드시 존재해야 한다. 마지막으로 회전 기간은 산업 부문마다 상이하며, 생산과정의 물질적 성격에 의해 결정된다. 분석이 현실의 외양과 일치하려면 이러한 가정도 수정되어야만 한다.

마르크스에 따르면, "회전 기간의 차이는, 주어진 시간 내에 동일한 자본이 영유하고 실현하는 잉여노동의 양에 영향을 끼치는 경우를 제외하면, 그 자체로는 아무런 중요성이 없다"(1959, p. 152). 잉여가치의 생산에서 회전의 영향은 다음과 같이 요약할 수 있다. 즉, 회전을 위해 필요한 시기 동안에, 모든 자본이 잉여가치를 창조하기 위해 생산적으로 사용될 수는 없다. 자본의 일부분은 항상 유휴상태에 있는데, 이때 [유휴자본은] 화폐자본, 상품자본, 또는 스톡으로서의 생산자본이라는 형태를 취한다. 잉여가치 생산에서 활성화된 자본은 이러한 비율에 의해 항상 제한을 받으며, 획득하는 잉여가치량은 비례적으로 감소한다. 마르크스는 이렇게 말했다. "다른 조건이 동일하다면, 회전 기간이 짧을수록 전체 자본에 대비해 가동되지 않고 있는 자본 부분은 작아지며, 따라서 영유하는 잉여가치도 커진다"(1959, p. 70).

회전 기간의 단축은 생산기간의 단축과 유통기간의 단축, 이 양자를 의미한다. 노동생산성의 향상은 생산기간을 단축하는 주된 수단이다. 산업에서 기술진보가 그와 동시에 불변자본의 상당한 확대를 동반하지 않는 한, 이윤율은 상승한다. 반면, "유통기간을 단축하는 주된 수단은 교통의 개선이다"(Marx, 1959, p. 71). 위에서 언급한 선박 건조에서의 기술진보는 이러한 범주에 포함된다.

독일 철도에서 자동 공기제동기 도입을 포함한 합리화는 연간 10억 마르크의 절약을 가능케 했는데, 주로는 인원 감축과 화물수송의 속도의 큰 변화에 따른 것이었다. 일단 입환(차량의 연결과 해체)이 기계화되자 기차가 더 저렴하게, 더 신속히 제작될 수 있었고, 다수의 노선의 전력화되었으며, 철도체계가 완전한 혁명을 겪었다.

　　수송의 개선 외에도, 상품자본에 대한 지출 절감에 의해서도 절약이 달성된다. 상품은 판매되기 전에는 재고의 형태로 생산 영역 내에 존재하며, 상품의 보관에는 비용이 들어간다. 생산자는 평균 수요에 맞게 적절한 수준으로 재고를 최소한으로 제한하고자 한다. 하지만 이러한 최소 규모는 상이한 상품들의 재생산에 필요한 기간에도 의존한다. 운송이 개선되면서 전체 판매 거래량에 비례하여 보관 비용이 절감된다. 덧붙어, 이러한 산출물이 "점점 더 사회적으로 집적될수록"(Marx, 1956, p. 147) 전체 산출물에 대비한 보관비용은 하락하는 경향이 있다.

　　모든 위기는 재조직화를 향한 일반적 노력을 촉발하는데, 이러한 노력은 다른 무엇보다도 기존의 보관 비용 수준을 공격한다. 자본이 상품자본 형태로 유폐되는 시간은 점점 더 짧아지는 경향이 있다. 곧, 자본의 연간 회전수가 가속화된다. 이는 위기를 극복하는 추가적인 수단이다. 마르크스는 이렇게 말했다. "자본이 상품형태를 벗어던지고 화폐형태를 취하는 특정한 속도에 비례하여, 또는 판매의 신속성에 비례하여 재생산 규모는 확대되거나 축소될 것이다"(1956, p. 40).

4)　생산 규모의 확대를 위해 필요한 추가적인 화폐자본

　　다수의 저자들은 호황의 특징인 생산 확대 계획은 추가적인 화폐량이 없다면 실현 불가능하다고 주장한다. 즉 추가적인 신용이 호황을 창출하거나 가능케 한다는 것이다. 그러나 자본주의 메커니즘과 그 순환적 변동은 완전히 상이한 힘에 의해 지배된다. 나는 물가가 불변이거나 하락하더라도 생산이 확대될 수 있다는 것을 이미 입증했다.

그렇지만, 특정한 화폐유통속도를 가정할 때, 생산 규모의 확대를 위해 추가적인 자본이 필요하다. 그러나 그 근거는 신용이론의 지지자들의 추론하는 근거와는 완전히 다르다. 재생산 과정에 대한 마르크스의 설명으로부터 우리가 이해한 바에 따르면, 재생산 과정이 어떻게든 연속적이려면 개별자본과 사회전체의 자본은 반드시 세 부분으로 분할되어야 한다. 생산자본과 상품자본 외에도 유통과정에서 자본의 일부분은 반드시 화폐자본의 형태로 있어야 한다. 이러한 화폐자본의 규모는 역사적으로 다양하다. 그 규모가 절대적으로 증가하더라도, [전체 자본에 대비하여 상대적으로는] 감소하며, 그 규모는 전체 판매 거래량에 비례한다.

하지만 어떤 특정한 시점에서 화폐자본 규모는 유통법칙에 따라 계산할 수 있는 특정한 크기다. 만약 생산이 확대되고 다른 조건이 동일하다면 화폐자본의 규모도 확대되어야 한다. 재생산 규모의 확대를 위해 필요한 이러한 화폐자본의 원천은 무엇인가?

『자본』 2권 15장에서 마르크스는 어떻게 바로 그 회전 메커니즘을 통해서 화폐자본이 항상 주기적으로 유리流離되는가를 보여 주었다. 자본의 일부분은 노동기간 동안에 생산에 묶여 있지만, 다른 부분은 활성화된 유통과정에 존재한다. 만약 노동기간이 유통기간과 동일하다면, 유통에서 다시 유입되는 화폐는 각각의 연쇄적인 노동기간에 끊임없이 다시 사용될 것이다. 그리고 그 역도 마찬가지다. 따라서 이런 경우에는 연쇄적으로 지출되는 자본의 어떤 일부분도 유리될 수 없다. 하지만 유통기간과 노동기간이 동일하지 않은 모든 경우에, "유통 중인 자본 전체 중 일부분은 각 노동기간이 끝날 때 지속적이며 주기적으로 유리된다"(Marx, 1956, p. 283). 두 기간이 동일한 경우는 오직 예외적일 따름이므로, "사회적 총자본 중에서 유통과정에 있는 자본 부분에 관한 한, 자본의 유리는 규칙이다"(p. 284).

따라서 "유통과정에 있는 사회적 자본의 상당한 부분은 1년에 여러 번 회전하며, 연간 회전주기 동안에 유리된 자본의 형태로 존재할 것이다. … 이처럼 유리된 자본의 크기는 생산 규모와 함께 증가할 것이다. … 유리된 자본의 크기는 노동과정의 규모와 함께, 또는 생산 규모와 함께 증가할 것이다"(p. 284).

[『자본』 2권의 주석에 따르면] 엥겔스는 마르크스가 [엥겔스 본인이 보기에] "실제로 거의 중요하지 않은 상황에 부적절한 중요성을 부여했다"라고 생각했다. 곧 "이는 나의 의견이다. 내가 말하고자 하는 바는 마르크스가 화폐자본의 '유리'라고 부른 것이다"(1956, p. 288). 이러한 엥겔스의 평가는 내가 보기에 완전히 표적을 빗나갔다. 마르크스가 그의 분석에서 보여 주고자 한 것은 단지 대규모 화폐자본이 바로 그 회전 메커니즘을 통해서 주기적으로 유리된다는 사실이 아니다. 마르크스는 (우리가 살펴보았다시피, 주로 불황기에 수행되는) 생산과 유통에서 기술 변화뿐만 아니라, 회전주기의 단축 때문에 "지출된 자본가치의 일부분이 사회적 재생산의 전체 과정이 작동할 때 여분으로 남게 되지만, 생산 규모와 가격은 동일한 채로 남아 있다"(p. 287)는 사실도 분명히 언급했다. 이러한 여분은 "화폐시장으로 진입하고 화폐시장에서 작동하는 추가분이 된다"(p. 287). 그에 따라, 모든 불황기 이후에 새롭게 이용할 수 있는 자본이 존재하게 된다. 화폐자본의 일부분이 이처럼 유리되면 전체 자본의 가치증식에도 영향을 끼친다. 즉 전체 자본이 감소했고, 이처럼 감소한 자본 크기에 기초하여 그 이전과 동일한 잉여가치량을 계산한다는 의미에서 이윤율이 증가한다. 따라서 화폐자본 일부분의 유리는 위기를 극복하는 추가적인 수단이다. 마르크스는 이렇게 말한다. 균형이라는 가정에도 불구하고,

화폐자본의 과잉이 발생할 수 있다. … 이는 지출된 자본 가치의 한정된 부분이 사회적 재생산의 전체 과정이 작동할 때 여분으로 남게 된다는 의미

다. … 그리고 이 한정된 부분은 따라서 화폐자본의 형태가 되어서 [재생산 과정에서] 배출된다. 이는 단지 회전 기간의 단축에 의해 야기된 과잉인 반면, 생산 규모와 가격은 동일한 채로 남아 있다.(p. 287)

회전 기간의 단축은 추가적인 화폐자본량을 산출하며, 호황기가 개시될 때마다 이러한 추가적 화폐자본이 재생산 규모를 더 확대하는 데 이용된다. 마르크스가 다음과 같이 말할 때, 그가 염두에 둔 것은 이러한 기능이다. "따라서 순전히 회전운동의 메커니즘에 의해 유리된 화폐자본은 신용체계가 발전하자마자 곧 중요한 역할을 수행해야 하며, 동시에 신용체계의 기초 중 일부를 형성해야 한다.(p. 286)

5)   사용가치와 교환가치 간 충돌

현재까지 마르크스주의자들은 자본축적이 일반적으로 진행되면서 불변자본이 절대적으로 증가하며, 가변자본에 비해서도 [상대적으로] 증가한다는 사실에 주목했다. 하지만 이러한 현상은 축적과정의 단지 한 측면을 구성할 뿐이다. 즉 이러한 현상은 가치라는 측면에서 축적과정을 평가한다. 하지만, 재생산과정은 가치증식 과정일 뿐 아니라 또한 노동과정이기도 하며, 가치를 생산할 뿐만 아니라 사용가치도 생산한다(이는 아무리 강조해도 지나치지 않다). 사용가치라는 측면에서 검토하면, 노동생산성의 증가는 현존 자본의 가치절하일 뿐 아니라, 유용한 사물의 수량적 확대이기도 하다.

초반부에 나는 어떻게 생산성 향상이 노동자가 소비하는 사용가치를 저렴하게 하는지, 그리고 그 결과로 잉여가치율을 상승시키는지 언급했다. 이제 나는 생산성의 향상을 통한 사용가치량의 증가가 축적기금에 미치는 영향

자본주의 체계의 축적과 붕괴 법칙

을 검토하고자 한다. 마르크는 경험적 사실로부터 논의를 전개한다.

> 노동의 사회적 생산성이 발전하면서 생산된 사용가치량은 훨씬 더 증가
> 하며, 그 사용가치량 중에서 생산수단은 그 일부분을 구성한다. 그리고 이러
> 한 추가적인 부는 추가적인 노동을 영유해서 자본으로 재전환될 수 있는데,
> 이러한 추가적인 노동은 가치에 의존하는 것이 아니라, (생계수단을 포함한) 이
> 러한 생산수단의 양에 의존한다. 왜냐하면 생산과정에서 노동자는 가치와
> 관계를 맺는 게 아니라 사용가치, 즉 생산수단의 사용가치와 관계를 맺기 때
> 문이다.(1959, p. 218)

생산자본, 특히 고정자본에 물질적 영향을 끼치는 생산성의 향상은 개
별 자본에 더 높은 수익성을 의미한다. 재생산과정을 총체적으로 관찰하면
동일한 메커니즘이 작동한다. 마르크스는 이렇게 쓴다.

> 전체 자본에 대비하여 ⋯ 불변자본의 가치는 그 물질적 규모와 동일한
> 비율로 증가하지 않는다. 예를 들어, 현대적 공장에서 한 명의 유럽인 방적
> 공이 가공하는 면화의 양은 과거에 한 명의 유럽인 방적공이 물레로 가공하
> 는 면화의 양과 비교하여 엄청나게 증가했다. 하지만 가공된 면화의 가치는
> 그 양과 동일한 비율로 증가하지 않았다. 이와 동일한 사실이 기계류와 나
> 머지 고정자본에도 적용된다. ⋯ 단발적인 사례들에서 고정자본 요소의 규
> 모가 심지어 증가할 수도 있지만, 그 고정자본의 가치는 동일하거나 하락한
> 다.(1959, p. 236)

특정한 가치 총합은 사용가치들의 양으로 표현되는데, 그러한 사용가
치의 증대는 가치증식 과정에서 간접적으로 매우 중요한 의미를 지닌다. 생

산요소 규모가 확대되면서, 심지어 그 요소의 가치가 동일하더라도, 더 많은 노동자가 생산과정에 도입될 수 있으며, 생산의 그 다음 순환에서 이러한 노동자는 더 많은 가치를 생산할 것이다. 마르크스는 생산성 향상의 결과에 대해 다음과 같이 쓴다.

> 동일한 자본과 동일한 노동이 더 많은 생산물을 창조하며, 더 많은 생산물은 그 교환가치가 얼마든 간에 자본으로 전환될 수 있다. 이러한 생산물은 추가적인 노동을 흡수하며 따라서 추가적인 잉여노동을 흡수하는 데 기여할 수 있으며, 그리하여 추가적인 자본을 창조한다. 어떤 자본이 지배하는 노동의 양은 그 자본의 가치에 의존하는 것이 아니라, 그 가치가 얼마든 간에, 그 자본을 구성하는 원료와 보조재료, 기계류와 고정자본 요소, 생활필수품의 양에 의존한다. 고용되는 노동의 양, 따라서 잉여노동의 양이 증가하면서, 재생산되는 자본의 가치의 양과, 그 자본에 새롭게 추가되는 잉여가치의 양도 증가한다.(p. 248)

다른 곳에서 마르크스는 이렇게 말한다.

> 노동력 그 자체의 직접적 착취에서 가장 중요한 것은 사용되는 착취수단의 가치가(그러한 착취수단이 고정자본이든, 원료든, 보조재료이든 간에) 아니다. 이러한 착취수단이 노동을 흡수하는 수단으로서 기능하고, 그러한 착취수단을 매개로 하여, 또는 그 착취수단에 의해 노동이, 따라서 잉여노동이 물질화되는 한에서, 기계류, 건물, 원료 등의 교환가치는 지극히 비물질적이다. 궁극적인 핵심은 한편으로는 살아 있는 노동의 특정 양과 조합되기 위해 기술적으로 필요한 착취수단의 양이며, 다른 한편으로는 그 착취수단의 적합성, 즉 좋은 기계이냐는 문제뿐 아니라 좋은 원료와 보조 재료인가 여부다.(1959, p. 82-83)

자본주의 체계의 축적과 붕괴 법칙

생산성의 향상과 잉여가치 규모의 증가와 함께, 노동력을 흡수하는 수단으로 기능할 수 있는 생산수단(그리고 생계수단)의 규모는 축적된 자본의 가치보다 더 신속하게 확대된다. 그러므로 생산수단은 달리 가치의 축적 그 자체에 상응할 경우보다 더 많은 노동을 고용하고 더 많은 잉여노동을 탈취할 수 있다. 마르크스는 이렇게 말한다. 생산성의 향상과 노동력의 저렴화가 이루어지면서,

가변자본의 동일한 가치가 더 많은 노동력, 따라서 더 많은 노동을 작동시킨다. 불변자본의 동일한 가치가 더 많은 생산수단, 즉 더 많은 노동수단, 노동재료, 보조재료로 체현된다. 즉 불변자본의 동일한 가치가, 따라서 사용가치의 생산과 가치의 생산을 위한 요소들, 즉 노동을 흡수하는 요소들을 더 많이 공급한다. 따라서 추가적인 자본의 가치는 동일하거나 심지어 감소하더라도, 여전히 축적의 가속화가 발생한다. 재생산의 규모가 물질적으로 확대될 뿐만 아니라, 잉여가치의 생산도 추가적 자본의 가치보다 더 신속하게 증대된다.(1954, p. 566)

사용가치의 규모가 확대되는 경향은 가변자본에 대비하여 불변자본이 증가하며, 따라서 노동자의 수가 감소하는 대립적인 경향과 병행하여 전개된다. 하지만 이처럼 "축적과정이 아우르는 두 요소가 단지 평온하게 병존하고 있다고 간주해서는 안 된다. 두 요소는 모순적인 경향들과 현상들로 발현하는 모순을 포함한다. 이처럼 적대적 작용인이 동시에 서로 작용한다"(Marx, 1959, p. 248-9). "자본의 축적은 가치 측면에서 보면 이윤율의 하락에 의해 감속되지만, 훨씬 더 많은 사용가치의 축적을 가속화하는데, 이는 결국 가치 측면에서 축적을 위한 새로운 가속도를 더한다"(p. 250).

표 2.2에서 우리는 노동인구가 연간 5%씩 증가하고, 불변자본이 10%씩

확대되면서 체계가 35년차에 붕괴하게 될 것이라는 점을 살펴보았다. 그러나 자본의 규모가 가치 측면보다 사용가치 측면에서 더 신속하게 증가하기 때문에, 그리고 살아 있는 노동의 고용이 생산요소의 가치가 아니라 그 규모에 의존하기 때문에 다음과 같은 결론에 도달한다. 즉, 특정 수준의 노동인구를 고용하기 위해서는 표 그 자체에서 제시된 것보다 실제로는 훨씬 더 작은 규모의 자본이면 충분할 것이다. 생산성 향상과, 그와 결합된 사용가치의 팽창은 마치 가치의 축적이 낮은 단계 또는 더 초기 단계에 있었던 때처럼 반응한다. 따라서 축적의 수명이 연장된다. 그러나 이는 붕괴가 지연된다는 의미일 뿐이며, 이는 "이윤율을 하락시키는 영향력과 동일한 영향력이 또한 그러한 경향의 효과를 완화한다는 것을 다시금 보여 준다"(p. 236).

따라서 재생산 과정을 순전히 가치 측면에서 평가하는 것은 완전히 부적절하다. 이러한 과정에서 사용가치가 수행하는 중요한 역할이 무엇인지 우리는 살펴볼 수 있다. 마르크스 자신은 항상 자본주의 메커니즘을 두 측면, 즉 가치와 사용가치라는 측면에서 다루었다.

6) 자본의 유기적 구성이 더 낮은 새로운 생산 영역의 출현

마르크스의 예측에 따르면 "경쟁이 자본가들 간에 전염병처럼 창궐하고, 궁극적으로 오직 극소수의 거물 자본가만이 생존할 때까지 자본가들을 제거한다"(Oppenheimer, 1927, p. 499)라고 비평가들이 종종 지적했다. 슈텐베르크도 동일한 지적을 반복했다. 이런 방식으로 마르크스의 주장을 묘사하면서 마르크스의 주장이 역사발전의 구체적 경향으로 입증되지 않는다고 선언하는 것은 쉬운 일이다.

그러나 이는 마르크스의 방법론적 절차에 담긴 핵심 지점을 간과한다.

마르크스의 표식은 의도적으로 단순화된 것인데, 그 도식은 생산의 단지 두 영역만을 보여 주며, 그 영역에서 개별 자본은 점진적으로 집중에 이르게 된다. 이러한 가정에서 자본가의 수는 점진적으로 감소한다. 그러나 생산의 두 영역만 존재한다는 가정은 허구적이며, 그 가정은 경험적 현실과 조응하기 위해 수정되어야 한다. 마르크스는 자본이 새로운 영역으로 지속적으로 침투한다는 것을 보여 준다.

> 원래 존재하던 자본의 일부분이 스스로 분리되어, [그 새로운 영역에서] 새롭고 독립적인 자본으로 기능한다. 다른 요인 외에도, 자본가 가족 내부에서 소유의 분할은 여기에서 아주 중요한 역할을 한다. 따라서 자본축적이 진행되면서 자본가의 수는 많든 적든 간에 증가한다.(1954, p. 586)

따라서 자본의 집중은 자본의 분산이라는 대립적 경향에 의해 보충된다. 이런 방식으로 "개별 기능자본의 팽창은 새로운 자본의 형성과 기존 자본의 분획에 의해 방해를 받는다"(p. 586). 자본의 유기적 구성이 더 높은 영역에서 기업 활동을 위해 필요한 자본의 최소규모가 매우 높고, 지속적으로 증가하기 때문에 소규모 자본은 "현대 산업이 단지 드문드문 존재하거나 불완전하게 장악하고 있는 생산 영역으로 몰려 들어 간다"(p. 157). 이러한 영역은 자연스럽게도 자본의 유기적 구성이 낮은 곳이며, 이곳에 상대적으로 많은 수의 노동자가 고용된다.

만약 새로운 생산부문에 상대적으로 많은 규모의 살아 있는 노동이 고용된다면(따라서 이 부문에서 자본구성은 평균이윤을 좌우하는 평균 자본구성보다 훨씬 더 낮다), 더 많은 잉여가치량이 이 부문에서 생산될 것이다. 마르크스는 이렇게 말했다. 경쟁은 "이윤율을 균등화할 수 있는데, [새로운 생산부문이 등장하기 전에 비해] (이윤의) **일반적 수준**을 오로지 상승시키면서 균등화할 수 있다. 왜냐하면,

자본 전체가 지불되지 않은 잉여노동의 더 많은 양을 실현하고 운영하기 때문이다"(1969, p. 435). 분명히도 이 역시 붕괴 경향을 억제한다. 한편으로, 자본의 유기적 구성이 낮은 부문은 이윤율을 상승시키며, 다른 한편으로 새로운 생산 영역의 형성은 더 많은 자본투자를 가능케 한다.

이런 방식으로 순환적 운동이 진화한다. 즉, 자기 확장적인 자본이 새로운 투자 가능성을 탐색하는 동안에, 새로운 발명이 이러한 가능성을 창출하고, 산업의 새로운 영역이 갑자기 발전하고, 여분의 자본이 재흡수되고, 점진적으로 새로운 자본축적이 이루어지며, 새로운 자본축적은 결국 불필요할 정도로 훨씬 더 큰 규모에 이르게 되고 등등. 이는 [새로운 생산 영역의 창출이 지니는] 중요성을 설명한다.

> 자신의 독립적 위치를 찾으려는 새로운 자본 분파[에게는 이윤율이 무엇보다 중요하다.] ··· 기존의 소수 거대 자본의 수중에서만 자본형성이 이뤄진다면, 거대 자본은 이윤율의 하락을 이윤량으로 보충하기 때문에 생산의 사활이 걸린 불꽃은 모두 꺼져 버리고 말 것이다. 그 불꽃은 자취를 감출 것이다.(Marx, 1959, p. 259)

영국 자본주의는 이러한 과정을 표현하는 심각한 징후를 보이고 있다. 북부, 스코틀랜드, 웨일스의 전통적인 산업 중심지는 만성적인 위기를 겪었고, 새로운 일련의 산업들은 남부와 미드랜드, 런던 주변 지역에서 분출하기 시작했다. 공장 감찰관이 발표한 보고서는 이러한 산업에서 자본의 유기적 구성이 훨씬 더 낮다는 것을 보여 준다. 예를 들어 런던 주변 지역에는 소수의 자동차 조립 플랜트를 제외하면, 붕대, 사소한 전기부품, 침대 틀, 침대보, 아이스크림, 혼합 피클, 판지 상자, 연필을 제조하는 공장이 있다. 자본의 유기적 구성이 상당히 높은 소수의 새로운 산업 중에는 레이온과 자동차가 있다. 그러한 산업은 14,500개 단위를 포함하는데, 그중 절반 이상이 전국에 분산된 정비공장이다. 노동부(Ministry of Labour, 1926)가 발표한 데이터에 따르면, 그러한 신산업에 고용된 노동자의 수는 3년간(1923-1926년) 14% 증가한 반면, 탄광이나 선박 건조와 같이 오래된 산업에 고용된 노동자의 수는 7.5% 감소했다.

과거 영국은 유럽과 일본에서 작은 물건을 수입할 여유가 있었지만, 이제 영국은 그런 물건을 직접 생산해야 한다. 그러한 산업의 발전이 경제적 불황의 일반적 영향을 경감한다고 하더라도, 영국의 지배에 기초를 형성했던 오래된 산업부문의 쇠퇴가 낳은 파멸적 결과를 보완할 수는 없다. 기실, 새로운 산업은 전체적으로 70만 명의 노동자를 고용하고 있지만, 노동자의 다수는 여전히 석탄, 직물, 선박 건조 등의 전통적인 부문에 고용되어 있다.

7)   지대를 폐지하기 위한 투쟁

순수한 자본주의 모델에서는 두 계급, 즉 자본가와 노동자만이 존재하며, 따라서 농업은 완전히 자본의 지배 하에 있는 한 산업부문을 형성한다고 가정한다. 달리 말하면, 우리는 지대 범주와 지주의 존재를 추상화했다. 그러나 이러한 가정을 포기하면, 우리 분석의 결과는 어떻게 수정되어야 하나?

현대적이며, 순수하게 자본주의적인 지대는 지주가 자본의 이윤에 부과하는 단순한 세금이다. 지주에게 "토지는 지주의 [토지] 독점 덕택에 산업자본가로부터 징수하는 특정 양의 화폐 징수액이다"(Marx, 1959, p. 618). 마르크스는 잉여가치가 평균이윤으로 균등화되는 것을 언급하면서, 이렇게 말한다.

하지만 자본가의 입장에서 보면, 잉여가치 또는 잉여생산물의 영유와 분배는 토지소유라는 장벽을 만난다. 경영 자본가가 노동자로부터 잉여노동,

따라서 잉여가치와 잉여생산물을 이윤이라는 형태로 퍼 올리는 것과 마찬가지로, 결과적으로 지주는 자본가로부터 이러한 잉여가치의 일부분을 지대라는 형태로 퍼 올린다.(p. 820)

따라서 지대는 평균이윤율 수준을 억누르는 역할을 한다. 이는 자본주의의 붕괴 경향을 가속화한다. 자본주의의 대변자들은 항상 지대에 적대적인데, 왜냐하면 "토지 소유는 다른 종류의 소유와 다른데, 자본가의 시각에서 보더라도 토지소유는 발전의 특정 단계에서는 불필요하고 해롭다고 여겨지기 때문이다"(p. 622). 리카도의 저작은 지주와 그들의 지지자에 대항하려 한 것이었다. 19세기 후반에 토지개혁운동이 동일한 원천으로부터 급진적으로 분출했다.

8)   상업이윤을 제거하기 위한 투쟁

상업이윤은 자본주의의 붕괴에 지대와 동일한 효과를 미친다. 앞에서 우리는 상업 자본이 일반이윤율의 형성에 개입하지 않는다고 가정했다. 다시금, 이러한 가정은 순전히 방법론적 가치만을 지닌다. 마르크스는 이렇게 말했다. "상업 자본에 관한 한, 우리는 이윤 생산에 참여하지 않으면서 이윤을 공유하는 자본을 다루고 있다. 따라서 이제 우리의 초기 설명을 보충해야만 한다"(1959, p. 284). 상업이윤은 "산업자본의 이윤으로부터 공제된다. 따라서 산업자본에 비해 상업자본이 더 클수록 산업 이윤율은 하락하며 그 반대도 마찬가지다"(p. 286). 분명히도 이는 자본주의의 붕괴를 강화하고 가속화한다.

위기 시기에 상인에 대한 투쟁은 자본증식의 조건을 개선하는 하나의 수단이다. 미국의 위기에 관한 히르쉬 교수의 보고서에 따르면, 미국의 경우

곡물, 과일, 우유를 관장하는 농촌 협동조합이 대규모의 상인들을 제거했고, 협동조합의 판매가 미국 농산물 총판매의 20%에 달했다. 이와 마찬가지로 북부의 면화 농장주도 중개상을 제거하고 방적업자에게 직접 면화를 공급하기 위한 투쟁에 참여하고 있다.

이러한 운동은 집중화와 중개무역의 제거를 통해서 판매 거래와 수입 輸入 거래 비용을 절감함으로써 수익성을 증가시키려는 현대 카르텔과 트러스트의 추동력을 통해 가장 강력하게 표현된다. 힐퍼딩에 따르면, 상인을 일소할 수 있는 결합기업의 능력은 그들이 우월성을 획득할 수 있는 기본적 이유 중 하나다. 철강산업에서 카르텔이 빠른 속도로 형성되면서 상업 자본의 중요성이 감소했다. 채굴과 생산단계가 한 기업 내부에서 수직적으로 통합되면서 중개 상업이 일소되는 놀라운 경향이 존재하며, 그리하여 이런 과정의 어떤 단계에서도 상업 자본에 이윤이 돌아가지 않는다. 이는 록펠러의 격언을 실현한다. 즉 "누구에게도 이윤을 지출하지 마라." 상업자본은 소규모 거래처를 상대하도록 남겨지거나, 아니면 산업자본에 독립적인 위치에 서도록 강제된다. T. 보겔슈타인은 이렇게 말한다.

대규모 산업 콘체른의 발전, 또는 독점의 형성은 ⋯ 왕자와 같던 상인을 퇴위시켰고, 그들을 독점기업의 순수한 대리인이나 봉급쟁이로 변형했다. ⋯ 이러한 독점의 세계는 상업의 모든 흔적으로부터 벗어나고 있다. 판매 거래를 신디케이트에 이전함으로써 ⋯ 산업 콘체른은 순수한 상업 활동을 최소화하고, 상업 활동을 본사의 소수 인원이나 산업 콘체른의 자회사인 개별 상업 콘체른에게 맡겨 둔다.(Vogelstein, 1914, p. 243)

대규모 기업연합과 콘체른이 자기 자신의 수출 조직을 형성하는 것은 독립적인 대규모 상업을 일소하는 경향의 또 다른 사례다. 구리 부문에서 상업 체계는 살아남지만, 더 이상 독립적인 기능을 하지 못한다. 즉, 상업 체계는 생산자와 복잡하게 연결된다. 염료산업과 전기산업은 외국에 자신의 판매 조직을 보유하고 있다. E. 로젠바움의 계산에 따르면, 1926년 독일의 전체 수입輸入 중 약 48.3%가 직수입이었는데, 즉 어떤 상업 콘체른의 중개 없이 거래되었다. 직물 원료의 사례에서 이 수치는 50%이며, 광석과 금속은 90%에 이른다(Rosenbaum, 1928, p. 130, 146).

산업자본의 평균이윤율을 개선하기 위해 상업이윤을 압박하는 시도는 자본축적 과정에서 가치증식에 대한 장애물이 커지면서 발생한 산물이다. 따라서 축적의 수준이 진전될수록 상업자본을 제거하려는 경향도 강화된다.

하지만 상업이윤에 대한 압박은 상업 활동의 중단과 동등한 것은 아니다. 상업 활동은 자본주의에서 소멸하지 않는데, 상업적 중개자는 산업자본의 유통과정에서 산업자본의 기본적 기능, 즉 가치의 실현 기능을 완수하기 때문이다. 이런 관점에서 보면, 상업 중개자는 산업자본가의 단순한 대리인이다. 마르크스는 이렇게 말한다.

상품생산에서 유통은 생산 그 자체만큼이나 필수적이며, 따라서 유통 중개자는 생산 담당자만큼이나 꼭 필요하다. 재생산 과정은 자본의 이러한 두 가지 기능을 포함하는데, 따라서 그 과정은 이러한 기능을 수행하는 대리인을 필연적으로 포함한다. 그 대리인은 자본가 그 자신에 속한 사람이거나 그의 대행자인 임금 노동자에 속한 사람이다.(1956, p. 129-30)

상업이윤을 제거하려는 경향에도 불구하고, 상업 기능은 자본주의가 발전하면서 중요성을 획득한다. 이는 그러한 상업 기능을 누가, 즉 개별 상인, 상업조직, 협동조합, 산업 트러스와 콘체른 중 누가 대리하느냐 여부와 무관하다. 자본주의 이전에는 노동생산물의 대규모 상업화가 존재하지 않았다.

자본주의 체계의 축적과 붕괴 법칙

"얼마나 많은 생산물이 상업에 진입하여 상인의 수중에 들어가느냐는 문제는 생산양식에 달려 있으며, 자본주의 생산이 최고로 발전하면서 그 최대치에 이른다. 자본주의 생산양식에서 생산물은 오직 상품으로서만 생산된다"(Marx, 1959, p. 325). 따라서 전체 직업 구조에서 상업의 몫이 확대되어야 한다. 상업 기업과 상업 피고용자의 숫자가 증가하고 있다. 상업 대행자, 상업 피고용자, 비서, 회계원, 출납원 등 새로운 중간계층이 부상한다.

따라서 질문이 제기된다. 이러한 새로운 중간계층의 존재는 자본주의 재생산 과정에 어떤 영향을 끼치는가? 베른슈타인 이래로 수정주의자들이 주장했던 것처럼, 그들의 존재는 자본주의 위기의 혹독함을 완화시키고 붕괴 경향을 약화시킬 것인가? 자본주의적 생산의 기초 위에서 부상하는 새로운 중간계층의 상이한 성격에 대해 마르크스는 이렇게 지적한다.

> 이러한 [상업부문 임금노동자에 대한] 경비 지출은, 비록 임금 형태로 실시되지만, 생산적 노동을 구매하는 데 투자하는 가변자본과는 상이하다. [상업 노동자에 대한] 지출은 산업자본가의 지출을 증가시키며, 투하되어야 할 자본의 규모를 증가시키지만, 잉여가치를 직접 증가시키지 못한다. 그러한 지출은 이미 창조된 가치를 단지 실현하기 위해 고용된 노동자에 대한 지출이기 때문이다. 이런 종류의 다른 모든 지출과 마찬가지로, 이런 지출은 이윤율을 하락시키는데, 왜냐하면 투하되는 자본을 증가시키지만 잉여가치는 증가시키지 못하기 때문이다.(Marx, 1959, p. 299)

상업부문의 임금 노동자에게 지출되는 가변자본 때문에 생산적 노동자를 더 많이 고용하기 위해 사용할 수 있는 축적기금이 감소한다.

가변자본의 일부가 오직 유통에서만 기능하는 이러한 노동력의 구매를 위해 지출되어야 한다. 이러한 자본 투하는 생산물도, 가치도 생산하지 못한다. 그러한 자본 투하는 투하되는 자본이 생산적으로 기능하는 범위를 축소한다.(Marx, 1956, p. 136)

따라서 사회적 총자본의 가치증식률은 하락하고 붕괴 경향이 강화되는데, 이는 이러한 중간계층이 초기에는 자본의 정치적 지배를 강화한다는 사실과 전혀 무관하다. 이러한 중간계층이 증가하면서 붕괴는 가속화된다. 잉여가치의 규모가 절대적으로 증가하는 한, 붕괴 경향은 가시적이지 않다. 그러나 축적의 진전에 따라 가치증식이 부족하게 되면 이러한 사실이 훨씬 더 날카롭게 드러난다.

9)   '제3자'의 경제적 기능

마르크스는 제3자라는 용어를 이중적인 의미에서 사용한다. 때로 그는 초기 생산형태의 잔존물인 독립적, 소규모 생산자를 언급한다. 그들은 본질적으로 자본주의 그 자체와 연결되지 않으며, 따라서 자본주의의 내적 성격을 분석할 때 배제되어야 한다. 우리는 이러한 요소들이 세계시장이라는 매개를 통해서 자본주의적 생산에 얼마나 영향을 끼칠 수 있는지, 영향을 끼치는지 뒤에서 살펴볼 것이다 둘째로, 마르크스는 제3자를 관료, 전문가 계층, 지대 수취자 등으로 이해하는데, 그들은 자본주의라는 기초에 입각하여 존재하지만 물질적 생산에 직접적으로나 간접적으로 참여하지 않으며, 따라서 자본주의적 생산이라는 관점에서 보면 비생산적이다. 그들은 실제 생산물을 확대하지 않으며, 역으로 그들의 소비에 의해 생산물이 축소되는데, 심지어 그들이 그에 대한 보상으로 가치 있고 필수적인 다양한 서비스를 수행한다고

자본주의 체계의 축적과 붕괴 법칙

하더라도 그러하다. 이러한 사람들의 소득은 그들이 자본을 통제하기 때문에 획득된 것이 아니며, 따라서 [노동자의] 노동 없이 획득된 소득이 아니다.

그들의 서비스가 얼마나 중요하든 간에 그러한 서비스는 생산물 또는 가치로 체현되지 않는다. 이러한 서비스의 수행자가 상품을 소비하는 한, 그들은 물질적 생산에 참여하는 사람들에 의존한다. 물질적 생산이라는 관점에서 보면, 그들의 소득은 파생물이다. 마르크스는 이렇게 쓴다.

노동을 하든, 하지 않든 간에 상관없이 재생산에 직접 참여하지 않는 모든 사회 구성원은 연간 상품 생산물 중에서 그들의 몫, 즉 달리 말하면 그들의 소비재를 획득할 수 있는데, 생산물이 먼저 속하게 되는 계급들, 즉 생산적 노동자, 산업자본가, 지주의 수중으로부터 주로 획득한다. 그런 만큼, 그들의 소득은 (생산적 노동자의) 임금, 이윤, 지대로부터 물질적으로 파생된 것이며, 따라서 [생산적 노동자, 산업자본가, 지주의] 본원적 소득에 대비하여 파생물로 나타난다.(1956, p. 376)

이러한 제3자 집단은 처음에 순수한 자본주의를 분석할 때는 배제되지만, 그 후 단계에서는 반드시 재도입되어야 한다. 마르크스는 사회가 "결코 두 계급, 즉 노동자와 산업자본가로 구성될 수 없으며, 따라서 소비자와 생산자는 동일한 범주가 아니다"(1969, p. 493)라고 지적한다.

첫 번째 범주, 즉 소비자 범주는 … 두 번째 범주[생산자]보다 훨씬 더 폭넓으며, 따라서 소비자 범주가 자신의 소득을 지출하는 방식과, 그 소득의 규모를 고려할 때, 경제, 특히 자본의 유통과 재생산 과정을 상당히 수정해야 한다.(p. 493)

이러한 사람들의 존재가 자본의 재생산과 축적에 어떤 중요성이 있는가? 그들의 물질적 소득이 의존적 소득인 한에서(즉 자본가로부터 끌어온 것인 한) 우리는 생산이라는 관점에서 볼 때 순전히 소비자인 집단을 다루어야 한다. 이러한 제3자의 소비가 직접적으로 노동계급의 비용으로부터 유지되는 것이 아닌 한, 잉여가치와 축적기금은 감소한다. 물론, 이러한 집단은 그 대가로 다양한 서비스를 제공하지만, 이러한 서비스가 비물질적 성격을 지니므로 그러한 집단이 자본축적을 위해 활용될 수는 없다. 상품의 물질적 성격은 축적에 필수적인 전제조건이다. 가치는 물질적 형태를 취하는 한에서만 상품유통에 진입하며, 따라서 자본축적을 표현한다.

제3자의 서비스가 비물질적 성격을 지니므로, 그들은 자본축적에 아무것도 기여하지 못한다. 하지만 그들의 소비는 축적기금을 감소시킨다. 1925년, 독일에서 이러한 집단의 서비스는 600만 마르크로 평가되었는데, 이는 국민총소득의 11%에 해당한다. 영국에서는 이러한 사람들이 대규모로 존재하는데, 축적의 속도가 감속되어야 할 것이다. 미국에서는 그들의 비율이 낮은데, 축적 속도가 훨씬 더 빠를 수 있다. 이러한 제3자의 숫자가 감소하면, 자본주의 붕괴가 지연될 수 있다. 그러나 그러한 감소가 더 부유한 계급의 생활수준 하락을 수반한다는 점 때문에, 그러한 과정에는 여러 한계가 존재한다.

10) 기존의 기술적 기초에서 생산 규모의 확대: 단순 축적

우리는 바우어와 마찬가지로 매년 기술 변화가 있다고 가정했는데, 이는 불변자본이 가변자본보다 더 신속하게 확대된다는 의미다. 하지만 생산이 항상 더 높은 유기적 구성에 기초하여 확대되지는 않는다. 자본가는 기간이 확장될 때, 기존의 기술적 기초에서 생산을 확대할 수 있다. 이런 경우에 우리는 단순 축적을 다루는데, 이때 불변자본의 성장이 가변자본과 보조를 맞추어 진행된다. 즉 자본의 팽창이 노동자를 비례적으로 끌어들인다. 물론, 자본주의의 기술적 기초는 지속적으로 개선되며, 유기적 구성은 항상 변화한다. 그렇지만 이러한 변화는 "휴지기에 의해 지속적으로 중단되는데, 휴지기 동안에는 기존의 기술적 기초에 토대를 둔 공장의 양적 확대만 존재하게 된다" (Marx, 1954, p. 423).

자본축적이 진전되면서 이러한 휴지기는 점진적으로 짧아진다. 이러한 휴지기가 얼마나 발생하든지 간에 휴지기는 붕괴 경향의 약화를 의미한다. 마르크스는 이렇게 쓴다.

> 곁에서는 새로운 생산방법이 이미 도입되더라도, 과거의 생산방법에 기초한 자본의 지속적인 팽창, 따라서 생산의 팽창이 순조롭게 진행된다는 것은 사회의 총자본이 성장한 만큼 이윤율이 하락하지 않는 또 다른 이유가 된다.(1959, p. 263)

우리는 세계시장에서의 적대가 강화되면서 기술적 우월성이 세계시장에서 생존하는 유일한 수단이 된다는 점을 살펴볼 것이다. 세계시장에서 투쟁이 더 날카로워질수록 기술 변화에 대한 충동이 더 거대해지며, 따라서 중간의 휴지기가 짧아진다. 점진적으로 이러한 반작용 요인의 중요성은 점점 떨어진다.

11)   축적과정에서 자본의 주기적 가치절하

가치가 불변이라는 가정은 마르크스의 재생산표식의 기저에 있는 여러 가정 중 하나다. 바우어는 두 가지 의미에서 이런 가정을 채택한다. 1) 생산과정에서 사용되는 불변자본의 가치는 온전하게 생산물로 이전된다. 2) 생산의 각 순환에서 창조되는 가치는 어떤 양적인 변화 없이 다음 순환에서 축적된다. (물론 가치 일부는 소비를 통해 파괴된다.) 바우어는 지속적인 기술진보를 예상하지만, 이러한 불변성을 가정한다. 바우어는 모순에 주목하지 않는다.

기술진보는, 상품생산에 더 적은 노동이 지출되므로 상품의 가치가 하락한다는 의미다. 이는 새롭게 생산된 상품에 관해서만 진실인 것이 아니다. 가치의 하락은 과거의 방법(즉 더 많은 노동시간의 지출을 동반하는 방법)으로 생산되었고 여전히 시장에 존재하는 상품에도 영향을 끼친다. 이러한 상품의 가치도 하락한다.

바우어의 도식은 이러한 현상을 추적하지 않는다. 바우어는 가치절하에 대해 언급하지만, 이는 단지 주기적인 과잉생산에 기인한 것이다. 그 함의는, 체계가 균형 상태에 있다면 가치절하가 발생하지 않는다는 것, 즉 어떤 시점에서도 가치관계는 무기한 유지된다는 것이다. 마르크스는 이를 매우 다르게 보았다. 자본주의 메커니즘이 이상적이거나 정상적인 과정에 있더라도 가치절하는 그 메커니즘으로부터 필연적으로 발생한다. 가치절하는 기술이 지속적으로 개선되며, 노동시간이 교환가치의 척도라는 사실에 따른 필연적 결과다.

그에 따라 불변 가치라는 가정은 순전히 임시적이라는 결론이 뒤따른다. 그러면 질문이 제기된다. 그러한 가정을 포기하면, 축적과 붕괴의 법칙은 그 작동과정에서 어떻게 수정되는가? 지금까지 이런 문제가 제기된 적이 없었다. 바우어나 투간은 가치를 불변으로 두는 것이 단순화된 가정이라는 점을 인식했다. 그러나 둘 다 이러한 가정을 수정하지 않았다. 이러한 이유 때문에 그들의 재생산 모형은 완전히 비현실적인 허구이며, 자본주의 재생산의 실제적 과정을 반영하거나 설명하지 못한다.

자본의 가치절하는 이윤율의 하락과 함께 진행되며, 이윤율 하락에 동반되는 자본의 집적과 집중을 설명하는 데 결정적이다.

우리는 어떻게 축적과정이 불충분한 가치증식에 의해 궁극적 한계에 직면하는지를 살펴보았다. 자본이 계속 지속되느냐는 문제는 가치증식의 조건을 회복하는 데 달려 있다. 이러한 조건은 다음과 같은 경우에만 보장된다. 1) 잉여가치가 상대적으로 증가하는 경우, 또는 2) 불변자본의 가치가 감소하는 경우, 즉 "노동력의 재생산에 들어가거나 불변자본 요소로 들어가는 상품이 더 저렴해지는 경우. 양자 모두 현존 자본의 가치 하락을 의미한다"(Marx, 1959, p. 248). 이러한 가치하락은 과잉생산의 결과로서 나타나는 것이 아니라, 기술이 지속적으로 개선된 결과로 나타난다. 따라서 기술진보는 "기존 자본의 주기적인 가치하락"을 동반하는데, 이는 "이윤율의 하락을 저지하기 위한 수단의 하나로서 자본주의적 생산에 내재적이며, 새로운 자본을 형성함으로써 자본 가치의 축적을 가속화한다"(p. 249).

자본의 가치절하로 나타나는 결과는 주어진 생산수단의 양이 더 적은 가치를 반영한다는 사실로 반영된다. 그 결과는 생산성 향상으로부터 발생하는 결과와 유비되는데, 즉 생산요소가 더 저렴해지고 가치량에 비교할 때 사용가치량이 더 빠르게 증가한다. 하지만, 생산성이 향상될 경우에 생산요소가 실제로 더 저렴해지기 시작하는데 반해, 이 경우에는 특정 가치에서 생산된 생산요소가 단지 결과적으로 가치절하를 겪는다.

가치절하가 나타나면 자본의 기술적 구성은 동일하게 유지되지만 가치 구성은 하락한다. 가치절하 이전, 이후에 동일한 생산수단을 작동하고, 동일한 잉여가치량을 생산하기 위해 동일한 노동량이 필요하다.

그러나 불변자본의 가치가 감소하기 때문에 잉여가치량은 감소된 자본 가치에 기초해 계산된다. 따라서 가치증식률이 증가하고, 따라서 붕괴가 얼마간 지연된다. 바우어의 표식에서 자본의 주기적인 가치절하가 의미하는 바는, 축적된 자본이 표식에서 수치로 제시된 것보다 더 작은 가치 크기를 의미한다는 것이다. 예를 들어, 20차 연도에 달성된 것으로 제시된 자본축적 수준이 36차 연도에야 달성된다.

달리 말하면, 자본의 가치절하가 위기 기간에 개별 자본가를 얼마나 많이 파멸로 몰아넣느냐는 문제와 별도로, 자본가계급 전체에게는 안전밸브라는 것이다. 체계 전체로 볼 때, 자본의 가치절하는 그 수명을 연장하는 수단이며, 전체 메커니즘을 폭파시킨다고 위협하는 위험을 완화하는 수단이다. 따라서 종의 이익을 위해서 개체가 희생된다.

축적된 자본의 가치절하는 다양한 형태를 취한다. 처음에 마르크스는 기술 변화에 따른 주기적 가치절하라는 사례를 다룬다. 이런 경우에 기존 자본의 가치가 감소하는 반면, 생산량은 동일한 채로 남아 있다. 하지만 재생산을 위한 조직체가 전쟁, 혁명, 지속적인 재생산이 없는 습관적인 사용 등을 통해 가치 측면에서뿐만 아니라 사용가치 측면에서 소모되거나 파괴되면 동일한 효과가 생산된다. 특정 경제에서 자본의 가치절하가 낳은 효과는 마치 자본축적이 낮은 수준의 발전 단계에 처해 있는 것과 같다. 이러한 의미에서, 가치절하는 자본축적을 위한 더 거대한 기회를 제공한다.

자본주의 메커니즘에서 전쟁의 특유한 기능은 이런 방식을 통해서만 해명된다. 전쟁으로 인한 파괴나 가치절하는 카우츠키나 여타 마르크스주의자가 가정한 것처럼 자본주의 발전의 장애물이나 붕괴를 가속화하는 요인이 전혀 아니고, 오히려 임박한 붕괴를 피하고 자본축적을 위해 숨쉴 공간을 창출하는 수단이다. 예를 들어, 영국은 1857-1858년 인도의 반란을 진압하기 위해 2,350만 파운드를 지출했고, 크림전쟁에서 싸우기 위해 7,750만 파운드를 지출했다. 이러한 자본 손실은 영국 자본주의의 과도한 긴장을 경감했고, 팽창을 위한 새로운 공간을 열었다. 이는 1914-1918년 전쟁 후 뒤따랐던 자본 손실과 가치절하라는 사례에서 훨씬 더 진실이다. W. 보이친스키에 따르면, "4년 동안에 인류의 부 중에서 약 35%가 파괴되고 낭비되었다"(Woytinsky, 1925, p. 197-8). 전쟁에 의한 손실에도 불구하고, 주요 유럽 국가의 인구가 동시에 확대되었기 때문에 가치증식을 위한 더 큰 기반은 자본의 감소에 직면했고, 이는 축적을 위한 새로운 기회를 창출했다.

카우츠키는 세계전쟁의 파국이 불가피하게 자본주의의 붕괴로 나아간다고 가정하고, 붕괴가 발생하지 않자 붕괴 그 자체의 불가피성을 부정하는 쪽으로 넘어갔다는 점에서 완전히 오류를 범했다. 마르크스주의의 축적 이론에 따르면, 전쟁과, 그와 결합된 자본가치의 파괴는 붕괴를 약화시키고 자본축적을 향한 새로운 추동력을 필연적으로 제공한다는 결론에 이른다. 룩셈부르크의 개념도 마찬가지로 오류다. "순수하게 경제적인 관점에서 볼 때, 군사주의는 잉여가치를 실현하기 위한 탁월한 수단이다. 군사주의는 그 자체로 축적의 영역이다"(Luxemburg, 1968, p. 454).

군수 공급이 항상 급속히 부를 쌓는 계기였기 때문에, 개별 자본의 관점에서는 상황이 그렇게 [즉 룩셈부르크의 설명처럼] 보일 수도 있다. 그러나 전체 자본의 관점에서, 군사주의는 비생산적 소비의 영역이다. 가치가 절약되는 것이 아니라 분쇄된다. 군사주의는 축적의 영역과 아주 거리가 멀며, 축적을 감속시킨다. 간접세라는 방식을 통해서 노동계급 소득의 큰 부분이 국가에 의해 장악되고 비생산적 목적에 주로 지출되는데, 이러한 부분은 잉여가치의 형태로 자본가의 수중에 들어갈 수도 있는 것이다.

12)   주식자본의 팽창

마르크스가 붕괴에 반작용하는 요인으로 꼽은 것 중에는 사회적 자본의 점점 더 많은 부분이 주식자본의 형태를 취한다는 사실도 포함된다.

이러한 [주식] 자본은 대규모 생산적 기업에 투자되기는 하지만, 일단 비용을 공제한 후 배당금이라고 불리는 얼마간의 이자만을 받는다. … 따라서 이러한 자본은 이윤율의 균등화에 참가하지 않는데, 왜냐하면 평균이윤율보다 더 낮은 수익을 받기 때문이다. 만약 이러한 자본이 이윤율 균등화에 참여하면, 일반이윤율은 훨씬 더 낮게 하락할 것이다.(1959, p. 240)

표식에서는 전체 자본가가 단일한 실체로 취급되며, 사회적 잉여가치는 축적에 필요한 부분, 즉 a_c와 a_v, 그리고 자본가의 소비에 이용될 수 있는 k로 분할된다. 이제 k 전체를 소비하는 것이 아니라 그중 작은 부분만을 소비하는 자본가(주식, 채권, 사채 등의 소유자)가 존재한다고 가정하면, 축적 목적을 위해 남아 있는 양은 $a_c + a_v$라는 합보다 더 클 것이다. 이는 축적 목적을 위한 예비기금을 형성할 수 있으며, 축적이 표식에서 제시된 것보다 더 길게 지속될 수 있게 한다. 자본가 중 많은 계층이 이러한 정상 이자 또는 배당금에 엄격히 국한되어 있다는 사실은 왜 붕괴 경향을 작동시키는 힘이 더 적은지 설명하는 한 가지 이유다. 또한 이는 왜 독일에서 영국 사례를 따라 산업사회의 채권이 급격하게 증가하는지 설명하는 기본적 이유이기도 하다(영국에서는 [독일보다] 훨씬 더 먼저 이런 현상이 나타났다).

13) 자본축적과 인구 문제

바우어는 위기가 생산 조직체의 크기와 인구증가 사이의 일시적 불일치로부터만 오직 발생할 수 있다고 주장했다. 위기는 자동적으로 생산 규모를 인구 크기에 맞추어 조정하며, 그러면 위기가 극복된다. 룩셈부르크는 이러한 조화론적 이론을 멋지게 논파했다(Luxemburg, 1972, p. 107-39). 그녀는 [제1차] 세

자본주의 체계의 축적과 붕괴 법칙

계대전에 선행한 10년 동안 여러 국가에서 인구의 느린 증가율에 비해 축적 속도가 더 빨랐다는 점을 보여 주었다. 바우어의 관찰, 즉 "자본주의에서는 축적이 인구증가에 맞추어 조정되는 경향이 있다"(Bauer, 1913, p. 871)라는 관찰은 이러한 사실과 양립할 수 없다. 1870년부터 1920년까지 50년 동안 미국의 인구는 약 172% 증가한 반면, 산업의 자본축적은 2,600% 이상 확대되었다.

그런데 룩셈부르크의 비판은 바우어에 대해서 완벽히 유효하지만, 인구를 오로지 자본가의 상품을 위한 시장으로 간주한 것은 기본적인 오류다. "'인류'의 연간 증가는 인류가 자본가의 상품을 소비하는 경우에만 자본주의와 관련성을 맺는다"(Luxemburg, 1972, 111). 그녀는 인구가 자본가의 상품을 위한 충분한 시장을 제공할 수 없다는 의미에서 인구에 축적의 한계가 있다고 간주했다.

나의 관점은 바우어의 관점, 룩셈부르크의 관점과 180도 다르다. 나는 바우어를 비판하면서, 그의 재생산표식을 활용했고, 인구가 증가하더라도 특정 단계부터는 자본축적의 바로 그 본질로 인하여 자본의 과잉축적이 나타난다는 것을 보여 주었다. 축적은 인구증가보다 더 빠르게 진행되며, 진행되어야만 하는데, 그래서 신속하게 축적되는 자본에 비해 가치증식의 토대가 점진적으로 더 적게 증가하며, 결국 고갈된다. 이로부터, 만약 자본이 가치증식의 토대를 확대하거나 고용되는 노동자의 수를 확대하는 데 성공하면 획득할 수 있는 잉여가치량이 증가할 것이라는 결론이 도출된다. 이는 붕괴 경향을 약화시키는 요인이다. 따라서 가능한 한 최대한 많은 수의 노동자를 고용하려는 자본의 경향이 존재하는 점을 완벽히 이해할 수 있다. 이는 자본이 "투자된 자본에 비하여 가능한 한 적은 노동을 고용하려는"(Marx, 1959, p. 232) 경향과 조금도 모순되지 않는다. 왜냐하면 잉여가치량이(특정한 잉여가치율에서) 오직 고용된 노동자의 수에만 의존하는 것이 아니라, 생산과정에 쓰이는 살아 있는 노동에 대비하여 생산수단의 양을 증가시킴으로써 잉여가치율을 올리는 것에도 의존하기 때문이다.

이로부터 다음과 같은 결론이 나온다. "자본의 양이 충분하면, 잉여가치율이 일정할 때 잉여가치 생산은 오직 노동인구에 의해 제한된다"(Marx, 1959, p. 243). 따라서 인구는 축적의 한계를 형성하는데, 이는 룩셈부르크가 의도한 의미가 아니다. 만약 인구가 팽창하면, 절대적 축적 이전의 중간기간이 그에 조응하여 더 길어진다. 이것이 마르크스가 다음과 같이 서술할 때 뜻하고자 한 바다.

> 만약 축적이 고정적이고 지속적인 과정이라면 인구의 절대적 증가는 (비록 인구가 사용되는 자본에 비해 [상대적으로] 감소할 수 있다고 하더라도) 필수적 조건이다. 인구증가는 지속적인 과정으로서의 축적의 기초로 보인다.(1969, p. 477)

생산적인 노동자를 가능한 한 최대로 고용하려는 경향은 잉여가치와 잉여노동의 생산이라는 자본의 바로 그 개념에 이미 포함된다.

오펜하이머의 비판, 즉 노동자가 전반적으로 [기계로] 대체되더라도 노동자의 전체 숫자는 증가한다는 점을 마르크스가 인정하지 않을 수 없었다는 비판은 사실상 근거가 없고 무의미하다. 자본의 증가를 위해 확대된 가치증식의 토대를 창출하는 데 성공해야만 자본축적이 가능하다. 예를 들어, 1880년대가 끝날 때까지 독일에서 존속했던 축적은 낮은 수준에 머물렀고, 발생기의 대규모 산업은 모든 노동 인구를 흡수하지 못했다. 이러한 상황을 억누르기 위해서는 외국으로의 이주가 필연적이게 되었다. 1871-1880년, 10년 동안 622,914명의 사람들이 독일로부터 외국으로 이주했다. 그 다음 10년 동안 그 수치는 1,342,423명으로 상승했다. 그러나 1890년대에 산업화가 급속히 출현하고 축적의 속도가 가속화되면서 이러한 이주가 중단되었고, 그 후로는 폴란드, 이탈리아로부터 서부[독일]의 산업 지대로의 이주로 바뀌었다.

이러한 추가적 노동력의 흡수는 확대된 자본의 가치증식에 필요한 잉여가치의 생산을 위한 기초를 제공했다.

도시 인구의 자연적 증가, 농촌으로부터의 이주는 불충분했다. 지속적인 노동집약도의 증가, 즉 착취를 당하는 노동자의 수에 비하여 착취되는 노동량의 증가가 더 빨랐다는 사실에도 불구하고, 도시 인구 증가는 불충분했다. 새로운 노동자를 신규 모집하고, 노동과정 기계화의 증대, 자본의 유기적 구성의 고도화에 의해 대체되는 노동자를 재흡수하더라도 노동력 부족이 끈질기게 지속되었다. 1907년 위기 이후에, 자본은 여성 노동자를 편입시키려는 노력을 강화함으로써 가치증식 확대를 위한 토대를 찾지 않을 수 없었다. 여성 노동자의 편입은 노동력의 저렴화라는 추가적인 이득도 있었다. A. 파일러는 독일 경제를 날카롭게 분석하면서 우리에게 이렇게 말한다.

> 1908년과 1909년 불황기의 특징이었던 여성 노동의 급속한 팽창은 어떤 지나가는 현상, 즉 고용률이 다시 안정화되면 사라질 현상이 아니라는 게 점점 더 분명해졌다. 여성 노동의 팽창은 불황기부터 호황까지 존속되었다. 여성 노동자의 수는 지속적으로 증가했다. 1905년부터 1910년까지 5년 동안 … 그 숫자는 33% 증가했다. 이러한 경향은 그 후에 강화되었다. 공장과 사무실에 고용되는 여성의 수는 남성의 수에 비해 훨씬 더 신속하게 증가했다. 이는 순수하고 단순한 하나의 혁명이었다. … 1913년 말에 이르러, 독일에는 고용된 남성만큼이나 고용된 여성이 존재했다.(Feiler, 1914, p. 86)

하지만 이용할 수 있는 대부분의 노동력으로부터 더 이상 끌어 올 수 있는 것이 없다. 아이와 노인은 생산과정으로 편입시킬 수 없다. 인간 노동의 저수지가 고갈 중이다. 만약 생산으로 노동의 유입이 감소한다면, 추가적인 잉여가치의 원천이 제한된다. 이는 확대된 자본의 가치증식에 필요한 추가적인 잉여가치의 원천을 찾기 위한 세계시장에서의 투쟁이 강화된다는 의미다.

그러나 인구가 팽창하고 있는 국가에서조차 과잉축적의 위험은 내재적이다. 자본의 유기적 구성이 상승할 때, 노동자의 수가 증가한다는 것은 붕괴가 단지 일시적으로 약화된다는 뜻이지, 궁극적으로 극복한다는 뜻은 아니다. 불변자본이 인구보다 훨씬 더 빠르게 증가하기 때문에, 다소간에 장기적인 축적 기간이 지난 후, 팽창한 자본 규모의 가치증식을 위해 인구가 충분하지 못한 시점에 반드시 도달한다는 결론이 도출된다. 이 시점에 자본은 가치증식의 극단적 경계에 대해 압박을 가하기 시작한다. 인구는 자본축적의 한계를 형성하기 시작하는데, 이는 자본을 위한 소비의 토대가 너무나 협소하기 때문이 아니라 가치증식의 토대가 불충분하기 때문이다. 가치증식이 불충분하기 때문에 산업예비군이 창출되며 만성적 실업이 존재한다. 하지만 이러한 실업은 기계의 도입과는 아무 상관도 없다. 희소한 노동인구는 잉여 노동인구를 산출한다.

맬서스 시대 이후로 인구 문제가 왜 그렇게 급속히 변했는지 이해하는 것은 어렵지 않다. 초기 자본주의의 특징이었던 느린 축적 속도는 과잉인구와 이에 수반되는 고통에 대한 우려를 낳았다. 현재 프랑스와 독일의 부르주아 저자들은 미래의 자본축적이 원하는 대로 쓸 수 있는 적절한 노동력 저수지를 확보할 수 있을지 여부를 우려한다. 현대 부르주아 경제학자의 특징은 과소인구에 대한 두려움이다.

아시아와 아프리카의 거대한 대륙에는 여전히 수억 명의 사람들이 있고, 그들이 자본의 만족할 줄 모르는 노동에 대한 욕구를 채울 수 있기 때문에 [과소인구라는] 이러한 위협이 그렇게 심각하지는 않다고 누군가 주장할지도 모른다. 그러나 문제는 세계의 이곳 또는 저곳에 대규모의 인간이 있느냐 여부가 아니라 자본주의가 필요로 하는 곳에서 그들을 이용할 수 있느냐 여부다. 이런 방식으로 문제를 관찰하면, 식민지 자본주의와 제국주의는 노동력 부족을 특징으로 한다. 세계 곳곳에서 찾을 수 있는 모든 증거를 검토하는 것은 불필요할 것이다. 나는 단지 몇 가지 사례를 들 것이다.

오스트레일리아는 선진 자본주의 경제를 위한 시장으로서는 중요하지 않다. 오스트레일리아의 중요성은 그 국가의 생산에 있다. 오스트레일리아는 아르헨티나 다음으로 세계에서 가장 중요한 양모 생산지다. 브로큰 힐 디스트릭트에서 생산되는 아연이 세계 총생산량의 약 20%를 공급한다. 마운트 모건의 구리 광산은 세계 최대 규모에 속한다. 따라서 값싼 노동력의 이주는 오스트레일리아와 관련된 다양한 식민화 프로젝트에서 항상 중요한 역할을 했다. 이러한 식민화 프로젝트는 웨이크필드에 의해 고안된 유명한 시스템으로 시작되었다. 웨이크필드는 사우스 오스트레일리아의 아델레이드(1836년), 뉴질랜드의 웰링턴(1839)에 그 운임을 지불하면서 빈곤한 이주 노동자들을 수입하는 회사를 세웠다.

노동력을 향한 이러한 추동력은 끈질기게 지속되었다. W. 펨버-리브스에 따르면, 퀸스랜드의 설탕 플랜테이션에서 유색인 노동자가 일자리를 얻는 게 허용되었다면 오스트레일리아의 생산이 상당히 증가할 수 있었다(Pember-Reeves, 1902, Chapter 4). 하지만 자본은 유색인 노동자의 이주에 대한 백인 노동자의 반대에 부닥쳤다. W. 드레슬러는 이주 노동과의 경쟁에 대한 그들의 두려움에 대처하기 위해, 장기적으로 볼 때 백인 노동자는 건강에 해로운 일자리를 이주 노동자에게 떠넘기고 감독 기능을 맡을 것이라고 말한다(Dressler, 1915, p. 188-9). 바로 최근인 1925년에도 우리는 "오스트레일리아에서는 노동력이 절대적으로 부족하다"(F. Hess, 1925, p. 138)라는 말을 듣는다.

모든 식민 국가에서 동일한 그림이 펼쳐진다. 사우스 아프리카의 광산, 상투메의 코코아 플랜테이션, 카탕가의 구리 지대, 프랑스령 카메룬과 적도 아프리카의 목화밭, 도미니카 공화국과 가이아나의 설탕 플랜테이션, 수마트라와 보르네오의 고무 플랜테이션에서도 [노동력 부족이] 진실이다. 『베를린 주식거래소 신문(*Berliner Borsen Courier*)』의 보도(1928년 5월 6일)에 따르면, "아프리카의 많은 부분에서 흑인 인구가 점점 더 작아지는 보호구역 안으로 내몰리고 있다. 케냐에서는 약 500만 에이커가 백인 정착지를 위해 지정되었다." 이런 방식으로 "점점 더 많은 흑인이 기아 임금을 받으면서 자신의 노동력을 유럽 기업에 판매하지 않을 수가 없다." 수마트라와 보르네오의 토착민은 아무리 작은 일이더라도 유럽의 거대 자본가가 소유한 대규모 고무 플랜테이션보다는 토착민 소농의 플랜테이션에서 일하는 것을 더 선호하는데, 유럽 자본가는 그들을 말 그대로 동물처럼 취급한다.

마르크스가 『자본』에서 영국 노동계급에 대한 소름끼치는 착취를 묘사했을 때, 부르주아 경제학자들은 그것이 '일방적인' 묘사라고 말했고, 『자본』에서 묘사된 조건은 단지 산업발전의 초기 단계의 특징일 뿐이며 사회개혁의 점진적 진보에 의해 대체될 수밖에 없었다고 입증하려 최선의 노력을 기울였다. 하지만 19세기 초반 영국 노동계급의 상태에 대한 마르크스의 묘사는 자본의 성격에 대한 이론적 분석을 통해 마르크스가 규명했던 경향에 관한 경험적 실례였다.

서유럽의 자본은 국내에서 노동에 대한 늑대와 같은 굶주림을 억누르면서, 자본주의적 생산을 향해 최근에 개방된 영토에서 훨씬 더 억제되지 않은 착취의 난장판을 벌인다. 이곳에서 여성 노동과 아동 노동에 대한 자본의 착취는 부끄러움을 모르며 훨씬 더 확대된 규모로 반복된다. 그에 뒤따르는 인간 생명의 엄청난 낭비는 노동의 부족을 강화한다.

3. 세계시장 지배를 통한 수익성 회복

1) 서론 : 제국주의의 경제적 기능

재생산 과정에 대한 마르크스의 분석에서 기저를 이루는 몇 가지 단순화된 가정 중에는 자본주의 메커니즘이 어떤 외부적 관계도 맺지 않은 고립된 실체라는 가정이 있다. "매년 재생산되는 생산물의 가치를 분석할 때 외국 무역을 포함하면 문제 또는 그 해답에 새로운 요소를 추가하지도 못하면서 단지 혼란만 일으킨다. 이런 이유 때문에 외국 무역은 완전히 무시해야 한다"(Marx, 1956, p. 474).

하지만 마르크스 자신은 자본주의의 발전에서 외국 무역이 지닌 거대한 중요성을 반복해서 강조했다. 1859년 마르크스는 자본주의 경제를 연구하기 위해 여섯 부[자본, 토지소유, 임금노동, 국가, 국제 무역, 세계시장]로 구성된 계획을 제시했고, '세계시장'을 여섯 부 중 한 부로 삼고자 했다. 비록 마르크스 저서의 구조는 훗날 바뀌었지만, 연구의 대상은 기본적으로 동일하게 남아 있었다. 우리는 『자본』에서 "자본주의적 생산에서 가장 중요한 세 가지 사실" 중 하나로 목록에 올렸던 "세계시장의 창출"을 발견할 수 있다(1956, p. 266). 다른 곳에서 마르크스는 이렇게 쓴다. "자본주의적 생산은 외국 무역이 없다면 전혀 존재할 수 없다"(1956, p. 474).

화폐가 세계화폐로 발전하고 **추상노동**이 사회적 노동으로 발전하도록 하는 것은 오직 외국 무역, 즉 시장의 세계시장으로의 발전뿐이다. … 자본주의적 생산은 **가치**, 또는 상품에 체현된 노동이 사회적 노동으로 변형되는 데 의존한다. 그러나 이는 외국 무역과 세계시장이라는 기초 위에서만 성립 가능할 뿐이다. 이는 자본주의적 생산의 전제조건이자 그 결과다.(Marx, 1972, p. 253)

따라서 외국 무역이라는 결정적으로 중요한 요인을 추상한 이론적 체계에 어떤 과학적 가치가 존재할 수 있는가?

여러 사람들이 마르크스의 체계에 공백이 있다고 가정함으로써 문제로부터 벗어나고자 했다. 즉, 그들은 『자본』이 결국 미완성의 저작이라고 주장했다. 따라서 A. 파르부스는 과학적 사회주의의 창시자가 무역정책에 대한 모든 분석을 우리에게 남긴 채 "너무 일찍 죽었다"고 주장했다(Parvus, 1901, p. 587). 최근 A. 모이젤은 마르크스가 외국 무역 문제에 대해서는 자연스럽게 별로 관심을 기울이지 않았는데, 왜냐하면 마르크스가 실제로 목격한 유일한 외국 무역 관련 중요 논란은 곡물법 폐지에 관한 투쟁이었고, 이는 토지귀족과 산업부문 중간계급 간 충돌로 보였기 때문이라고 주장했다. "노동계급이 외국 무역과 관련 정책에 직접적으로 강한 관심을 기울이지 않았다는 점은 쉽게 추측할 수 있었다"(Meusel, 1928, p. 79). 심지어 마르크스는 『자본』과 『잉여가치 학설사』에서 반복적으로, 단호하게 그 중요성을 언급했음에도 불구하고, 이러한 왜곡은 마르크스의 저작에서 외국 무역이 엄청나게 중요하다는 점을 왜 모이젤이 파악할 수 없는지를 설명한다. 룩셈부르크 역시 마르크스가 그의 체계에서 외국 무역을 무시했다는 개념화에서 출발하는데, 즉 그것은 "마르크스는 오직 자본가와 노동자로 구성된 사회에서 총자본의 축적 과정을 설명하는 것이 그의 목적이라는 말을 그 자신이 여러 번 반복해서 말했다"라는 것이다(Luxemburg, 1968, p. 330-1). 룩셈부르크는 마르크스의 저작에 공백이 있다고 가정함으로써 이를 설명할 수 있을 뿐인데, 즉 "마르크스의 『자본』 2권이 완전히 완성된 것이 아니라, 절반에 못 미쳐 중단된 원고"라는 사실에 기인한다고 추측한 것이다(p. 165-6). 그 후 룩셈부르크는 이처럼 공백이라고 부른 것을 채우기 위해 이론을 구성한다. 이는 이론적 문제를 처리하는 간편한 방법일 수 있지만, 그 이론 체계의 기저에 있는 통일성을 산산조각내

자본주의 체계의 축적과 붕괴 법칙

고 수백 가지의 새로운 문제를 창출한다.[28]

　룩셈부르크가 마르크스 체계의 공백으로 간주하는 것은 슈테른베르크에 의해 기본적 한계로 변형된다. 마르크스가 완전히 추상적인 체계를 구성했던 것이 드러나는데, 그러한 체계는 현실의 기본적 측면을 무시했기 때문에 옹호할 수 없는 결론으로 나아갈 수밖에 없었다는 것이다. 슈테른베르크에 따르면, "마르크스는 현실과 결코 조응하지 않았던 가정, 즉 비자본주의 부문이 존재하지 않는다는 가정에 기초하여 자본주의를 분석했다"(Sternberg, 1926, p. 303). 최소한 룩셈부르크가 마르크스의 전체 체계를 이론의 견고한 성과로 간주했다면, 슈테른베르크는 전체 체계가 다 허물어져 가는 구조라고 우리에게 통보한다. 슈테른베르크는 룩셈부르크가 마르크스의 체계를 폭파하다가 "너무 일찍 멈추어 버렸다"라고 말한다. 룩셈부르크는 "비자본주의 부문이 존재한다는 사실이 구조를 구성하는 모든 석조에 영향을 끼친다는 점, 즉 자본축적뿐만 아니라, 위기, 산업예비군, 임금, 노동자운동, 그리고 무엇보다 혁명에 영향을 끼친다는 점을 이해하는 데 실패했다"(p. 9). 따라서 마르크스주의 이론의 이러한 기본적 문제가 부정확하게 다루어진다. 왜냐하면 마르크스가 비자본주의 국가들이 존재하지 않는다는 증명될 수 없고 비사실적인 가정에 입각하여 그의 체계를 구성했기 때문이다.

　이러한 설명 전체는 분명히도 터무니없다. 아무런 철학적 배경도 없이 결론을 향해 돌진하며, 그러한 결론이 어떤 방법론적 수단에 기초를 두는지 그리고 체계의 전체 구조 내부에서 그러한 방법론이 어떤 중요성을 지니는지 질문하려고 애쓰지 않는 이론가들의 한 세대 전체가 낳은 산물이 그러한 설

---

28) 　마르크스주의의 반대자들은 의기양양하게 룩셈부르크의 비판을 수용하는데, 그 비판이 마르크스의 체계가 핵심 지점에서 결함이 있다고 인정하기 때문이다.

명이다. 슈테른베르크는 마르크스가 외부 무역 관계로부터 고립된 순수한 자본주의만을 설명했다는 관찰을 그저 기록하기 위해 600페이지가 넘는 책을 썼다. 마르크스가 자본주의 하에서 외국 무역을 다루는 다양한 구절을 하나의 장으로 정리하지 않았다는 이유로 이러한 구절은 완전히 무시되었다. 이는 이론적으로 사고하는 능력이 쇠퇴하고 있다는 슬픈 증거다.

2)　자본주의 하에서 외국 무역의 기능

● 사용가치의 다양성을 증가시키는 외국 무역의 중요성

자본주의의 진보는 자본에 속하는 잉여가치량을 증가시킨다. 인간 요구의 수는 제한이 없으며, 사람들이 어떤 생산물을 충분히 보유하더라도 그들이 사용할 수 있는 다른 생산물이 항상 존재한다. 지난 [19]세기 중반을 향하면서 사람들은 50년 전보다 훨씬 더 다양한 생산물을 소비했으며, 현재 이러한 다양성은 훨씬 더 크다. 외국 무역은 이러한 생산물의 다양성을 확대하는 데 중요한 역할을 한다. 여기서 문제가 되는 것은 국제적 교환 그 자체이며, 그러한 교환이 자본주의 국가와 이뤄지는지 비자본주의 국가와 이뤄지는지 여부가 아니다. 생산물의 다양성이 증가하면서 외국 무역은 상품 다변화가 국내시장에 미치는 영향과 동일한 영향을 미친다. 사용가치의 다양성이 증가하면 축적이 촉진되며, 붕괴 경향이 약화된다. 마르크스는 이렇게 말한다.

만약 잉여노동 또는 잉여가치가 오직 민족적 잉여생산물로 표현되었다면, 가치를 위한 가치의 증가, 따라서 잉여노동의 강제는 ([민족적] 노동의 가치가 표현되는) 사용가치의 제한적이며 협소한 순환에 의해 제약을 받았을 것이다.

그러나 외국 무역은 [잉여생산물의] 진정한 성격을 발전시키는데, 잉여생산물로 체현되는 노동이 곧 무제한적인 범위를 지니는 상이한 사용가치로 발현되는 사회적 노동으로 발전되기 때문이며, 이는 실제로 추상적 부에 의미를 부여한다.(1972, p. 253)

따라서 잉여가치 생산에 가해진 한계가 확장되며, 자본주의의 붕괴가 지연된다.

교환관계의 이러한 측면은 외국 무역의 문제와 그것이 자본주의의 경향에 미치는 영향을 고갈시키지 않는다. 나는 문제를 가치 측면에서 살펴보면서, 붕괴라는 문제가 결코 잉여가치의 과잉에 있는 것이 아니라, 정반대로 충분한 가치증식의 결핍에 있다는 점을 입증했다. 따라서 우리는 외국 무역이 가치증식에 미치는 영향이라는 관점에서 외국 무역을 검토해야만 한다.

● **생산비용과 유통비용을 절감하는 수단으로서 시장의 팽창**

외국 무역과 시장 팽창의 중요성을 이해하기 위해서 우리는 잉여가치의 실현에 관한 형이상학적 이론으로 되돌아갈 필요가 없다. 그 중요성은 훨씬 분명하다. 힐퍼딩은 이렇게 주장한다.

경제적 영토의 규모는 자본주의적 생산의 발전에 항상 극도로 중요했다. 경제적 영토가 더 크고 인구가 많을수록 개별 공장은 더 크고, 생산비용은 더 낮고, 공장 내에서 전문화 수준이 더 높은데, 전문화 수준이 더 높으면 이 역시 생산비용을 절감한다. 경제적 영토가 더 크면, 산업이 더 손쉽게 자연적 조건이 가장 우호적이고 노동생산성이 가장 높은 곳에 입지를 정할 수 있다. 경제적 영토가 더 광대하면, 생산의 다각화가 실행되기가 쉬우며, 다양한 생산부문이 서로서로 보완되고, 해외 수입품의 운송 비용이 절감될 가능성이 더 높아진다.(Hilferding, 1981, p. 311)

영국 산업은 1870년대까지 세계의 공장이었다. 영국 산업은 대량생산 덕택에 분업을 실행하고, 노동생산성을 향상시키고, 다른 곳에서는 달성할 수 없는 수준의 비용 절감을 이루었다. 애초에는 직조와 방적이 결합되었으나 나중에는 분리되었다. 이는 지리적 전문화를 야기했다. 번리는 전통적인 옥양목 날염을 했고, 블랙번은 인도, 중국으로 의복을 수출했고, 프세스톤은 미세면을 제조했다. 맨체스터에 가까운 공장지대는 올드햄의 무명벨벳, 애쉬톤과 글로솝의 고품질 옥양목과 같은 더 복잡한 직물에 집중했다. 이러한 종류의 대량생산만이 개별적으로 운영되는 전문화된 기계의 건조를 가능하게 했으며, 이는 투자와 사업비용을 크게 절약한다는 뜻이었다.

과거에 산업의 중심지였던 맨체스터는 수출 무역의 배타적인 기지로서 더욱 더 전문화가 진척되었다. 증기기관과 수력압착기가 도시의 영리회사의 지하실(종종 지하 2-3층까지 있었던)에 설치되어 있는데 이는 면직사와 직물을 두 배 더 촘촘하게 한다.

이처럼 높은 수준의 생산 전문화는 비생산적 지출을 절감하고, 노동의 중단을 감축하고, 노동생산성과 노동강도를 높임으로써 거대한 비용 절감을 달성함을 의미한다. 생산의 경제성은 유통 영역의 경제성을 통해 보충된다. 수입업자, 중개업자 등의 수는 절대적 최소치로 압축된다. 복잡하게 얽힌 운송체계는 공급 기지를 생산의 중심지와 연결한다. 고유한 지불 조건을 갖춘 특수한 신용 조직들이 출현한다. 이러한 모든 것이 투자, 제조, 마케팅 비용을 절감함으로써 가치증식을 개선한다. 이는 영국 자본주의가 지닌 경쟁상의 우월성을 설명한다.

　　　　　　　　　자본주의 체계의 축적과 붕괴 법칙

가능한 한 최대의 잉여가치를 생산하라는 압박은 시장의 팽창과 시장을 향한 투쟁의 거대한 중요성을 설명하기에 충분하다. 우리는 잉여가치를 실현하기 위해서 비자본주의 시장이 필수적이라는 룩셈부르크의 통념에 의존할 필요가 없다. 사실 잉여가치의 실현은 문제가 되는 그 시장이 자본주의적 시장이냐 아니냐 여부와 무관하다. 문제가 되는 것은 대량의 배출구와 대량생산이며, 대량생산을 가능하게 하는 노동과 유통의 전문화와 합리화다. 독일의 화학회사가 영국으로 수출하느냐, 중국으로 수출하느냐는 것은 아무런 차이가 없다.

마지막으로, 특정한 작업라인을 전문화하고 지리적으로 생산을 집중화하는 것은 효율성이 높은 노동자를 훈련하고, 따라서 노동의 숙련도와 강도를 증대하는 데 기여한다. 슐체-게페미츠가 인용한 어떤 독일 노동자는 그들이 전통이 없기 때문에 영국 노동자에 비해 효율성이 떨어진다고 말하는데, 이는 영국노동자가 한 세대 이상 지속된 전문화된 노동을 통해서 기계류를 다루는 기본적 경험을 획득했다는 의미다. 그 결과, 영국에서는 3-4명의 노동자가 1,000개의 방적기를 운영할 수 있는 데 반해, 그 당시 독일에서는 6-10명이 필요했다(Schulze-Gaevernitz, 1892, p. 109).

우리는 프랑스 사례를 추가해야 한다. 프랑스는 역사가 길고 번창하는 견직업을 리용에 보유하고 있는데, 중국과 일본으로부터 생견을 수입할 때 전적으로 영국에 의존한다. 프랑스 은행들로부터 도움을 받아서 중국의 생견을 직접 조달하려는 모든 노력은 실패했는데, 영국의 광대한 무역 거래처들과 더 낮은 운송비 덕분에 영국이 더 저렴하게 생견을 구입할 수 있기 때문이었다. 덧붙여, 영국의 모직물은 원료를 오스트레일리아에서 수입하고 최종 생산물을 다시 오스트레일리아로 수출하는 데 두 배의 운송비가 들어감에도 불구하고, 오스트레일리아의 모직물보다 더 저렴하고 경쟁력이 더 높다. 이는 오스트레일리아의 시장 규모 때문에 그곳의 개별 생산단위가 전문화되기보다는 분산되기 때문이다. 국내 가격이 세계시장 가격보다 더 높으면 판매는 오로지 국내시장으로 제한되며, 이는 보호무역이 필수적이라는 의미다. 이는 라 플라타(아르헨티나), 남아공의 모직물 산업에도 해당되는데, 이곳에서 양모를 직접 조달할 수 있고 두 배의 운송비가 필요 없음에도 그러하다.

이러한 모든 것은 왜 미국이 세계시장에서 점점 더 위험한 경쟁자로 부상했는지를 설명한다. 영토라는 관점에서 크고 통합적인 규모로 운영할 수 있다는 막대한 장점은 미국 산업에 유럽이 활용할 수 있는 기회와 비교해 완전히 상이한 팽창의 가능성을 제공한다.

대량생산과 대량판매는 언제나 자본주의적 생산의 기본적 목표였다. 그러나 이는 자본축적의 후기 단계에 이르러 자본주의 생사가 걸린 문제가 되었는데, 이때 거대한 자본량이 순전히 국내에서 가치를 증식하는 게 점점 더 어려워진다. 대량생산은 전문화의 다양한 장점을 반드시 취해야 하며, 전문화는 대량생산과 분리할 수 없다. 또한 세계시장의 경쟁에서 우월한 수준에 도달할 필요도 있다. 정치적으로, 대량생산은 대기업이 중소기업에 대해 승리를 거두어 지배권을 행사한다는 의미다. 이는 민족국가를 대체하여 초민족적 제국을 형성하는 경향을 설명한다. 우리가 현재 생각하는 범주는 더 이상 민족국가가 아니라 전체 대륙이라는 범주다.

● **가치와 괴리된 생산가격에서의 외국 무역과 상품판매**

재생산표식의 단순화된 가정 중에서 특히 중요한 역할을 하는 가정은 상품이 가치대로 교환된다는 가정이다. 즉, 상품의 가격이 가치와 일치한다는 것이다. 우리가 경쟁을 추상하고, 유통에서는 특정 가치의 어떤 상품이 동일한 가치를 지니는 다른 상품과 교환된다고 상정할 때만 이러한 가정이 성립

자본주의 체계의 축적과 붕괴 법칙

한다. 그러나 현실에서 상품은 가치대로 교환되지 않는다. 이런 가정은 중단되어야 하며, 이를 기초하여 수립된 결론은 더 수정되어야 한다.

어떤 종류의 수정이 필요한가? 지금까지 이 문제는 항상 자본가 간 가치이전이라는 관점에서 검토되었다. 즉, 개별 상품의 생산가격이 그 상품의 개별가치와는 상이하지만, 이는 총가격이 총가치와 일치한다는 기초에 입각해 [그러한 괴리가] 발생하는 사회적 과정이라는 것이다. 누구도 국제적 교환에서 가격과 가치의 괴리라는 문제를 체계적으로 다루지 않았고, 이러한 문제를 마르크스의 체계의 전반적 구조와 연결시키지 않았다. 예를 들어, 힐퍼딩과 그의 추종자 카우츠키는 붕괴이론을 거부하는 데 주로 관심을 쏟고 있었기 때문에 이 문제에 대한 마르크스의 논의가 지닌 새로운 요소를 파악할 위치에 있지 않았다. 마찬가지로 이는 자본주의에서 외국 무역의 기능에 관한 심층적 분석을 불가능하게 했다.

만약 우리가 리카도처럼 가치법칙이 국제 무역에 직접 적용될 수 있다고 가정하면, 외국 무역 문제는 가치와 축적 문제에 어떤 함의도 없다. 이런 가정에 따르면 국제 무역은 가치와 이윤의 크기는 불변인 상태로 남아 있으면서 단지 사용가치의 교환을 중개하는 것이다. 이와 정반대로, 마르크스는 국제적 교환에서 경쟁의 역할을 끄집어냈다.

우리가 생산 영역을 관찰한다면, 경제적으로 후진적인 국가는 선진국에 비해 자본의 유기적 구성이 낮기 때문에 이윤율이 더 높다. 선진국에서 잉여가치율이 훨씬 더 높고, 자본주의의 발전과 노동생산성의 향상과 함께 [잉여가치율이] 훨씬 더 상승한다는 사실에도 불구하고, 그러하다. 마르크스는 사례를 제시한다(Marx, 1969, p. 150-1). 유럽의 잉여가치율은 100%이고, 아시아의 잉여가치율은 25%인 반면, 각 민족의 자본구성은 유럽이 $84c + 16v$, 아시아가 $16c + 84v$다. 우리는 생산물의 가치에 대한 다음과 같은 결론을 얻는다.

아시아

$16c+84v+21s=121$. 이윤율 21/100=21%

유럽

$84c+16v+16v=116$. 이윤율 16/100=16%

국제 무역은 등가교환에 기초를 두지 않는데, 왜냐하면 하나의 민족시장과 마찬가지로, [국제 무역에서도] 이윤율 균등화 경향이 존재하기 때문이다. 따라서 유기적 구성이 높은 선진국의 상품은 가치보다 높은 생산가격으로 판매될 것이며, 후진국의 상품은 가치보다 낮은 생산가격으로 판매될 것이다. 이는 18.5%라는 평균이윤율이 형성된다는 의미이고, 따라서 유럽의 상품은 116이 아니라 118.5라는 가격으로 판매될 것이다. 이런 방식으로 세계시장에서의 유통은 덜 발전한 국가로부터 더 발전한 자본주의 국가로의 잉여가치 이전을 동반하는데, 왜냐하면 잉여가치의 분배는 각국에 고용된 노동자의 수에 의해 결정되는 것이 아니라, 기능 자본의 규모에 의해 결정되기 때문이다. 마르크스는 이렇게 말한다. 국제 무역을 통해서

> 한 국가의 3일의 노동일은 다른 국가의 1일의 노동일과 교환된다. … 여기서 가치법칙은 본질적으로 수정된다. … 서로 다른 국가 간 노동일의 관계는 한 국가 내에서 숙련된 복잡노동과 비숙련의 단순노동 간에 존재하는 관계와 유사하다. 이 경우에 더 부유한 국가는 더 가난한 국가를 착취하며, 비록 가난한 국가가 교환을 통해서 이익을 얻는다고 하더라도 그러하다.(1972, p. 105-6)

실제로 세계시장에서의 가격형성은 개념적으로 고립된 자본주의에 적

자본주의 체계의 축적과 붕괴 법칙

용되는 원칙과 동일한 원칙의 지배를 받는다. 개념적으로 고립된 자본주의란 언제나 단지 이론적 모델일 뿐이다. 특수한 민족경제들의 통일체로서 세계시장은 현실적이며 구체적인 것이다. 현재 가장 중요한 원료와 최종생산물의 가격은 세계시장에서 국제적으로 결정된다. 우리는 더 이상 민족적 가격 수준과 대면하는 게 아니라 세계시장에서 결정되는 가격 수준과 대면한다. 개념적으로 고립화된 자본주의에서 평균 기술을 초과하는 기업은 그들의 상품을 사회적 평균 가격으로 판매할 때 초과이윤(평균 이상의 이윤율)을 획득한다. 이와 마찬가지로, 세계시장에서 기술적으로 발전한 국가는 기술적 발전 수준이 더 낮은 국가의 희생을 대가로 초과이윤을 획득한다. 마르크스는 가치법칙의 국제적 영향을 반복적으로 언급한다. 예를 들어, "대부분의 농업 인민은 그들의 상품을 가치 **미만**으로 판매할 수밖에 없지만, 선진적인 자본주의적 생산을 보유한 국가에서 농업생산물은 그 가치 수준으로 상승한다"(1969, p. 475). '임금의 민족적 차이'라는 제목이 붙은 『자본』 1권의 22장에서 마르크스는 이렇게 쓴다.

> 가치법칙은 국제적으로 적용될 때 … 이렇게 수정된다. 즉, 세계시장에서 더욱 생산적인 민족 노동은 더욱 강도가 높은 노동으로 간주된다. 더욱 생산적인 민족이 경쟁 때문에 그들 상품의 판매가격을 그 상품의 가치 수준으로 내려서 판매하도록 강제되지 않는 한 그러하다.(1954, p. 525)

특정 국가에서 자본주의적 생산이 발전하면, 민족적 노동강도와 민족적 생산성이 국제적인 평균수준을 초과하여 상승한다.

따라서 상이한 국가에서 동일한 노동시간으로 생산되는 동일한 종류의 상품의 양이 서로 다르며, 따라서 [그 상품들의] 국제적 가치가 동일하지 않으며, 이는 상이한 가격으로 표현되는데, 즉 국제적 가치에 조응하는 상이한 화폐 총액으로 표현된다. 따라서 더 발전된 자본주의 생산양식을 지닌 국가의 화폐가 지닌 상대적 가치가 발전 수준이 낮은 국가보다 더 낮을 것이다.(p. 525) [선진국은 후진국에 비해 동일한 노동시간으로 더 많은 세계화폐 총액을 획득한다. 따라서 선진국의 경우, 세계화폐 한 단위가 더 적은 노동시간에 상응하게 된다.]

이와 마찬가지로 17장에서는 이렇게 말한다.

상이한 국가들에서 노동강도는 상이할 것이며, 가치법칙의 국제적 적용을 수정할 것이다. 노동강도가 더 높은 한 국가의 노동일은 노동강도가 더 낮은 다른 국가의 노동일에 비해 더 많은 화폐 총액으로 표현될 것이다.(p. 492)

마지막으로, 『자본』 3권에서는 이렇게 말한다.

외국 무역에 투자되는 자본은 더 높은 이윤을 획득한다. 왜냐하면, 무엇보다도 저열한 생산시설을 갖춘 다른 국가에서 생산되는 상품과 경쟁하며, 따라서 더 발전된 국가는 그들의 상품을 그 상품의 가치를 초과하는 [가격으로] 판매할 수 있으며, 심지어 [그 가격이 가치를 초과하면서도] 경쟁국에 비해 저렴하게 판매할 수도 있다. 여기서 선진국의 노동이 더 높은 비중량(specific weight, 특정 가중치)을 지닌 노동으로 실현되는 한, 이윤율이 상승한다. 왜냐하면, [국내시장에서는] 더 높은 질을 지닌 노동으로서 지불을 받지 못했던 노동이, [외국 무역에서는] 더 높은 질을 지닌 노동으로서 지불을 받기 때문이다. … 다른 한편, 식민지 등에 투자된 자본에 대해 살펴보면, 그 자본은 단순한 이유 때문에 더 높은 이윤율을 획득할 수 있다. 즉 후진적인 발전 수준 때문에,

이와 마찬가지로 노예와 쿨리[인도와 중국 출신의 하급 노동자] 등을 활용한 노동 착취 때문에 그곳에서의 이윤율이 더 높다는 것이다.(1959, p. 238)

위에서 인용한 사례에서 선진자본주의 국가가 얻는 이익은 후진국으로부터 이윤의 이전으로 구성된다. 그러한 이익의 획득은 후진국이 자본주의냐 비자본주의냐 여부와 무관하다. 그것은 잉여가치의 실현 문제가 아니라, 세계시장에서의 경쟁을 통해, 불평등 교환 또는 부등가물의 교환을 통해 획득되는 추가적인 잉여가치의 문제다.

이러한 이전 과정이 지닌 막대한 중요성과 제국주의적 팽창의 기능은 앞에서 발전시킨 붕괴이론이라는 관점에서만 해명될 수 있다. 나는 자본주의가 잉여가치의 과잉생산 때문이 아니라 불충분한 가치증식 때문에 고통을 받는다는 점을 이미 입증했다. 이는 붕괴를 향한 경향을 산출하고, 이러한 경향은 주기적 위기로 표현되며, 축적의 미래 과정 속에서 최종적 붕괴로 나아간다.

이러한 환경에서 외국 무역을 통한 잉여가치의 투입은 이윤율을 상승시킬 것이며 붕괴 경향의 혹독함을 완화할 것이다. 내가 발전시켰던 개념에 따르면(나는 이 개념이 곧 마르크스의 개념이라는 사실을 믿는다) 기존 잉여가치는 해외로부터의 이전을 통해 확대된다. 높은 수준의 축적 단계에서는 막대하게 축적된 자본의 가치증식이 점점 더 어려워지는데, 이러한 이전은 자본주의의 생사가 걸린 문제가 된다. 이는 자본축적의 후기 단계에서 제국주의적 팽창의 격렬함을 설명한다. 이는 착취를 당하는 국가가 자본주의인가 비자본주의인가 여부와 무관하기 때문에, 그리고 비자본주의 국가도 외국 무역을 통해서 그보다 덜 발전된 국가를 착취할 수 있기 때문에, 후기 단계의 자본축적은 세계시장에서 모든 자본주의 국가 간 경쟁의 강화를 동반한다. 가치증식의 증가를 통해 붕괴 경향을 중화하려는 추동력은 다른 자본주의 국가를 희생물로 삼고자 한다. 자본축적은 자본주의 국가 간 훨씬 더 파괴적인 투쟁, 지속적인 기술혁명, 합리화, 경제의 테일러화나 포드화를 산출한다. 이 모든 것이 세계시장에서의 경쟁에서 우월성을 보전할 수 있는 일련의 기술과 조직을 창출하고자 한다. 다른 측면에서 축적은 경제적으로 후진적인 국가들에서 보호주의를 향한 조류를 강화한다.

카우츠키는 세계의 비자본주의 농업 지역을 정복하기 위해 분투하는 것이 제국주의의 핵심이라고 간주했다. 따라서 그는 제국주의가 자본주의 역사에서 단지 하나의 에피소드일 뿐이며, 세계의 농업 지역에서 산업화가 진행되면 사라질 것이라고 보았다. 이러한 개념화는 완전히 오류다. 제국주의는 룩셈부르크가 비자본주의 국가의 역할에 관한 그녀의 이론에서 부여했던 특유한 형태로서 이해해야 한다. 심지어 자본주의 국가 간 제국주의적 적대는 상호 관계 속에서 존속한다. 제국주의는 과거에 속하는 단지 하나의 에피소드와는 거리가 멀며, 높은 수준의 축적 단계에 처한 자본주의의 본질에 뿌리를 두고 있다. 제국주의적 경향은 축적의 과정에서 더 강력해지고 있으며, 자본주의의 전복만이 이러한 경향을 일소할 것이다.

여기서 전개한 주장은 어떻게 외국 무역이 위기를 극복하는 수단으로 기능할 수 있는지 보여 준다. 상품 수출은 위기나 불황 기간에 한정되지 않지만, 호황기에는 국내 가격 수준이 높고 상승 경향을 보이며 산업의 개별 영역에서 이뤄지는 축적이 산업 전체를 위한 시장을 창출하며, 산업이 주로는 국내시장을 위해 작동한다는 것이 사실이다. 외국 무역은 내부가 포화된 기간에 중요성을 획득하는데, 이때는 과잉축적 때문에 가치증식이 소멸하고, 투자재에 대한 수요가 감소한다. 불황기에 수출을 향한 추동력은 국내시장의 과잉생산을 위한 밸브 역할을 한다. 독일에서 1927년의 호황 이후, 1928년에 점진적인 쇠퇴가 발생했다. 불황이 아직 닥치지는 않았지만, 1928년의 처음 4개월 동안 실제로 모든 곳에서 국내 수요의 감소가 발생했다. 하지만, 동

자본주의 체계의 축적과 붕괴 법칙

시에 수출이 그 보상을 제공했다. 1928년 1월부터 4월까지 수출이 전년 같은 기간에 대비하여 약 18.5% 증가했다. 따라서 국내경제에서 발생하는 가치증식의 위기를 부분적으로 상쇄하는 수단을 여기서 볼 수 있다.

● **경제순환의 국제적 성격**

힐데브란트(Hidebrand, 1910)와 다른 저자들은 후진국의 산업화가 세계 수출의 팽창을 의미하며, 유럽 자본주의의 임박한 파멸과는 거리가 멀다고 예측한다. 룩셈부르크의 이론과는 정반대로, 후진국의 산업화 정도에 정확히 비례하여 후진국은 선진국의 시장으로서 중요성을 획득한다. 현재 산업화된 식민지는 순전히 농업적인 식민지에 비해 훨씬 더 훌륭한 시장이며, 선진 자본주의 국가는 최상의 시장이다. 여전히 농업에 주로 의존하는 후진국이 자본주의 국가의 거대한 부에 돈을 지불할 수 있을 정도로 충분한 상품을 생산할 수 있다는 통념은 사실상 거의 불합리하다.

더 산업화된 국가가 산업생산물 수입의 훨씬 더 큰 부분을 차지한다는 사실이나, 산업화된 국가가 상호 간에 최상의 시장을 형성한다는 사실은 룩셈부르크가 해명하지 못하는 현상을 설명하는 데 도움을 준다. 나는 경제순환의 국제적 성격을 말하는 것이다. 생산의 증가는 원료, 중간제품 등의 수입증가를 동반한다. 호황기에는 원료와 중간제품의 순수출이 완성품의 순수출을 초과하며, 불황기에는 그 비율이 역전된다.

한 국가의 호황은 상품 수입을 매개로 하여 다른 국가로 전파된다. 이런 방식으로 호황기 운동의 리듬이 점진적으로 동조화되며, 심지어 경기순환의 시간표상의 국제적 차이가 끈질기게 존재한다고 하더라도 그러하다. [1차] 세계대전 훨씬 전에도 가장 중요한 국가들의 경제순환에서 평행 현상을 발견할 수 있었다. 1900년, 1907년, 1913년의 위기는 모두 국제적 성격을 띠었다. 이러한 평행 현상은 세계대전과 상호 경제관계의 결렬에 의해 중단되었지만, 전후 또 다시 확고해지기 시작했다.

[표 3. 1] 1925-7년 독일의 수입(단위: 10억 마르크)

	1925	1926	1927
원료와 중간제품	7.0	5.3	7.7
완성품	1.3	1.0	1.8

1925년의 약간의 호황 이후 1926년의 불황이 뒤따랐는데, 이때 총수입 규모가 급감했다. 1927년 호황으로 수입은 1925년 수준을 초과했다. 1927년에 이처럼 독일의 수입이 320억 마르크만큼 급증한 것이 세계시장을 활성화하는 효과를 발휘할 수밖에 없다는 점은 이해하기 쉽다. 한 국가에서 호황이 충분히 강력하다면, 그 호황이 모든 무역 상대국에 전파될 수 있다. 예를 들어, 1927년 독일의 호황은 과거에 독일과 경제관계를 단절했던 중유럽과 동유럽의 이웃 국가들을 끌어들였다. 그 해에 폴란드, 체코슬로바키아, 오스트리아, 헝가리, 스위스, 벨기에, 네덜란드, 스웨덴, 핀란드에서 다양한 강도로 경제 부활이 발생했다.

불황기에는 사태가 역전된다. 수입이 감소하고, 주문이 취소되면서 연쇄효과가 시작된다.

3)   외국 무역과 세계 독점체

저렴한 원료가 이윤율 수준과 따라서 자본의 가치증식에 막대한 중요

자본주의 체계의 축적과 붕괴 법칙

성을 지닌다는 점은 실천적 경험을 통해서 먼저 규명되었다. 하지만 고전파 경제학은 그들이 이윤율과 잉여가치율을 혼동했기 때문에 이러한 사실을 이론적으로 설명하기 어려웠다. 마르크스는 이윤율을 지배하는 법칙을 설명함으로써 처음으로 이러한 관계를 명쾌하게 규명했다.

> 이윤율이 s/C 또는 $s/(c+v)$이므로 c의 크기에, 따라서 C의 크기에 변화를 야기하는 모든 것이 이윤율의 변화를 낳는다는 것이 분명한데, 심지어 s와 v, 그리고 이 양자의 관계가 불변으로 남아 있다고 하더라도 이윤율의 변화를 낳는다. 그런데 원료는 불변자본의 주요 구성요소 중 하나다. 원료의 가격이 하락하면 이윤율이 상승한다. … 따라서 다른 조건이 동일하다면, 원료 가격과 반대 방향으로 이윤율이 상승하거나 하락한다. 이는 무엇보다도 산업국가에게 저렴한 원료 가격이 얼마나 중요한지 보여 준다.(1959, p. 106)

마르크스는 수익성 수준에 영향을 끼치는 원료의 중요성이 자본주의적 산업의 발전과 함께 지속적으로 증가한다는 점을 이어서 지적한다.

> 사용되는 기계류의 수량과 가치는 노동생산성이 향상되면서 증가하지만, 생산성의 향상 그 자체와 비례적으로 증가하는 것은 아니다. 즉 [기계류의 수량과 가치가] 그러한 기계류의 산출물 증가에 비례적으로 증가하는 것은 아니다. 따라서 원료를 소비하는 그러한 산업 부문에서 … 노동생산성의 향상은 일정한 노동량을 흡수하는 원료 수량의 증가 비율로 정확하게 표현되며, 따라서 [노동생산성의 향상은] 예컨대 한 시간 동안에 생산물로 전환되는 원료양의 증가로 정확하게 표현된다. 따라서 원료의 가치는 상품 생산물의 가치 중에서 점점 더 증대하는 구성요소가 된다.(1959, p. 108)

산업화가 진전되면서 모든 자본주의 국가가 점점 더 원료 수입에 의존하게 된다는 사실에서 원료의 점증하는 중요성이 다시금 확인된다. 예를 들어 독일의 산업 목적의 원료 수입은 1880년대 후반부터 1912년까지 40-55% 가량 증가했다.

추가로 지적해야 할 바는 원료 영역이 세계시장에서 독점적 통제를 달성하기가 더 쉽다는 점인데, 이 영역에서는 독점적 통제를 활용할 수 있는 범위가 매우 넓다. 자본주의 강대국 간 경쟁은 원료 자원을 통제하기 위한 투쟁 속에서 먼저 폭발했는데, 왜냐하면 여기서는 독점이윤의 기회가 거대했기 때문이었다. 하지만 원료 생산의 독점이윤이 유일한 요인은 아니다. 원료의 통제는 산업 그 자체의 통제로 나아간다. F. 케스트너는 이렇게 말한다.

오직 원료나 생산수단에서는 장기적 독점화의 가능성이 있고, 완제품에서는 일반적으로 독점화의 가능성이 없기 때문에, 원료 신디케이트가 개입하지 않는다면 카르텔의 형성은 필연적으로 경제적 균형을 중공업에 우호적인 방향으로 이동시킨다. 이는 두 가지 측면에서, 즉 가격 형성이라는 측면에서, 그리고 가공 산업은 원료 산업의 지배를 받게 된다는 사실 측면에서 그러하다.(Kestner, 1912, p. 258)

따라서 원료를 통제하기 위한 투쟁은 가공 산업을 통제하기 위한 투쟁이며, 이러한 투쟁은 그 자체로 추가적인 잉여가치를 향한 추동력으로 궁극적으로 환원될 수 있다. 원료는 지구의 특정 지점에만 발견되기 때문에 자본주의는 공급 원천에 접근하고 통제력을 행사하려는 경향으로 정의된다. 이는 세계 분할이라는 형태를 취할 수 있을 뿐이다. 원료의 세계 독점은 세계시장에서 더 많은 잉여가치를 퍼 올릴 수 있다는 의미다. 이러한 독점에 직면한 경쟁자에게 이는 자본주의의 붕괴가 강화된다는 의미다. 영토를 자본주의적으로, 그 후로는 정치적으로 지배하려는 쉼 없는 추동력으로서의 제국주의의 경제적 뿌리는 불완전한 가치증식에 있다.

이를 보여 주는 아마도 가장 분명한 사례는 석유를 향한 영미권의 투쟁일 것이다. 코카서스, 메소포타미아, 페르시아에서 석유를 향한 투쟁은 이미 잘 알려졌고, 나는 여기서 간단히 요약할 것이다. 디젤 엔진이 선박 운송에서 석탄을 액체 연료로 대체할 수 있게 하자 석유는 영국에서 불타오르는 쟁점이 되었다. 하지만 가장 큰 원유 매장지와 석유 생산의 대부분은 미국의 수중에 집중되어 있었다. 영국은 미국의 독점이 위협이라고 간주했다. F. 델라시가 지적한 바에 따르면, 거의 1세기에 가깝게 유지되었던 무역과 산업에 관한 영국의 모든 권력은 석탄에 대한 영국의 통제력에 기초했다. 석탄 시장, 특히 선박의 벙커용 석탄의 생산에서 우월성은 영국이 전통적인 해상 지배권을 강화할 수 있게 했다. 영국은 경쟁자에 비해 회송 운임을 낮게 책정할 수 있었다.

> 따라서 영국을 향하는 상품은 다른 국가로 향하는 상품에 비해 더 낮은 운송 비용을 지불했다. 따라서 영국 산업은 모든 해외 원료에 관해서 진정한 장려금을 향유했다. 이는 국제시장에서 승리를 거두기 위한 투쟁에서 모든 경쟁자에 대해 누리는 막대한 이점이었다.(Delasi, 1921, p. 40)

선박 운송이 석유 연료로 전환되자 이 모든 것이 바뀔 수 있었다. 영국은 석유를 생산하지 못한다. 해상 운송에 대한 영국의 지배는 심각한 위협을 받았다. 그 후 [1차] 세계대전의 경험이 있었는데, 이는 자동차와 비행기의 중요성을 보여 주었다. 세계대전이 더 오래 지속될수록 석유 매장지에 대한 연합국의 통제가 결정적인 전략적 중요성을 지닌다는 점이 점점 더 분명해졌다. 전후 기간의 석유 정치학은 이러한 경험의 직접적 결과였다.

영국은 이런 상황의 의미를 매우 일찍 깨달았고, 20세기가 개시될 때 조용히, 드러나지 않게 여전히 돌아가고 있는 석유 매장지를 장악하기 시작했다. 영국은 록펠러의 스탠다드 오일 트러스트에 대항하여 일련의 석유 트러스트를 창설했다. 즉, 로열 셸(훗날 로열 더치 셸로 확대된다), 멕시칸 이글, 앵글로-페르시안 오일 등이다. 심지어 영국은 스탠다드 오일과 경쟁하기 위해 미국 내에 자리를 잡았다. 1919년에 『더 타임스』는 유명한 석유 전문가 G. 프리티맨의 연설을 보도했는데, 그가 새로운 앵글로-페르시안 정유회사에 취임하면서 행한 연설을 이렇게 인용했다.

> 세계대전이 발발할 때, 전 세계적으로 거대한 이해관계를 지닌 대영제국은 세계 석유 매장량의 단지 2%만을 통제하는 위치에 처해 있었다. 최근 활용되는 작업의 일반적인 토대와 방법을 고려할 때(그는 그에 관해 자세히 말하려 하지 않았지만), 그는 일단 격차가 확립되면 대영제국은 알려진 세계 석유매장량의 절반 이상을 통제하는 것으로부터 멀리 벗어나지 말아야 할 것이라고 생각한다. (1919년 5월 7일)

생산으로부터 분배에 이르기까지 전 산업의 강력한 수직적 집중, 그리고 이에 조응하여 기상천외한 압력을 행사할 수 있는 자본의 복합기업 형성 덕택에 이러한 결과가 달성될 수 있었다.

따라서 영국의 석유 산업은 하나의 단일한 블록으로 결합되었고, 현재 그 블록이 영국의 석유 이익의 90%를 포괄한다. 1920년대 말 앵글로-페르시안 오일은 약 1억 2,000만 파운드의 공칭 자본으로 77개의 회사를 통합했고, 로열 더치 셸은 3억 파운드의 공칭 자본으로 50개의 회사를 통합했다. 이들 외에도 2억 6,600만 파운드의 자본에 해당하는 또 다른 177개의 회사가 있었다. 이러한 모든 회사들은 6억 8,600만 파운드의 전체 자본에 해당하며, 이 중

자본주의 체계의 축적과 붕괴 법칙

52%가 생산에 투자되었으며, 16%가 무역에, 12%가 운송에, 11%가 정유에 투자되었다.

이러한 거대한 노력의 핵심은 무엇이었나? 군사 안보는 대답의 오직 일부분이다. 델라시는 "영국이 더 이상 미국의 독점을 두려워할 필요가 없다" 라고 언급했다(Delasi, p. 58). 세계대전 직전에 영국은 가장 중요한 석탄 지대를 모두 통제했다. 미래에 영국은 촘촘하게 조직된 석유 산업을 통해 주요 석유 지대를 통제하고자 할 것이다. 영국의 석유 전략의 기본적 목표 중 하나는 석유 수송을 거의 독점하는 것이었다. 이를 얼마나 성취했냐는 것은 델라시가 인용한 1920년 5월 『더 타임스』에 실린 보도를 통해서 측정할 수 있다. 이 보도는 에드가 맥케이 경의 말을 인용한다.

나는 중앙아메리카와 남아메리카에서 운영되는 석유 지대의 3분의 2는 영국의 수중에 있다고 말할 수 있습니다. 셸 그룹은 지구의 중요한 모든 석유지대에서 이익을 통제하고 있습니다. 여기에는 미국, 러시아, 네덜란드령 동인도 제도, 루마니아, 이집트, 베네수엘라, 트리니다드, 실론, 말레이 연합주[옛 영국령, 현 말레이시아 일부], 중국의 북부와 남부, 샴[태국], 스트레이츠 세틀먼트[옛 영국령 동남아시아의 해협 식민주], 필리핀이 포함됩니다.(Delasi, 1921, p. 64)

맥케이의 다음과 같은 말로부터 그 경제적 중요성이 도출된다.

현재 미국의 소비곡선이 더 상승한다고 가정하면, 10년 후에 미국은 연간 5억 배럴을 수입해야만 할 것이며, 배럴 당 2달러라는 매우 낮은 가격을 상정하더라도 이는 연간 10억 달러를 지출하게 할 것이며, 그 전부는 아니더라도 그중 대부분은 영국의 호주머니로 들어올 것입니다.(p. 64)

원료 자원의 국제적인 공동 통제라는 생각이 반복적으로 제기되었다. 광산노동자 국제대회(International Congress of Mineworkers)가 1929년 8월에 개최되었는데, 이 대회는 국제연맹에 중앙국제사무소를 창설하라는 결의안을 공식적으로 통과시켰다. 이러한 사무소는 모든 현존 자원의 세부적인 일람표를 생산하고 그에 관한 통계를 수집할 뿐만 아니라, "연료, 광물과 여타 원료의 분배"를 감독해야 할 것이다. 이러한 제안은 유토피아적이다. 나는 축적의 일반적 진전과 함께 나타나는 가치증식의 결핍이 세계경제에서 나타나는 적대의 가장 심층적인 원천이라는 점을 제시했다. 한 국가경제에서 잉여가치의 부족은 다른 경제의 희생을 통해서만 보상될 수 있다. 심지어 공동의 세계 독점체를 창출하려는 자본가의 시도조차 실패로 끝났는데, 이는 다양한 당사자들 간의 화해할 수 없는 이해관계 때문이었다.

세계 독점체의 전체 기능은 다른 국가의 경제를 희생함으로써 일부 국가의 경제가 민족적으로 부유해지는 데 있다는 의미에서, 이해관계를 둘러싼 갈등은 기본적 양상으로 남아 있다. 그 결과로, 원료에 관한 공동 통제, 분배 계획을 진전시키려는 프로젝트가 점점 더 자주 제기되지만, 그러한 프로젝트는 간절하지만 실현될 수 없는 소망으로 남아 있다. 마르크스는 선지자의 선견지명으로 다음과 같이 지적했다. 즉, 생산을 규제하려는 시도, 곧 위기 기간에 종종 찾아볼 수 있는 시도는

경쟁의 원칙이 다시금 우세해지자마자 … [사라진다.] 원료의 생산을 공동으로, 모두를 아울러, 미래를 내다보며 통제하자는 모든 생각은 수요와 공급이 서로서로 규제할 것이라는 신념 앞에 무너진다. 그러한 통제는 자본주의적 생산 법칙과 전체적으로 화해할 수 없으며, 간절하지만 실현될 수 없는 소망(pious wish)으로 영원히 남게 되거나, 또는 거대한 긴장과 혼란의 시기에 예외적인 협력으로 제한된다는 점을 반드시 인정해야 한다.(Marx, 1959, p. 120)

4) 자본주의에서 자본수출의 기능

● **이 문제에 대한 초기 설명**

우리는 과학적 관점에서 왜 자본이 수출되는지, 자본주의 경제의 생산 메커니즘에서 자본수출이 어떤 역할을 하는지 설명해야 한다.

좀바르트는 피상적인 이해 방식을 보여 주는 최고의 사례인데, 여기서는 이러한 문제가 현재 지배적인 이론을 통해 다루어진다. 그는 우리에게 이렇게 말한다. "경제적 제국주의는 자본주의 강대국이 정치적 영향권을 확대함으로써 그들의 남아도는 자본을 투자할 수 있는 영역을 확대할 수 있다는 의미라는 사실은 누구도 의심할 수 없다"(Sombart, 1927, p. 71). 여기서 자본의 팽창과 권력을 향한 충동의 관계가 잘못 설명된다. 좀바르트는 권력을 향한 충동을 자본 팽창의 전제조건으로 삼는다. 하지만 그 정반대가 사실이다. 즉, 자본의 팽창이 그에 뒤따르는 정치적 지배의 선도자다.

둘째, 순전히 경제적인 관점에서 볼 때, 좀바르트는 왜 외국 영토로 자본이 팽창하는 일이 발생하는지 설명하지 않는다. 이는 그에게 자명한 것이다. 우리가 이론적으로 설명해야 하는 것이 어떤 분석이나 증거도 없이 그저 명백한 것으로 미리 전제되어 있다. 왜 자본은 모국 그 자신에 투자되지 않는가? 왜냐하면 남아돌기 때문인가? 어떤 조건에서 자본이 남아돌게 되는가? 좀바르트는 과학적으로 상황을 설명하려는 약간의 노력도 없이 단지 관용구를 쓸 뿐이다.

이 쟁점은 리카도 이래로 한 세기에 걸쳐 논쟁되었다. 리카도는 "상인이 자기 자본으로 외국 무역이나 해운업에 참여할 때 이는 항상 기꺼이 참여한 것이지 마지못해 하는 수 없이 참여한 것이 아닌데, 왜냐하면 그러한 무역에서 얻는 이윤이 국내교역에 비해 훨씬 더 클 것이기 때문"이라고 주장했다

(Ricardo, 1984, p. 195).

J. A. 홉슨은 제국주의에 관한 자신의 책에서 해외투자가 "제국주의의 경제학에서 가장 중요한 요인"을 형성한다고 주장한다(Hobson, 1905, p. 48). 홉슨은 계속해서 다음과 같이 말한다.

> 공격적 제국주의는 … 이처럼 시민에 대한 심각하며 헤아릴 수 없는 위험으로 가득하지만, 국내에서 자신의 자본을 위해 수익성이 있는 사용처를 찾을 수 없는 투자자에게는 거대한 이익을 주는 원천이며, 그러한 투자자는 자신의 정부가 해외에서 수익성이 높고 안전한 투자를 찾도록 자신을 도와야 한다고 주장한다.(p. 50)

그러나 왜 수익성이 높은 투자를 국내에서는 발견하지 못하는가? 홉슨은 이러한 결정적 문제에 대해서 언급하지 않는다. 홉슨의 연구는 가치 있는 묘사적 작업이지만, 일반적으로 말하면 그의 연구는 모든 이론적 쟁점을 회피한다. A. 자토리우스 폰 발터샤우젠은 "현재 세계경제에서 농업국가는 자본의 순수입국이고 산업화된 국가는 자본의 순수출국"이라고 말했다(Sartorius von Waltershausen, 1907, p. 52). 하지만 그는 "심지어 가장 발전된 국가도 다른 국가와 채무자-채권자 관계를 맺고 있다"고 덧붙였다(p. 52). 분명히도 농업/산업화 구분은 자본수출을 설명할 수 없다. 이런 경우에 무엇이 그 배후에 존재하는 추동력인가? 때때로 자토리우스는 "경제적 포화 상태", 투자 가능성과 비교하여 사용할 수 있는 자본의 과잉 상태에 대해 언급한다. 그러나 이는 설명되지 않는다. 자토리우스는 그러한 포화 상태가 자본주의적 발전이 상대적으로 높은 수준에 도달한 상태와 연결된다는 모호한 느낌을 가진 것으로 보인다. 그러나 자토리우스는 순전히 경험적 수준에 머무른다.

S. 니어링과 J. 프리맨이 이 문제를 다루는 방식도 여전히 불만족스럽

다. 그들은 유럽의 산업화된 국가가 발전의 오직 특정한 단계에서만 자본수출국이 된다는 점에 동의한다. 이는 미국의 사례에도 진실이다. "미국도 현 세기가 시작될 때 이러한 단계에 도달했다"(Nearing and Freeman, 1927, p. 23). 그 후 이런 경향은 전쟁에 의해 가속화되었다. 전쟁이 아니었다면 훨씬 더 오래 걸렸을 전체 발전 과정이 전쟁에서 벌어진 사건들로 인해 10년으로 압축되었다. 그러나 이러한 사건들은 무엇인가? 전쟁은 미국을 채무자의 위치에서 채권자의 위치로 엄청나게 빠른 속도로 변형했다. 미국은 자본수출국이 되었고 "투자를 물색하는 잉여가치가 존재하는 한, 채권국으로 남아 있을 수밖에 없었다"(p. 24). 그러나 저자들은 왜 이러한 잉여가 부상했는지, 또는 왜 그 잉여는 국내경제에서 투자를 찾을 수 없는지 설명하지 않는다.

심지어 마르크스주의자의 저작들에서 자본주의 체계에서 자본수출의 특유한 기능에 관한 설명을 찾으려는 노력도 허사로 끝난다. 마르크스주의자들은 표면적 외양만 묘사할 뿐, 이를 마르크스의 총괄적인 체계 속에 통합하려고 시도하지 않는다. 따라서 바르가는 이렇게 말한다. "독점자본주의에서 자본수출의 중요성은 레닌의 『제국주의』에서 자세히 분석되었다. 따라서 새롭게 덧붙일 것이 거의 없다"(Varga, 1928, p. 56). 바르가는 다른 곳에서 이 문제를 이론적으로 분석하려는 시도를 벗어던지고, 국제자본 유출입의 규모와 방향에 대한 사실을 단순히 산출했을 뿐이다. 바르가는 "이윤율은 개별 산업 부문으로의 자본 유입뿐 아니라 지리적 이동을 규제한다. 자본은 더 높은 이윤율을 획득할 수 있다는 전망이 있다면 언제라도 해외에 투자한다"라고 말한다(1927, p. 363). 이러한 결론은 독창적인 점이 거의 없다.

바르가가 다음과 같이 말할 때, 그가 문제의 범위를 이해하지 못한다는 점이 드러난다. "자본은 '비자본주의 시장에 대한 공세'를 하지 않고서는 국내적으로 축적을 하는 것이 절대적으로 불가능하기 때문에 자본을 수출을 하는 것이 아니다. 더 높은 이윤율이라는 전망이 있기 때문에 자본을 수출하는 것이다"(p. 363). 달리 말하면 바르가는 잘못된 가정으로부터 출발하는데, 그 가정은 자본이 그 총량이 얼마이든 간에 국내에서 무제한적인 범위의 투자처를 항상 찾을 수 있다는 것이다. 바르가는 자본의 과잉이라는 가능성을 부정하면서, 동시에 상품의 과잉이라는 가능성도 부정하고 있다는 단순한 사실도 간과한다. 덧붙여 바르가는 자본축적에 확실한 한계가 존재한다는 주장이나, 그에 따라 자본수출이 필연적으로 뒤따른다는 주장이 마르크스의 개념화와 양립할 수 없고, 오직 룩셈부르크의 입장으로부터 나올 수 있다고 믿는다.

나는 바르가의 개념화가 방어될 수 없다는 점, 또한 어떤 한 국가에서 자본축적의 규모에는 확실한 한계가 존재한 점을 알려준 사람이 정확히도 마르크스라는 점을 입증할 것이다. 그리고 자본의 절대적인 과잉축적이 발생하고 따라서 해외로의 자본수출 압력이 발생하는 조건을 설명한 사람이 바로 마르크스라는 점을 입증할 것이다. 무제한적 투자 기회라는 그의 개념화는 단연코 모순적이며 노동가치 이론과 양립할 수 없다는 점을 바르가는 인식하지 못한다. 자본의 투자는 잉여가치를 요구한다. 그러나 잉여가치는 노동이며, 어떤 특정한 국가에서 노동은 일정한 규모로 존재한다. 노동인구가 일정한 규모로 주어졌을 때, 한정된 잉여노동량만을 쥐어짜 낼 수 있을 뿐이다. 자본이 무제한적으로 확대될 수 있다는 가정은 이와 마찬가지로 잉여가치가 무제한적으로 확대될 수 있다는 가정이며, 따라서 이는 노동인구의 규모와는 무관하다는 가정이다. 이는 잉여가치가 노동에 의존하지 않는다는 의미다.

슈테른베르크는 자본수출이 잉여인구를 산출하는 강력한 요인을 구성한다고 주장했다. 자본수출은 산업예비군을 보강함으로써 임금 수준을 억제하고 잉여가치의 상승(!)을 가능하게 한다. 자본의 팽창은 "따라서 자본주의적 관계와 그 지속성을 위한 가장 강력한 지지물 중 하나"(Sternberg, 1926, p. 36)인데, 왜냐하면 "잉여인구가 존재하기만 하면"(p. 16) 잉여가치가 상승할 수 있기 때문이다.

자본주의 체계의 축적과 붕괴 법칙

자본수출은 잉여인구를 창출하는 가장 강력한 요인으로 가정된다. 하지만 독일에서 1926-27년 동안 우리는 정확히 그 정반대를 목격했다. 즉, 외국자본의 대규모 유입이 합리화를 향한 전반적 물결에 결정적이었고, 노동자를 [기계로] 대체하고 잉여인구를 창출하는 데 중요한 역할을 했다. 만약 자본의 규모를 절감하고 따라서 노동수요를 절감하는 것이 문제였다면 단순한 자본이전이 문제를 해결하는 데 충분했을 것이다. 예를 들어, 독일의 자본가들은 캐나다로 이동해서 그곳에서 정착할 수 있다. 그러나 이는 자본수출이라기보다는 오히려 자본 손실이다. 사실, 자본 규모의 절감이 문제였다면, 자본수출의 핵심적 측면, 즉 자본의 추가적인 팽창을 위한 조건을 개선하려는 추동력은 더 이상 성립하지 않았을 것이다.

슈테른베르크는 자본주의의 다른 모든 현상을 설명할 때처럼 경쟁을 언급함으로써 자본수출을 설명하고자 한다. 하지만 문제는 경쟁을 추상하고, 따라서 잉여인구의 존재를 추상하고 자본수출을 설명하는 것이다. 산업예비군이 존재하지 않으며, 노동력이 그 가치대로 판매될 때 무엇이 자본가로 하여금 자본을 수출하게 하느냐가 문제다.

힐퍼딩도 더 나을 게 없다. 힐퍼딩은 상품의 일반적 과잉생산 가능성을 부정하기 때문에 그에 따르면 특정 국가에서 자본투자에 한계가 없다. 따라서 단지 더 높은 이윤율이 예상될 수 있기 때문에 자본이 수출될 뿐이다. "자본수출의 전제조건은 이윤율의 차이이며 자본수출은 민족적 이윤율을 균등화하는 수단이다"(Hilferding, 1981, p. 315). 바우어도 마찬가지다. 이윤율의 불균등성이 자본이 수출되는 유일한 이유다. "제국주의적 팽창의 목표물인 후진국에서 처음에는 이윤율이 더 높다. 자본은 항상 이윤율이 가장 높은 곳으로 유입된다"(Bauer, 1924, p. 470).

따라서 자본수출은 이윤율을 균등화하려는 경향에 의해 설명된다. 그러나 바우어는 이러한 설명이 현대 제국주의에 관한 한 전적으로 무용하다고 느꼈다. 이윤율의 균등화 경향은 언제나 존재한 반면, 선진국으로부터 자본수축 경향은 오직 최근에야 진정한 활력을 띠기 시작했다. 바우어 자신이 이렇게 말한다.

> 새로운 투자 영역과 새로운 시장을 위한 추동력은 자본주의 그 자체만큼이나 오래되었다. 이탈리아 르네상스 시대의 자본주의적 공화국들이나 현재의 영국이나 독일의 경우에도 이는 진실이다. 그러나 이러한 경향의 힘은 최근 수십 년간 막대하게 증가했다.(p. 471)

바우너는 이를 어떻게 설명할까? 궁극적으로 바우어는 현대 제국주의의 공격적 성격에서 자본수출의 증가에 대한 설명을 찾아야 했지만, 기실 현대 제국주의는 정확히도 설명해야 할 대상이었다. 이를 제외하더라도, 만약 아시아, 아프리카 등의 저발전국으로 자본이 유입되는 이유가 더 높은 이윤율이라면, 왜 자본이 항상 유럽과 미국의 산업에 투자될 것인지 이해할 수 없다. 왜 모든 잉여가치가 수출을 위한 자본으로 배정되지 않는가?

사실 우리는 세계시장에서 평균이윤율이 형성된다는 점을 이미 살펴보았다. 바우어의 책 247페이지를 보면 그는 이를 알고 있다. 그러나 바우어가 자본수출과 제국주의적 팽창의 뿌리를 다룰 때(p. 461) 그는 이를 망각하고 후진국의 더 높은 이윤율이 자본수출의 원인이라는 지극히 평범한 개념화로 회귀한다. 앞에서 우리는 세계시장에서 기술적으로 더 발전된 국가가 기술적으로 후진적이며 자본의 유기적 구성이 낮은 국가를 희생하여 초과이윤을 획득한다고 주장했다. 이는 자본을 자극하고 추동함으로써 기술을 지속적으로 발전시키고, 선진국에서 유기적 구성을 지속적으로 상승시키도록 강제한다. 하지만 이는 점진적으로 더 높은 유기적 구성이 도입되고, 이와 동시에 수익성이 더 높은 투자를 위한 장이 창출된다는 의미일 뿐이다. 식민지 국가에서 이윤율이 얼마나 높을 수 있든 간에, 국내의 중화학공업에서 이윤율이 여전히 더 높게 나타날 것이며, 중화학공업은 일정한 유기적 구성으로 초과이윤을 획득한다. 따라서 문제는 남아 있다. 도대체 왜 자본이 수출되는가? 바우어는 이를 설명할 수 없다.

최근에 자본주의적 생산에 개방된 국가에서 유기적 구성이 항상 낮다는 것은 필연적 사실이 아니다. 서유럽 자본주의가 매뉴팩처 시대의 조직적 형태로부터 정교한 세계 트러스트로 진화하는 데 150년이 필요했다면, 식민지 국가는 이 모든 과정을 반복할 필요가 없다. 식민지 국가는 선진 자본주의 국가에서 이미 나타났던 가장 성숙한 형태로 유럽 자본을 넘겨받는다. 이런 방식으로 그들은 일련의 역사적 단계 전체를 생략하며, 그들의 인민은 극도로 정교한 기술과 재무를 갖춘 조직으로 구성된 트러스트 자본에 의해 지배되는 금과 다이아몬드 광산으로 곧장 끌려들어간다. 바우어는 영국 자본가가 아프리카나 남아메리카의 철도 건설에 투자하는 이유가 그곳 철도의 유기적 구성이 영국보다 낮기 때문이라고 제시하려는 것인가? 아르헨티나의 소고기 산업은 거대한 냉장 플랜트에서 작업을 수행하는데, 이러한 플랜트는 시카고의 육류가공 기업들이 투자한 대규모 자본으로 만든 가장 현대적인 기술의 설비를 보유하고 있다. 이러한 유형의 산업은 운송과 냉장 기술의 혁명적 변화 이후에 발전했고, 이 역시 높은 수준의 자본의 유기적 구성을 전제로 한다.

바우어는 저발전국에서 이윤율이 더 높다는 주장에 사실적 근거가 없다는 점을 감지하여, 의심스러운 주장을 축적하는 것이 하나로 하나를 교정하는 것보다 충분히 더 좋은 대체물이라고 확신하면서 다양한 다른 요인들을 끌어들인다. 바우어는 말한다. "어떤 시점에서도 사회적 화폐자본의 일부는 사용되지 않고 있다"(1924, p. 462). "만약 너무 많은 화폐자본이 사용되지 않고 있으면 그 결과는 자본주의에 재앙이 될 수 있다"(p. 462). 따라서 과잉자본을 흡수할 투자영역을 향한 추동력이 존재한다. 이러한 추동력의 한 가지 형태는 자본수출이며, 바우어에 따르면, 자본수출은 "특정 국가의 특정 시점에 존재하는 사용되지 않은 자본의 규모를 줄인다"(p. 470).

여기서 두 가지의 완전히 상이한 설명이 합쳐지는 경향이 있다. 하나는 생산적 자본을 다루고, 다른 하나는 생산에 참여하지 않는 화폐자본을 다룬다. 바우어는 그의 두 번째 이론에서 은행에 예치된 화폐자본과, 사용되지 않은 대기 상태로 투자 기회를 찾고 있는 자본을 혼동했을 뿐이다. 사회의 총자본 중 일부분은 항상 화폐 형태로, 화폐자본의 모습으로 존재해야 한다. 재생산이 지속적이려면, 이러한 부분의 규모는 의지에 따라 감소될 수 없다. 특정 기간 동안 개별자본이든 총자본이든, 자본은 그 세 가지 형태[화폐자본, 생산자본, 상품자본] 중 하나로 존재하는데, 그 기간은 은행가나 산업자본가가 자의적으로 결정하지 못한다. 그 기간은 객관적으로 정해진다. 상품자본이나 생산자본의 규모가 자의적으로 결정되지 않는 것처럼 화폐자본의 규모도 자의적으로 결정되지 않으므로, 자본이 세 부분으로 분할될 때 일정한 수치 비율이 성립한다. 마르크스는 이렇게 말한다.

> 사용 가능한 자본의 크기가 생산과정의 규모를 결정한다. 또한 상품자본과 화폐자본이 생산과정이 진행될 때 자신의 기능을 수행하는 한, 생산과정의 규모가 상품자본과 화폐자본의 규모를 결정한다.(1956, p. 106)

마르크스는 분석 결과를 요약하면서 이렇게 쓴다.

> 몇 가지 법칙이 발견되었다. 그 법칙에 따르면, 일정 규모의 생산적 자본이 지속적으로 기능하기 위해서는 그 자본을 구성하는 다양하고 광범위한 요소들이 화폐자본의 형태로 지속적으로 투하되고 갱신되어야 하며, [얼마큼 투하되고 갱신되어야 할지는] 회전 조건에 달려 있다.(p. 357)

이어서 마르크스는 "생산자본을 운영하려면 많은 적든 화폐자본이 필요하며, 이는 회전 기간에 달려 있다"(p. 361)라고 덧붙인다. 따라서 화폐자본그 자체는 비생산적이지만, 즉 화폐자본은 가치나 잉여가치를 창조하지 못하며 자본의 생산적 요소의 크기를 제한하지만, 필수적인 기능을 충족시키기때문에 화폐자본을 자의적으로 축소시키거나 없앨 수 없다.

바우어는 모든 것을 엉망으로 만든다. 마르크스에게 사용되지 않는 화폐자본은 현실의 순환 속에 있는 산업자본의 일부분일 뿐이며, 순환의 세 가지 형태[화폐자본, 생산자본, 상품자본]의 통일체를 구성한다. 바우어에게 사용되지않는 화폐자본은 "자본의 순환 밖으로 밀려난"(Bauer, 1924, p. 476) 화폐자본의일부분이다.

마르크스에게 화폐자본의 규모는 회전 기간의 길이에 달려 있다. 바우어에게 회전 기간의 길이는 화폐자본의 규모에 달려 있다. 따라서 바우어에따르면, 회전의 감속이 너무 많은 화폐자본을 묶어두는 것이 아니라, 너무 많은 화폐자본이 회전을 감속시키는 것이다.

그 결론은 생산이 유통을 결정하는 것이 아니라, 유통이 생산을 결정하는 것이다. 바우어에 따르면, "투하자본에 대한 유휴자본의 비율, 유통 중인자본에 대한 생산자본의 비율이 변화하면 부르주아 사회의 모습이 완전히 변형된다"(p. 463). 이를 행할 수 있는 화폐자본의 신비로운 권력은 은행의 책임하에 있다. 사실 은행에 의해 자본의 확대가 가능하다. "어떤 시점에서라도 은행이 마음대로 사용할 수 있는 자원 규모 덕택에 은행은 그들이 지배하는 영역으로의 자본 유입을 의식적으로 지휘할 수 있다"(p. 472). 자본이 수출되는것은 은행이 이를 결정했기 때문이다. 겉으로 보기에, 은행은 자신이 좋아하는 바를 행할 수 있다.

그러면 자본주의적 유통의 객관적 법칙은 어떻게 되는가? 분명히도바우어에게 이러한 법칙은 환상의 영역에 속할 수밖에 없다.

바우어는 산업자본의 유통으로부터 추방되었다가 자본수출을 통해 생산으로 복귀한, 사용되지 않는 화폐자본에 대해 언급한다. 그러나 국제 무역에 관한 통계를 통해서 바우어는 국제 자본운동이 주로는 상품형태로 발생하고, 화폐의 형태로는 또는 화폐자본으로서는 거의 발생하지 않는다는 점을 알고 있다. 산업자본의 유통에서 추방된 것은 화폐자본이 아니라 상품자본이다. 이는 판매되지 않고 따라서 생산으로 복귀할 방법이 없는 상품자본의 과잉생산이 존재한다는 것을 보여 줄 뿐이다. 사실 바우어 자신은 자본수출이 상품의 배출구를 창출한다는 점을 수용한다.

● 마르크스의 개념화에서 과잉축적과 자본수출

리카도는 만약 상품의 과잉생산이 불가능하다면, "한 국가에서 생산적으로 사용될 수 없는 자본 총량의 축적이 존재할 수 없다"(Ricardo, 1984, p. 193)라고 주장했는데, 마르크스는 리카도의 이런 주장이 일관성이 있다고 지적한다.

이러한 진술은 수요와 공급이 동일하다는 J. B. 세이의 명제에 기초를 둔다. "리카도는 항상 일관성이 있다. 따라서 그에게 (상품의) **과잉생산**이 불가능하다는 말은 자본의 과다, 과잉이 불가능하다는 진술과 같은 뜻이다"(p. 496-7). 그 후 마르크스는 "그 [리카도]의 계승자들의 어리석음"을 언급한다.

과잉생산(시장에서 상품의 일반적 과잉)이라는 형태를 부정하는 자들, 그러면서 자본의 과잉생산, 자본의 과잉, 자본의 과다라는 또 다른 형태의 존재를 인정할 뿐만 아니라 실제로 그러한 과잉을 그들의 교리 중 핵심 지점으로 전환하는 자들.(p. 497)

마르크스의 아류들, 예를 들어 바르가는 이러한 어리석음을 단지 거꾸로 반복한다. 그들은 상품의 과잉생산은 수용하고, 심지어 "그들의 교리 중 핵심적 부분으로" 삼지만 자본의 과잉을 부정한다.

마르크스에게 두 가지 현상 [상품의 과잉, 자본의 과잉] 간에는 근본적 차이가 존재할 수 없다. 문제는 이렇다. 두 가지 형태의 과잉생산 중에서 하나의 형태는 부정되고 또 하나의 형태는 단호히 옹호되거나 수용되는데, 이러한 두 가지 형태의 관계는 무엇인가? "따라서 자본의 과잉은 무엇이며, 이는 과잉생산과 어떻게 다르냐가 문제다"(p. 498).

자본의 과잉 가능성을 인정하는 그러한 경제학자들은 이렇게 주장한다. "자본은 화폐 또는 상품과 등가다. 따라서 자본의 과잉생산은 화폐의 과잉생산 또는 상품의 과잉생산이다. 하지만 두 가지 현상은 서로 전혀 공통점이 없다고 가정된다"(p. 498). "어떤 특정한 현상이 A라고 불리면 그 존재와 필연성을 인정하고, 그 현상이 B라고 불리면 부정하는 어리석음"(p. 499)에 맞서 마르크스는 우리가 과잉생산을 다룰 때는 상품으로서의 상품의 과잉생산을 다루는 것이 아니라는 점을 강조한다. 우리는 "여기서 상품은 더 이상 그 단순한 형태로 간주되지 않으며, 자본의 명칭으로 간주되어야 한다는 사실"(p. 498)을 이해해야 한다. 상품은 "상품 이상의 것이 되며, 또한 상품과 다르게 된다"(p. 499).

과잉생산이라는 상황에서 생산자는 단순한 상품소유자가 아니라 자본가로서 서로 대면한다. 이는 모든 위기에서 자본의 가치증식 기능이 중단된다는 의미다. 자신의 가치증식에 실패한 자본은 과잉자본, 과잉생산된 자본이다. 이런 의미에서 상품의 과잉생산과 자본의 과잉생산은 동일한 것이다. "따라서 개별 상품의 과잉생산이 아니라, 자본의 과잉생산이 자본의 과잉축적이다. 비록 자본의 과잉생산이 항상 상품의 과잉생산을 포함하더라도 그러하다"(Marx, 1959, p. 251).

자본수출 문제의 핵심은 왜 자본수출이 필연적인지, 어떤 조건에서 자본수출이 발생하는지 보여 주는 것이다. 마르크스의 성과는 그가 정확하게 이를 입증했다는 것이다.

　　마르크스는 축적 과정에서 이윤율의 경향적 하락을 결정하는 상황을 제시했다. 문제가 제기된다. 이러한 하락은 어디까지 멀리 진행되는가? 이윤율이 0으로 하락할 수 있나? 다수의 저자들은 이윤율이 0으로 하락하는 상황에서만 자본의 절대적 축적을 말할 수 있다고 믿었다. 자본이 아무리 적더라도 이윤을 산출하는 한, 우리는 절대적인 의미에서 과잉축적을 말할 수 없는데, 왜냐하면 자본가는 전혀 이윤이 없는 것보다는 차라리 적은 이윤에 만족할 것이기 때문이다.

　　나는 이러한 생각이 완벽하게 오류이며, 자본축적에는 한계가 존재하며, 이윤율이 0으로 떨어지기보다 훨씬 더 전에 그러한 한계가 효력을 발휘할 것이라는 점을 보여 주고자 한다. 자본이 높은 이익을 산출할 때에도 절대적 과잉축적이 존재할 수 있다. 문제의 급소는 이익의 절대적 수준이 아니라, 축적된 자본 규모에 대한 잉여가치 규모의 비율이다.

　　이러한 한계를 결정하는 조건을 순전히 경험적으로 규명하려는 것은 지극히 쓸모없다. 예를 들어, 연료를 이용할 때 거의 100년에 걸친 경험은 일정한 석탄량에서 더 많은 열량을 얻는 게 항상 가능했다는 것을 보여 주었다. 따라서 수십 년간의 실행에 기초한 경험은 이러한 증가를 통해서 얻을 수 있는 열량에는 한계가 없다는 결론에 쉽게 도달할지도 모른다. 오직 이론만이 이것이 진정으로 진실인지, 또는 여기에 더 이상 증가할 수 없는 최대 한계란 없는지라는 문제에 대답할 수 있다. 이론은 석탄 한 단위의 에너지의 절대량을 계산할 수 있기 때문에 그 대답이 가능하다. 실제로 이러한 최대치에 도달하는지 여부는 이론의 관심사가 아니다.

마르크스가 질문했던 이런 종류의 고찰로부터 출발할 때, 자본의 과잉축적은 무엇인가? 마르크스는 이 문제에 이렇게 대답한다. "이러한 과잉축적이 무엇인가 올바르게 인식하기 위해서는 과잉축적이 절대적이라고 가정해야만 한다. 언제 자본의 과잉생산이 절대적이게 될 것인가?"(1959, p. 251) 마르크스에 따르면 팽창한 자본이 그보다 작은 규모의 자본일 때보다 잉여가치를 더 많이 산출하지 못할 때 과잉생산이 개시된다.

> 노동인구에 대비한 자본이 이러한 비율로 [더 크게] 성장하여, 노동인구가 공급하는 절대적 노동시간이나 상대적인 잉여노동시간이 더 이상 확대될 수 없게 되면(이러한 상대적 잉여노동시간의 확대는 노동에 대한 수요가 매우 강해서 임금이 상승하는 경향이 있는 경우에는 어쨌든 실현될 수 없을 것이다) 따라서, 이때 증가된 자본이 증가되기 전과 동일하거나 심지어 더 적은 잉여가치를 생산하게 되면, 자본의 절대적 과잉생산이 존재하게 될 것이다.(p. 251)

절대적 과잉축적에 관한 마르크스의 정의에 따르면, 총자본의 이윤이 완벽하게 사라질 필요가 없다. 축적된 추가적 자본의 경우에만 이윤이 사라진다. 실제로 추가적 자본은 기존 자본의 일부분을 대체하므로, 전체 자본의 이윤율은 낮아진다. 하지만 이윤율 하락은 이윤량의 증가와 일반적으로 결합되므로, 절대적 과잉축적의 특징은 확대된 전체 자본의 이윤량은 동일하게 남아 있다는 사실이다.

이러한 상황이 발생하는 조건을 이해하기 위해서 나는 먼저 인구와 노동생산성이 불변인 가장 간단한 경우를 분석하고자 한다.

● 인구규모와 기술이 불변일 때 자본의 절대적 과잉축적

마르크스는 이렇게 말한다.

> 노동인구가 예컨대 200만 명이라고 가정하자. 나아가 평균노동일의 길
> 이와 노동강도, 임금 수준, 따라서 필요노동과 잉여노동의 비율이 일정하다
> 고 가정하자. 이런 경우에 200만 명의 총노동과 잉여가치로 표현되는 잉여
> 노동은 항상 동일한 크기의 가치를 생산한다.(1959, p. 216-7)

이러한 전제조건 하에서 자본축적은 정확히 계산될 수 있는 최대한계
에 부딪치는데, 왜냐하면 획득할 수 있는 잉여가치의 최대량이 정확히 정해
져 있기 때문이다. 이러한 한계를 넘어서 축적이 지속된다는 것은 말도 안 되
는데, 왜냐하면 확대된 자본이 그 이전과 동일한 양의 잉여가치를 산출하기
때문이다. 만약 축적이 지속된다면 이는 필연적으로 자본 가치의 하락, 이윤
율의 급락을 야기할 것이다.

> 자본의 일부분은 완전히, 또는 부분적으로 사용되지 않게 될 것인데(왜냐
> 하면 자본이 가치를 증식할 수 있으려면, 기능하고 있는 자본 일부를 몰아내야 하기 때문이다)
> 다른 일부분은 사용되지 않거나 또는 부분적으로만 사용되는 자본의 압력
> 때문에 더 낮은 이윤율로 가치를 생산할 것이다 … 그러면 이윤율 하락은 이
> 윤량의 절대적 감소를 동반한다. … 그리고 감소된 이윤량은 증가된 전체 자
> 본에 대비하여 계산되어야 할 것이다.(1959, p. 252)

이는 자본의 절대적 과잉축적의 한 가지 경우인데, "왜냐하면 자본 사
용량의 증가에 따라 적어도 이윤량이 증가할 수 있는 정도로 자본이 노동을

착취할 수 없기 때문이다"(p. 255). [즉 자본 사용량이 증가해도 이윤량이 감소하기 때문이다.] 마르크스에 따르면, 이렇게 되면 "생산에 투자될 수 있는 것보다 더 많은 자본이 축적되며, 이는 해외 대출 등, 한마디로 투기적 투자를 야기한다"(1969, p. 484).

- ### 노동인구가 증가하고 기술이 변화할 때(자본의 유기적 구성이 상승할 때)
  ### 절대적 과잉축적

노동인구와 기술이 불변일 때만 절대적 과잉축적이 가능하다는 결론은 오류일 것이다. 나는 바우어의 표식을 활용해서 1) 자본의 유기적 구성이 계속적으로 증가하고, 2) 매년 인구가 증가한다는 가정 하에서도 절대적 과잉축적이 발생할 수 있고 또한 반드시 발생한다는 것을 보여 주었다. 이러한 모형이 가정한 조건에서는 절대적 과잉축적이 즉각 개시되는 것이 아니라, 일정한 기간 후에 개시된다. 내가 제시한 바(표 2.2, p. 76)에 따르면, 21차 연도 이후 자본가는 기존 자본성장률(불변자본 10%, 가변자본 5%)에서는 더 이상 축적에 흥미를 느끼지 않는데, 이러한 자본성장률에서는 동일한 수준으로 가치를 증식하기에 확대된 자본이 너무 크기 때문이다. 자본가의 개인적 소비가 감소하기 시작한다. 따라서 자본가는(20차 연도의) 잉여가치를 축적하기보다는, 즉 기존 자본으로 통합하기보다는 자본수출을 위해 배정할 것이다.

기업가는 자신의 소비를 삭감하려고 하지 않기 때문에 축적을 위해 배정된 부분이 부족할 것이다. 36차 연도에는(11,509명의) 산업예비군이 존재하게 될 것이며, 동시에(117,174만큼의) 잉여자본이 존재하게 될 것이다. 레이놀즈 뉴스페이퍼가 보도한 바에 따르면 이는 1867년 초반, 영국의 상황이다. "현재에 이르러 부인과 아이가 있는 영국의 노동자들은 추위와 배고픔으로 죽어가고 있는 반면, 수백만에 이르는 영국의 금이(이는 영국 노동의 산물이다) 러시아, 스페인, 이탈리아와 여타 외국에 투자되고 있다"(Marx, 1954, p. 625).

이 시점부터 축적은 어려움을 겪게 된다. 축적을 위해 배정된 이윤이 그 이윤을 산출했던 산업의 사업 확대를 위해 투자될 수 없다. 이는 산업이 자본으로 포화되기 때문이다. 마르크스는 이렇게 말한다.

이처럼 새로운 축적이 투자영역이 부족하여 사용처를 찾기 어려울 때, 즉 생산부문에 잉여가 존재하고 대부자본이 과잉 공급되어 대부할 수 있는 화폐자본의 과잉이 자본주의적 생산의 한계를 오직 의미하게 될 때, [축적의] 장애물이 [자본] 확대 법칙 내에 내재하게 되는데, 즉 자본이 자본으로서 실현되는 데 작동하는 한계 내에 내재하게 된다.(1959, p. 507)

축적의 한계는 자본주의의 종별적인 한계이지 [모든 생산양식에 내재하는] 일반적인 한계가 아니다. 사회적 요구는 거대하게도 충족되지 않은 채로 남아 있다. 하지만 자본의 관점에서 보면 자본의 가치증식이 불가능하기 때문에 과잉자본이 존재하게 된다.

룩셈부르크는 마르크스의 재생산 표식이 "『자본』 3권에서 마르크스가 규정한 자본주의의 총과정과 그 추이의 개념화와 모순된다"(Luxemburg, 1968, p. 343)라고 주장했는데, 이는 완전히 오류다. 마르크스의 표식 기저에 있는 근본적 사고는 생산력의 무제한적 팽창을 향한 추동력과 과잉축적된 자본의 가치증식 가능성의 한계 사이에 내재적인 모순이 존재한다는 것이다. 이는 재생산과 축적에 관한 마르크스의 표식에 따른 필연적인 결과다. 룩셈부르크는 가치증식 가능성의 한계를 소비능력의 한계로 변형했기 때문이 표식 그 자체에 내재하는 그 한계를 추적할 수 없었다. 이에 반하여, 마르크스는 다음과 같은 점을 보여 준다.

자본주의적 생산의 모순적 성격에 기초를 둔 자본의 자기 팽창은 단지 특정 수준까지의 실제로 자유로운 발전을 허용할 뿐이며, 따라서 그러한 확대는 사실상 생산의 족쇄와 장벽을 구성하며, 신용체계는 이를 지속적으로 돌파한다.(1959, p. 441)

과잉축적의 한계는 신용체계를 통해 돌파되는데, 이는 곧 자본수출과 이를 통해 획득하는 추가적 잉여가치를 통해 돌파된다는 뜻이다. 축적의 후기단계의 특징이 자본수출이라는 것은 이러한 특유한 의미에서 그러하다.

룩셈부르크는 자본주의에서 잉여가치의 비非실현가능성에 관한 이론과 자본수출이라는 사실을 어떻게 화해시키는가? 그녀는 이 문제에 관해 '국제 대부'라는 특별한 장을 서술했다(Luxemburg, 1968, Chapter 30). 그녀는 30페이지 이상에 걸쳐서 어떻게 유럽의 자본주의 국가가 비자본주의 국가에 자본을 수출하고, 그곳에서 공장을 건설하며, 자본주의 체계를 창출하고, 단계적으로 자신의 영향권 내로 끌어들이는지를 우리에게 말해 준다. 그러나 어떻게 자본주의 국가에서 생산된 잉여가치가 비자본주의 국가에서 실현되는지에 대해서는 한마디도 언급하지 않는다. 그 대신에, 이집트와 나머지 다른 곳에서 어떻게 대중이 저임금, 장시간 노동을 수행하는지, 어떻게 자본주의적 결합체 속으로 인입되는지를 들을 수 있을 뿐이다. 요약하면, 룩셈부르크는 어떻게 자본주의에서 생산된 잉여가치가 후진국에서 실현되는지를 제시하지 못하고, 단지 어떻게 자본수출을 통해서 후진국에서 잉여가치가 생산되고 그 잉여가치가 선진자본주의 국가로 되돌아오는지를 제시할 뿐이다. 자본수출의 존재는 룩셈부르크 이론과 화해할 수 없을 뿐만 아니라, 직접적으로 모순된다. 자본수출은 잉여가치의 실현과 관련이 있는 것이 아니다. 자본수출은 생산 문제, 즉 해외에서 추가적인 잉여가치 생산 문제와 관련이 있다.

● 귀납적인 증명

나는 두 종류의 주장을 제시했다. 1) 자본의 가치증식은 자본주의의 추동력이며 자본주의 메커니즘의 모든 운동(팽창과 수축)을 지배한다. 처음에는 생산이 팽창하는데, 축적의 초기 단계에서 이윤이 증가하기 때문이다. 그 후, 축적은 정지하는데, 더 높은 수준의 축적 단계에서는 바로 그 축적과정 때문에 이윤이 필연적으로 감소하기 때문이다. 2) 나는 경기순환의 진동을 설명하는 것 외에도 자본주의 운동 법칙과 그 장기적 경향, 또는 마르크스의 말을 빌리면 자본축적의 보편적 경향을 정의하고자 했다. 나는 어떻게 자본축적의 과정이 절대적 과잉축적에 의해 중단되는지, 그리고 어떻게 절대적 과잉축적이 주기적으로 위기라는 형태로 때때로 표출되는지, 한 번의 위기로부터 다음번의 위기로 이어지는 경제순환의 변동을 통해서 위기가 계속 강화되는지 제시했다. 그 과정은 높은 수준의 축적 단계에서 자본의 포화상태에 도달하게 되고, 이때 과잉축적된 자본은 투자 가능성의 부족에 처하게 되고 이러한 포화상태를 극복하기가 더 어렵게 된다. 자본주의 메커니즘은 냉혹한 자연적 과정에 따라 최종적 파국에 접근한다. 과잉 유휴자본은 자본수출 또는 증권 거래 참여를 통해서만 수익성의 완벽한 붕괴를 피할 수 있다.

이러한 후자의 측면을 다루기 위해 힐퍼딩은 투기와 증권 거래에 관해 한 장 전체를 서술했다(Hilferdign, 1981, Chapter 8). 그로부터 우리가 배울 수 있는 모든 것은 투기가 비생산적이며, 순전히 도박이며, 증권 거래의 분위기는 거대 투기자에 의해 결정된다는 것과 같이 진부한 이야기들뿐이다. 힐퍼딩은 자본의 과잉축적을 부정하기 때문에, 투기와 증권 거래의 핵심적 기능을 이해하기 위해 필요한 모든 기초를 제거해 버린다. 힐퍼딩의 설명에 따르면, 증권 거래는 소유권 증서의 유통을 위한 시장이며, 실제 상품의 유통과 분리되어 독립화된다. 그 기능은 자본을 동원하는 것이다. 증권 거래를 통해 산업자

자본주의 체계의 축적과 붕괴 법칙

본을 가공자본으로 전환시킴으로써 개별자본가는 그가 원할 때라면 언제라도 화폐 형태로 그의 자본을 철수시킬 수 있는 선택권을 보유하게 된다. 마지막으로, 지분 형태를 통한 자본의 동원, 또는 가공자본의 창조는 배당의 자본화 가능성에 개방된다. 힐퍼딩에 따르면 이런 모든 이유 때문에 투기는 자본주의에 필연적이다.

이 모든 것에서 경기순환의 운동에서 투기가 수행하는 기능에 관한 언급이 없다. 나는 과잉자본이 수익성 있는 투자 영역을 탐색한다는 점을 이미 지적했다. 생산에서 기회가 없을 때, 자본은 수출되거나 투기로 전환된다. 따라서 1925-6년 불황에 화폐가 증권 거래로 쏟아져 들어갔다. 1926년 말, 1927년 초 상황이 개선되자 신용이 증권 거래에서 생산으로 대체되었다.

경기순환의 특정한 국면에서 인식될 수 있는 은행과 투기의 관계도 특정 연도의 사소한 변동으로 반영된다. 은행이 자신의 자원을 다른 곳에 사용할 수 있을 때 증권 거래가 억제된다. 이러한 자원이 다시금 풀려날 때만 증권 거래가 번창한다. 투기는 증권 거래에 발생하는 다수의 소규모 자본가의 손실로부터 흘러나온 이익을 통해서, 생산적 활동에서의 가치증식 부족을 상쇄하는 수단이다. 이런 의미에서 투기는 화폐자본의 집중에서 하나의 동력 메커니즘이다.

이러한 운동의 한 사례로서 미국의 현재 경제적 상황을 검토하자. 미국이 위기 문제를 해결하고 경제 안정을 창출하는 데 성공했다고 생각하는 다수의 부르주아 저자들의 낙관주의에도 불구하고, 미국이 과잉축적 상태로 빠르게 접근하게 있다고 시사하는 충분한 신호가 존재한다. 1926년의 한 보고서는 다음과 같이 언급한다.

세계대전 이후로 자본형성 과정이 지극히 빠른 속도로 진전되었다. 자본은 이제 투자 배출구를 찾고 있으나, 자본의 과잉으로 인해 수익률이 하락하는 곳에서만 투자처를 찾을 수 있을 뿐이다. 자연스럽게 이는 모든 … 부동산 가치의 … 상승을 의미했다. 부동산에 대한 맹렬한 투기가 한 가지 결과다.(Wirtschaftsdienst, 1926, I, p. 792)

1927 경제연도의 기본적 특징은 산업과 상업에서 생산의 감소, 판매 감소, 이윤의 수축이 목격된다는 점이다. 판매의 감소, 생산의 감소는 자본이 예금 형태로 은행으로 유입되도록 자본의 일부를 해방시켰다. 은행은 산업과 상업에서 입구가 없는 산업이윤을 유인했다. 1927년 말, 미국 연방준비제도에 가입한 회원 은행의 보유자산이 그 전년도에 비해 17억 달러 증가했다. 보유자산의 연간 5% 증가가 정상적이라고 간주되었으나, 이로 인해 8% 증가했다. 산업과 상업에서 후퇴가 값싼 신용화폐의 과다와 날카롭게 대조된다.

연방준비위원회의 할인 정책은 이런 맥락에서 검토해야 한다. 유럽의 이자율이 더 높기 때문에 자본이 유럽으로 유입된 것이 아니다. 정반대로, 자본의 유출을 촉진하기 위해 미국의 이자율이 하락한 것이다. 금융전문가 할펠트 박사에 따르면, 1927년 8월 미국의 발권 은행이 할인율을 4%에서 3.5%로 인하한 데에는 두 가지 이유가 있다. 첫째, 금이 유럽으로 유출되도록 하는 것인데, 유럽은 자본이 부족하다. 둘째, 국내 기업을 부활시키는 것이다. 하지만 이러한 할인율 정책은 실패했다. 금이 상당량 유출되었지만, 미국의 이자율은 공개시장에서 낮은 상태로 남아 있었고, 거대한 화폐량이 투기를 향했다. 산업의 침체 상태는 투기적 대부의 팽창과 주식가격의 투기적 급상승으로 반영된다. 미국 상무부의 추산에 따르면, 1927년에 미국은 새로운 자본 16.48억 달러를 해외에 투자했다. 이는 9.19억 달러의 유입으로 부분적으로 상쇄되지만, 이러한 화폐의 거의 대부분이 투기를 위해 뉴욕의 증권 거래소로 직행했다. 증권 거래와 관련된 브로커즈 론[증권회사가 은행으로부터 차입하는 자금] 방식으로 뉴욕의 은행들이 대출해 준 금액이 5월 초에 42.82억 달러에 달했는데, 이는 전년 5월에 비해 46% 증가한 것이다. 반면, 산업과 상업에 대한 지출한 금액은 2월 중순까지 낮은 수준에 머물렀다. 3월 말에 이르러 미국으로부터 거대한 자본 유출이 발생했는데, 이는 외국 증권의 대량 구매를 포함했다.

이를 상쇄하는 조치로서, 연방준비은행들은 1927년 말 이후에 역전된 할인율 정책을 결정했다. 12개 은행 모두가 할인율을 3.5%에서 4%로 인상했다. 1928년 4월, 시카고와 보스턴의 은행은 4.5%로 다시금 할인율을 인상했고, 몇몇 은행이 이를 뒤따랐다. 따라서 할인율은 1924년 초반 이후로 미국 화폐시장에서 찾아볼 수 없는 수준으로 되돌아갔다. 우리가 1928년 3월 마지막 주의 뉴욕 증권 거래소에서 발생한 투기의 충격적인 발작을 볼 때, 새로운 할인율 정책의 결과는 완전한 실패로 보인다. 투기적 신용의 확대에 대항하기 위해 청산결제협회가 취한 조치에도 불구하고, 투기의 홍수는 8월에 이르러 열병의 최고조에 도달했다. [실제로 1929년 10월 24일 이후로 뉴욕 증권 거래소의 주가지수의 대폭락이 발생했고 주식시장은 대혼란에 빠져들었다.]

투기 열기는 생산적 투자 배출구의 부족을 나타내는 척도일 뿐이다. 따라서 외국에 대한 대출은 생산으로부터 얻는 소득이 국내에 재배치될 수 없는 어려움을 제거하는 한 가지 수단을 제공한다는 플레밍 박사의 말은 완전히 올바르다. 해외에서의 높은 이윤이 아니라, 국내에서 투자 배출구의 부족이 자본수출의 기저에 있는 근본 원인이다.

현재 미국은 다가오는 붕괴를 방지하기 위해 수출 규모를 강제로 증대시키려고 최선을 다하고 있다. 1928년 10월 증권 거래소에서 발생한 광적인 주식 매도에서 이미 그러한 붕괴의 암운이 드러났다. 최근 구리 수출업 합동회사에 이어 미국 강철수출협회가 구성되었는데, 이는 유에스 스틸과 베슬리헴 스틸이라는 두 개의 거대 회사가 세운 합동 수출 조직이다. 이러한 노력이 독일과 영국의 비슷한 시도와 맞물릴 때, 오로지 위기가 강화될 뿐이다.

- **결과 : 투자 배출구를 위한 국제적 투쟁의 강화.**
금융자본과 산업자본 관계의 변형

레닌은 독점의 지배에 기초를 둔 당대 자본주의가 자본수출을 전형적인 특징으로 한다고 생각했는데, 이는 완전히 올바른 것이었다. 네덜란드는 17세기 말에 이미 자본수출국으로 진화했다. 영국은 19세기 초반에, 프랑스는 1860년대에 이러한 단계에 도달했다. 하지만 현재 독점자본주의의 자본수출과 초기 자본주의 자본수출 간에서는 거대한 차이가 있다. 이전 시대에는 자본수출이 자본주의의 전형적인 특징이 아니었다. 그것은 일시적이고 주기적인 현상이었고, 새로운 호황에 의해 조만간 중단될 것이었다. 현재 상황은 다르다. 가장 중요한 자본주의 국가들은 높은 수준의 축적 단계에 이미 도달했고, 이 단계에서 축적된 자본의 가치증식은 점점 더 악화되는 장애물에 직면한다. 과잉축적은 단지 지나가는 현상이기를 그치고, 경제생활 전체를 점점 더 지배하기 시작한다.

이는 프랑스의 경우도 사실인데, B. 메렌스에 따르면, 프랑스는 "거의 만성적인 화폐과잉" 상태다(1911, p. 230). 이러한 자본의 초과잉은 호황기에 의해 중단된다. 그러나 이러한 호황기는 점점 더 짧아지고 있다. 1910년 독일에서 시작된 부활은 1912년에 이미 끝났다. 호황이 너무 빨리 끝났기 때문에 A. 풀러는 다소 우울하게 질문한다. "지금이 호황기인가, 아니면 우리가 이미 불황기의 연옥에 있는 것인가?"(Fuller, 1914, p. 109)

1918년 이후로 경제순환은 계속해서 더 짧아졌다. 이는 내가 이 책에서 전개한 이론의 관점에서 보면 완벽하게 이해할 수 있다. 전쟁 이후로 합리화의 추동력이 유지되었고 자본축적이 급발진했다. 생산시설의 팽창은 상당 부분 외국의 대부에 힘입어 수행되었다. 하지만 경제적 관점에서 볼 때, 자본이 막대하게 확대되면 그 결과로 확대된 자본의 가치증식이 더 어렵게 된다는 사실은 [자본이 수입된 것이냐 여부와] 무관하다. 이와 별도로, 이제 미국이 자신이 빌려준 대출에 대한 이자 형태로 잉여가치의 일부를 흡수하고 있다는 사실로 인해 가치증식 문제는 더 악화되었다. 이처럼 높은 수준의 축적 단계에서는 호황의 강도가 더 약하다. 호황의 성격이 변화하여, "현재 우리는 호황이 모든 경제부문에서 번영으로 이끈다고 더 이상 기대할 수 없다. 우리는 산업 전체가 번창하는 경향이 있고, 특히 주요 산업과 기업이 더 번창하면 대체로 만족한다"(Feiler, 1914, p. 106).

이런 조건에서 자본의 과다는 자본수출을 통해서만 극복될 수 있다. 따라서 자본수출은 모든 선진자본주의 국가에서 전형적이고 필수불가결한 행동이 되었다. 따라서 자본수출은 붕괴를 상쇄하고 자본주의의 수명을 연장하는 수단이 된다.

부르주아 경제학자는 붕괴와 위기에 대한 마르크스의 이론이 오류이며 실제 발전과 모순된다고 의기양양하게 선언한다. 그는 1840년대의 자본주의 형성기에는 마르크스의 이론이 얼마간 부합했다고 인정할 정도로 관대하다. 그러나 조건이 바뀌었고 그 이론은 발밑에서 기반이 사라져 버렸다는 것이다.

마르크스가 그의 위기이론을 생각해 냈을 때 … 사람들은 호황에 뒤따르는 침체가 계속해서 악화된다고 실제로 가정할 수 있었다. 1825-1836-1847로 이어지는 선으로부터 그러한 이론을 추론하는 게 언제나 가능했고, 결국 마르크스가 생각해 낸 파국 이론이 나왔다. 사실 1857년의 위기조차 그러한 그림과 여전히 맞아떨어졌다. 우리는 마르크스와 엥겔스가 1857년 호황의 붕괴에서 어떻게 … 위기이론의 정당성을 … 발견했는지, 그들의 서신을 통해 알고 있다.(Sombart, 1927, p. 702)

좀바르트에 따르면, 1857년의 위기는 영국이 경험했던 고전적 유형의 대파국 중 가장 최후의 것이었다. 독일과 오스트리아는 1873년에도 위기를 겪어야 했다. 그 후로,

유럽의 경제활동은 긴장상태를 중화하고 완화하고 무효화하려는 의식적 추동력으로 보강되었다. 이는 세계대전 이전까지 끈질기게 존재하던 경향이었고, 전쟁 그 자체나, 그에 이어지는 시기 동안 이러한 경향을 약화시키거나 변형하는 것은 아무 것도 없었다 … 자본주의로부터 출현한 것은 … 예언된 것처럼 날카로운 위기와 정반대의 것이었다. 출현한 것은 위기의 제거, 또는 최근 사람들이 자주 말했던 것처럼 '주기적 안정성'이었다.(p. 702)

이러한 설명이 편향적이라는 점은 여러 사실들로 증명된다. 다른 사람들에 비해 부르주아 경제학자들은 우리가 위기를 끝냈다고 확신한다. 좀바르트는 1873년 이후로 유럽에서 심각한 위기가 없었다고 우리에게 확언한다. 그러나 1882년 프랑스의 붕괴는 "프랑스 경제사에서 가장 심각한 위기" (Mehrens, 1911, p. 197)로 간주되며, 15년간 끈질기게 지속될 운명이었던 불황을 촉발했다는 점을 우리는 알고 있다. 좀바르트에 따르면, 영국에서 "억제되지 않은 자본주의의 야만성은 1840년대에 마지막으로 돌발했다. 1850년대에는 팽창을 향한 추동력이 이미 훨씬 약화되었고 따라서 또한 저지되었다" (Sombart, 1927, p. 703). 사실은 그 정반대를 증명한다. 1895년의 위기를 앞두고 주로 남아공 금광 지분에 대한 극심한 투기가 발발했다.

1895년에야 진정한 호황이 시작되었다. … 런던 금융가가 겪었던 순전히 투기적인 광란의 습격 중에서 이는 최악이었고, 가장 광범위했고, 가장 치명적이었다. 그러한 광란이 맹위를 떨칠 때, 과거의 대략 여섯 번의 호황

자본주의 체계의 축적과 붕괴 법칙

과 공황 때보다 사람들은 더 많은 돈을 벌거나 잃었다. 남해 회사 사기 사건에 비해 10배 더 많은 사람들이 파멸했고, 의심할 나위 없이 보아 전쟁을 낳는 데 한 역할을 했다.(『파이낸셜 타임스』, Weber, 1915, p. 270에서 인용)

논평가들은 은행이 경제활동에 규제를 가하는 데 성공했다고 말함으로써 위기의 새로운 성격을 설명하고자 했다.

> 은행은 청구가 경제적으로 불건전할 경우에, 체계적으로 신용을 억제하고 자본 공급을 중단했다. 이런 방식으로 은행은 [신용을 통한] 자본 창조가 합리적인 형태를 취하도록 보장할 수 있었다. … 따라서 은행은 주식거래에 대한 투기를 방지하고, 산업 그 자체에 대한 과도한 낙관주의를 완화했다.(Feiler, 1914, p. 168)

위기의 성격이 변화했다는 사실은 경제에 대한 계획과 의식적 규제의 증가로 거슬러 올라간다. 복잡한 원인에 뿌리를 둔 변화는 은행가의 성과로 해석된다.

개인적인 소유 형태에서 주식자본이라는 사회적 소유 형태로 이행하면서 수십 년간 축적되었던 막대한 부가 시장에 내던져지고 증권 거래소에서 제물로 바쳐지는 시기에는 최악의 투기 난장판이 벌어질 수 있다. 이는 부의 대규모 재집단화, 집중화와 밀접히 관련된 주식상장 기간이다. 따라서 이는 거친 투기의 시기다. 그러나 이러한 주식자본의 집중 과정이 이미 높은 수준에 일단 도달하고, 이와 함께 주식거래를 매개로 하여 축적이 일반적으로 진척되면, 주식거래 그 자체는 공중의 수중에 있는 잔여 주식자본에 국한된다. 이러한 조건에서 투기는 몹시 약화된다. 하지만 경제에 대한 통제권을 자신의 수중에 집중했다고 가정되는 은행가의 의식적 개입 때문에 투기가 약화된다는 것은 물론 아니다. 오히려 주식거래를 소화할 만한 충분한 재원이 존재하지 않기 때문이다. 주식자본의 집중이 높은 수준에 이미 도달하면, 소규모 금리생활자, 노동자, 공무원 등으로 구성된 중간계급 토대가 고갈되면서 주식거래 투기가 추동력을 상실할 수밖에 없다.

하지만 이는 유휴 화폐자본이 더 큰 수익을 약속하는 유일한 투자처로서 다른 출구, 즉 자본수출로 향하도록 강제할 뿐이다. 이는 투자 배출구를 향한 세계시장의 투쟁이 점점 더 첨예해지는 한 가지 이유다.

이는 왜 영국에서 위기의 성격이 잠정적으로 변화했는지에 관한 두 번째 이유로 우리를 인도한다. 우리가 고립된 자본주의에 고정적으로 주목하는한, 높은 수준의 축적 단계는 필연적으로 가장 첨예하고 가장 흉포한 형태의 위기를 산출한다는 결론이 뒤따른다.

1825년 이후 처음 50년 동안, 세계경제에 대한 영국의 관계는 여전히 오직 맹아적이었고, 따라서 영국은 얼마간 고립된 자본주의로 간주될 수 있었다. 이때 자본축적의 위기는 격렬한 공황과 붕괴를 촉발시키기에 충분했다. 그러나 영국이 세계경제와 더 밀접한 관계를 구축하고 외국 무역을 확대하고 과잉자본을 위한 외국의 배출구를 발견하는 데 성공하면서, 이러한 위기의 성격은 더욱 더 변화했다. 그러나 축적의 진전과 함께 축적이 절대적 한계에 도달하는 국가의 수가 증가한다. 만약 영국과 프랑스가 세계 제일의 은행가였다면, 현재 그 목록에 미국을 포함해야 하며, 그뿐만 아니라 벨기에, 스위스, 네덜란드, 스웨덴과 같이 일련의 소규모 자본 제공국도 포함해야 한다.

독일의 자본수입은 순전히 일시적인 현상이다. 독일 산업 구조가 기술적으로 선진적이며, 노동생산성이 높고, 임금이 낮으므로 잉여가치율이 매우 높다. 따라서 축적의 속도가 훨씬 더 빠르며 독일은 사람들이 상상하는 것보다 더 빠르게 해외채무를 변제할 것이며 세계시장에서 자본수출국으로 부상할 것이다. 하지만 자본수출국의 수가 증가하는 데 비례하여 수익성이 높은

자본주의 체계의 축적과 붕괴 법칙

배출구를 향한 경쟁과 투쟁이 강화될 수밖에 없다. 이러한 반향은 필연적으로 국내의 위기를 첨예화할 것이다. 초기 자본주의의 위기가 이미 격렬하게 발발했다면, 자본수출국이 세계시장에서 투자를 위한 첨예한 투쟁을 수행하지 않을 수 없을 때, 축적의 부담이 점증하는 조건에서 위기가 무엇을 닮게 될지 우리는 상상할 수 있다.

B. 하름스는 미국이 이미 축적의 절대적 한계에 접근하고 있으며 따라서 "다가오는 수십 년간 이자 지불의 형태로 미국 내로 유입되는 자본은 어떤 형태로든 세계시장으로 귀환할 방법을 찾아야 한다"고 예측한다(Harms, 1928, p. 8). 이는 신참자의 산업화가 더 심화되도록 촉진할 것이다. 그러나 미국 자본이 고무하는 산업화 과정은 유럽의 수출에 대변화를 낳을 뿐이다. 미래에는 오직 생산수단만 수출될 수 있다. 하지만 미국 산업의 발전은 미국을 같은 방향으로 추동하고 있다.

> 달리 말하면, 머지않아 미국 자신이 세계 최대의 생산수단 공급자 중 하나로 부상할 것이라는 사실을 우리가 감안해야만 한다. 밸푸어 보고서 [1926년 영국의회 보고서]의 유명한 조사와 대영제국회의의 공식기록은 이러한 가정이 옳다는 유익한 증거를 제시했다.(Harms, p. 8)

미국이 생산수단의 수출을 개시하면 "반드시 이는 유럽의 채무국이 채무변제 부담을 유지할 수 없으며" 원료와 생계수단의 수입에 대금을 지불할 수 없는 "상황으로 궁극적으로 나아갈 수밖에 없다"(Harms, p. 8). 달리 말하면 하름스는 유럽 자본주의의 파산을 동반하는 가장 끔찍한 위기 중 하나로 접근하고 있다고 예측한다. 비록 그는 미국이 자발적으로 자본재 수출을 억제하여 유럽 채무국의 상환능력을 완벽하게 분쇄하지는 않을 것이라는 환상으로 스스로 위로하지만.

마지막으로, 이는 은행자본 또는 힐퍼딩이 부른 것처럼 금융자본과 산업자본의 관계에 대한 적절한 상을 그릴 수 있게 한다. 힐퍼딩이 현대 자본주의의 기본적 특징으로 산업에 대한 금융자본의 지배를 꼽았다는 점은 잘 알려져 있다. 그는 은행업무의 집중이 증가하면서, 은행이 점점 더 산업에 투자되는 자본을 통제하게 된다고 주장한다. 자본주의가 발전할수록, 점점 더 많은 화폐가 비생산적 계급으로부터 동원되고, 은행은 이를 산업자본가가 사용할 수 있게 한다. 산업에 필수불가결한 이러한 화폐에 대한 통제권은 은행에 부여된다. 따라서 자본주의가 발전하고 그에 따라 신용체계가 발전하면서 산업은 점점 더 은행에 의존한다. 금융자본은 산업 내 자본 중에서 비중이 계속 증가한다. 그러한 비중을 차지하는 자본은 은행에 속하는 것이지 그 자본을 사용하는 산업자본가에 속한 것이 아니다. 화폐와 은행자본의 집중이 점증하면서 "은행의 권력이 증가하고, 산업의 창설자, 그리고 궁극적인 지배자가 된다"(Hilferding, 1981, p. 226). 은행 그 자체가 발전하면서,

은행 그 자신들 간의 경쟁을 제거하려는 경향이 증가하며, 다른 한편으로 화폐자본의 형태로 모든 자본을 집중시키며 오직 은행을 통해서만 생산자본이 이를 이용할 수 있도록 하려는 경향이 증가한다. 이러한 경향이 지속된다면, 전체 화폐자본에 대한 통제권을 확보하는 단일 은행이나 은행집단으로 궁극적으로 귀결될 것이다. 그러면 이러한 '중앙은행'은 사회적 생산 전체를 통제할 것이다.(p. 180)

힐퍼딩에게는 사회주의를 향한 고통이 없고 평화로운 길을 보장하기 위해 이러한 '중앙은행'의 건설이 필요했다. 우리가 이미 살펴본 것처럼, 힐퍼딩은 금융자본의 사회화 기능이 자본주의의 극복을 용이하게 한다고 상상한다.

힐퍼딩의 설명은 자본주의 발전의 실제 경향과 모순된다. 그러한 설명은 마르크스 이론의 근본적 사고와 양립할 수 없다. 왜냐하면, 만약 은행이 산업을 지배한다는 힐퍼딩의 주장이 옳다면, 자본주의 구조에서 생산 그 자체의 결정적 중요성을 논하는 마르크스 이론을 산산조각낼 뿐이다. 그렇다면 결정적 역할은 생산과정이 수행하는 것이 아니라 금융자본 또는 유통 영역의 구조가 수행하는 것이다.

우리가 발전시켰던 축적법칙을 고려할 때 은행과 산업자본의 상호관계는 역사적으로 변화할 수 있다는 결론이 뒤따른다. 우리는 세 국면을 구분해야 한다. 낮은 수준의 자본축적 단계에서는 [자본] 팽창 전망이 무제한적이며, 산업의 자본형성 그 자체가 충분하지 못하다. 따라서 산업은 외부로부터, 비非산업계층으로부터 신용의 유입에 의존한다. 신용체계의 건설은 자본의 분산된 조각을 집중화하고 은행은 산업신용의 중개자이자 제공자로서 막대한 권력을 획득한다. 이는 프랑스가 1850년 이후로 통과한 국면이며, 현 세기 초에 독일이 접근한 국면이다.

축적이 더 진전되면 은행과 산업의 상호관계가 변화한다. 프랑스에서 초기의 자본 부족은 화폐의 만성적 과다로 진척된다. 이런 국면에서 산업은 독립성을 확보한다. 분명히도 상호관계의 특유한 형태는 특정 국가, 특정 산업영역에 의존한다. 독일의 대규모 산업에 관한 한 베버는 이렇게 서술할 수 있었다.

전체적으로 보아 산업이, 특히 대산업이 은행 임원의 소망에 따라 경영된다는 광범위한 두려움에는 근거가 없다. 정반대로 집중화 운동과 산업 협회의 형성은 산업이 은행으로부터 훨씬 더 독립적이게 한다.(Weber, 1915, p. 343)

축적이 매우 높은 단계에 이르면 산업은 신용 흐름으로부터 점점 더 독립적이게 되는데, 왜냐하면 감가상각과 적립금을 통한 자기조달로 산업이 이동하기 때문이다. 예를 들어 파일러는 보후머 페어라인 사례를 인용하는데(보후머 페어라인은 결코 산업계의 거인이 아니다), 보후머 페어라인은 초기 주식자본이 3,000만 마르크였다가 9년 내에 배당금이 주식자본의 명목가치 전체와 동등하다고 선언했으며, 그와 동시에 새로운 투자에 4,000만 마르크를 배당했다(Feiler, 1914, p. 112). 나힘슨은 1907-8년에서 1913-4년 기간 동안 독일의 산업금융 [산업을 위한 자금공급] 회사가 통제하는 주식자본이 모든 합자회사의 총자본 중 29%에서 26.8%로 감소했다고 제시했다. 같은 기간 동안 산업금융 회사가 보유한 외국자산은 모든 주식회사의 총부채의 90%에서 거의 절반으로 감소했다. 그는 "이러한 수치가 은행의 역할이 그 중요성이라는 측면에서 감소했음을 시사한다"고 결론을 내린다(Nachimson, 1922, p. 85). 비록 나힘슨은 은행에 의한 산업 지배라는 힐퍼딩의 이론을 수용하지만, 이렇게 말한다.

하지만 20세기 초에 비교하여 산업이 은행에 대해 독립화되는 경향, 즉 그 이전과 구분되는 경향이 존재했다는 점을 지적하는 게 중요하다. … 은행은 기본적으로 산업으로부터 파생하는 외부 자본 유입에 의존하지만, 산업 기업의 자기자본 기금은 지속적으로 증가했다. … 티센, 지멘스, 라테나우, 슈티넨스와 같은 산업자본가는 … 은행계 출신이 아니라 산업계 출신이며, 한때 은행이 그들을 지배했던 것과 마찬가지로 지금은 그들이 점점 더 은행을 지배한다.(p. 87)

마지막으로, 세 번째 국면에서 산업은 수익성이 있는 투자를 보장하기가 점점 더 어려워지는데, 심지어 자기 기업 내에 있는 자신의 자원으로 투자하더라도 그러하다. 기업은 자신의 이윤을 활용해서 다른 산업을 자신의 영향권 내로 끌어들인다. R. 리프만의 설명에 따르면 이는 스탠다드 오일의 경우에 해당된다(Liefman, 1918, p. 172). 특정 산업의 과잉축적된 자본이 축적 수준이 더 낮은 다른 산업으로 범위를 팽창할 때 자금을 "뉴욕 화폐시장"으로 돌리며, 그 자금은 "그곳에서 결정적인 역할을 수행한다"(p. 172). 영국, 프랑스, 특히 미국과 같은 국가에서는 산업이 은행에 의존한다고 말하는 게 정말로 불가능하다. 은행에 있는 산업의 자산을 제외하더라도 산업은 자신의 초과기금을 위한 수익성이 높은 투자를 보장하기 위해 자신의 금융제도를 구축한다. AEG와 같은 독일 기업들은 은행에 의존할 뿐만 아니라 그들의 거대한 은행계좌 때문에 금융계에서 견고한 위치를 차지한다. 산업금융업의 최근 국제적 흐름을 다루는 한 장에서 T. 보겔슈타인(1914)은 현대 대기업의 전형적인 대차대조표는 과거와는 완전히 다른 모습을 보여 준다고 지적한다. 차입한 자금에 대비하여 자기자본 자금의 비중이 증가하며, 기업이 은행에 자기 자산을 보유하는 경향이 있다. 보겔슈타인에 따르면, 이는 왜 은행이 투자 방식으로 주식거래로 돌아서는지 보여 주는 한 가지 이유다.

자본의 역사적 경향은 총카르텔을 통해서 전체 경제를 지배하는 중앙은행을 창조하는 것이 아니며, 과잉축적으로 인한 최종적 붕괴로 나아가는 산업의 집중과 점증하는 자본축적이다. Ⓜ

Bauer, Otto(1913) 'Die akkumulation des kapitals', *Neue Zeit*. 31(1913) I. [English translation: 'Accumulation of Capital', *History of Political Economy*, 18.1, 1986, pp 87-111 tr. King, J.E].

———— (1924) *Die Nationalitatenfrage und die Sozialdemokratie*(Vienna, 1924). [English translation: *The Question of Nationalities and Social Democracy*, Minnesota , 2000]

Beer, M.(1923) *Allgem. Geschichte des Sozialismus*(Berlin, 1923). [English translation: *The general history of socialism and social struggles,* New York, 1957 Two vols.]

Bernstein, E.(1899) *Die Voraussetzungen des Socializmus*(Stuttgart, 1899). [English translation: *The preconditions of socialism*, Cambridge, 1993].

Böhm Bawerk, E. von.(1949) *Karl Marx and the Close of his System*(A. M. Kelley, New York, 1949).

Boudin, L.(1909) *Das Theoretische System von Karl Marx*(Stuttgart, 1909). [English translation: *The Theoretical System of Karl Marx in the Light of Recent Criticism*, Chicago, 1907.]

Braunthal, A. *Die Entwicklungstendenzen der Kapitalistischen Wirtschaft*(Berlin, 1927).

Bukharin, N.(1926) *Fragen des Sozialistischen Aufbaues*(Berlin, 1926).

———— (1971) *Economics of the Transformation Period*(Pluto Press, London, 1971).

———— (1972) *Imperialism and the Accumulation of Capital*(Allen Lane the Penguin Press, London, 1972).

Cassel, G.(1923) *Theoretische Socialokonomik*, 3.Aufl.(W. Scholl, Leipzig, 1923) [English translation: *Theory of Social Economy*(Harcourt, New York, 1924)]

Charasoff, G.(1910) *Das System des Marxismus*(Bondy, Berlin, 1909).

Clark, J. B.(1907) *Essentials of Economic Theory*(Macmillan, New York, 1907).

Cunow, H.(1898) 'Zusammenbruchstheorie', *Neue Zeit*, Jahrg 17.

Dehaing.(1925) 'Die entwicklung des motorschiffbaues', *Weltwirtschaftl Archiv*, 22.

Delaisi, F.(1921) Le Petrole(Paris).

Diehl, K.(1898) *Über das Verhaltnis von Wert und Preis im Okonomischen System von Karl Marx*(Jena).

Dietzel, H.(1909) 'Ernten', *Handworterb. d. Staatswissensch, 3Aufl.* Bd.ffl.

Dressler, W.(1915) *Der europäische Schiffanrts verkehr nach Australien*(Munich).

Feiler, A.(1914) *Die Konjunktur-Periode 1907-1913 in Deutschland*(Jena).

Fischer, L.(1926) *Oil Imperialism*(New York).

Grossman, H.(1924) 'Sismonde de Sismondi et ses theories economiques', Bibliotheca Universitatis Liberae Polonae, Fasc. 11, 1924, Warsaw, pp. 1-77.

———— (1926) 'Eine neue theorie uberimperialismus und die soziale revolution', *Archiv fur die Geschichte des Sozialismus und der Arbeiterbewegung*, XIII, 1928, 141-92(Leipzig).

Harms, B.(1928) 'Wandlungen in der weltwirtschaftlichen stelling Europas', *Strukfurwandlungen der Deutschen Volkswirtschaft*(Berlin).

Hayek, F. A. von.(1928) "Einige Bemerkungen über das Verhältnis der Geldtheorie zur Konjunkturtheorie", *Schriften des Vereins für Sozialpolitik*, 173/2(1928):

247-295. [English translation in Harald Hagemann Business Cycle Theory, Vol 3, London, 2002]

Helander, S.(1926) 'Der tonnageuberfluss in der weltwirtschaft', *Weltwirtschaftl Archiv*, 24.

Hess, F.(1925) 'Die neueste der wollindustrie in den uberseeischen wollexportlandern', *Weltwirtschaftl Archiv*, 22.

Hildebrand, G.(1910) *Die Erschutterung der Industrieherrschaft und des Industrie Sozialismus*(Jena).

Hilferding, R.(1912) *Neue Zeit*, 30.

———— (1949) *Karl Marx and the Close of his System*(A. M. Kelley, New York, 1949).

———— (1981) *Finance Capital*(London: Routledge & Kegan Paul).

Hobson, J. A.(1905) *Imperialism*(London).

Kautsky, K.(1899) *Bernstein und das sozialdemokratische Programm eine Antikritik*(Stuttgart).

———— (1901) 'Krisentheorie', *Neue Zeit*, 20.

———— (1908) 'Verelendung und zusammenbruch', *Neue Zeit*, 26.

———— (1920) *Der Weg zur Macht*. [English translation: *The Road to Power*, New Haven, 1996]

———— (1927) *Materialistische Geschichtsauffassung*(Berlin). [English translation: *The Materialist Conception of History*, New Haven, 1988]

Kestner, F.(1912) *Der Organisationzwang. Eine Untersuchung über die Kampfe Zwischen den Kartellen und Aussenseitern*(Berlin).

Kroll, Pr.(1926) *Schriften des Vereins f. Sozialpolitik*, Bd.172.

Lederer, E.(1922) *Grundzuge der Okonomischen Theorie*(Tubingen).

——— (1925) 'Konjunktur und krisen', *Grundr. d. Sozialokonomik*, IV/I(Tubingen).

Lenin, V. I.(1968) *Imperialism: The Highest Stage of Capitalism*. Collected Works, Volume 22.

Lescure, J.(1910) *Des Crises Generales et Periodiques de Surproduction*(Paris).

Liefmarin, R.(1918) *Kartelle und Trusts*(Stuttgart).

Lowe, A.(1926) 'Wie ist konjunkturtheorie überhaupt moglich?' *Weltwirtschaftl. Archiv*, II.

Luxemburg, R.(1951) *The Accumulation of Capital*(Routledge & Kegan Paul, London, 1951)

——— (1972) *The Accumulation of Capital - An Anti-Critique*(Allen Lane the Penguin Press, London, 1972).

Mach, E.(1900) *Die Prinzipien der Warmelehre*.

Marshall, A.(1890) *Principles of Economics*, eighth edition(1920)(Macmillan: London).

Marx, K.(1954) *Capital Volume 1*(London: Lawrence & Wishart).

——— (1956) *Capital Volume 2*(London: Lawrence & Wishart).

——— (1959) *Capital Volume 3*(London: Lawrence & Wishart).

——— (1969) *Theories of Surplus Value Part 2*(London: Lawrence & Wishart).

——— (1972) *Theories of Surplus Value Part 3*(London: Lawrence & Wishart).

Masaryk, T. G.(1899) *Die Philosophischen und Soziologischen Grundlagendes*

Marxismus(Vienna).

Mehrens, B.(1911) *Die Entstehung und Entwicklung der Grossen Franzosischen Kreditinstitute.*

Meusel, A.(1928) 'Das problem des ausseren handelspolitik bei Friedrich List mid Karl Marx', *Weltwirtschaftl Archiv*, 27.

Michels, R.(1928) *Die Verelendungstheorie*(Leipzig).

Mill, J. S.(1970) *Principles of Political Economy with Some of Their Applications to Social Philosophy*(Harmondsworth: Penguin).

Mises, L.(1912) *Theorie des Geldes und der Umlaufsmittel*, I. Auflage. [English translation: *The Theory of Money and Credit*, Indianapolis, 1981]

Mitchell, W. C.(1927) *Business Cycles*(New York).

Mombert, M.(1916) *Zur Frage von Kapitalbildung und Kapitaldarf in Deutschland*(Munich).

Morgenstern, O.(1928) *Schriften des Vereins für Sozialpolitik*, Bd.173.2.

Muhs, K.(1927) *Anti-Marx*(Jena).

Nachimson, M.(1922) *Die Weltwirtschaft vor Undnach dem Kriege.*

Nearing, S. and Freeman, 1.(1927) *Dollar-Diplomatie: Eine Studie über Amerikanischen Imperialismus*(Berlin). [English translation: *Dollar diplomacy; a study in American imperialism*, New York, 1966]

Olk, B.(1926) 'Die arbeit', *Zeitschrift für Gewerkschaftspolitik*, 3.Jahrg.

Oppenheimer, F.(1903) *Das Grundgesetz der Marxchen Gesellschaftslehre*(Berlin).

———— (1913) *Die Soziale Frage und der Sozialismus*(Jena).

———— (1919) *Kapitalismus, Kommunismus, Wissenschaftlicher Sozialismus.*

———— (1923) *System der Soziologie*(Jena).

———— (1927) *Aufsatz im Sozialwissenschaft und Sozialpolitik*, 57.

———— (1928) 'Des heutige stand der theorie des sozialismus in Deutschland', *Die Wirtschaftstheorie der Gegenwart*, BdJV.

Parvus, A.(1901) 'Die handelspolitik und die doktrin', *Neue Zeit*, 19.

Pember-Reeves, W.(1902) *State Experiments in Australia and New Zealand*(London).

Ricardo, D.(1984) *The Principles of Political Economy and Taxation*(London: Everyman).

Rosenbaum, E.(1928) 'Funktionen des exports- und importhandels', B. Harms herausgegeben, *Strukturwandlungen der Deutschen Volkwirtschaft*(Berlin).

Salz, A.(1925) 'Kapital, kapitalformen', *Grundr. d. Sozialokonomik.*

Sartorius von Waltershausen, A.(1907) *Das Volkwirtschaftliche System der Kapitalanlage im Auslande*(Berlin).

Schachner, R.(1903) 'Die Storungen im deutschen Wirtschaftsleben', *Schriften des Vereins f. Sozialpolitik*, Bd. 108.

Schulze-Gaevernitz, G.(1892) *Der Grossbetrieb*(Leipzig).

———— (1906) *Britischer imperialismus und englischer freihandel zu beginn des zwangzigsten jahrhunderts*(Leipzig).

Schumpeter, J.(1914) 'Epochen der dogmen- mid methodengeschichte', *Grundr. d.*

Sozialokonomik, IV.

———— (1987) *Capitalism, Socialism and Democracy*(Unwin).

Sieveking, H.(1921) *Wirtschaftsgeschichte*(Leipzig).

Simkhovitch, V. G.(1913) *Marxism versus Socialism*(New York).

Sombart, W.(1924) *Der Proletarische Socialismus*(Jena).

———— (1927) *Der Moderne Kapitalismus*.

Sorel, G.(1907) *La Decomposition du Marxisme*(Paris).

Spiethoff, A.(1919) 'Einige Bemerkungen zur lehre von des socialisierung',
    Schmollers Jahrbuch, 43,1.

———— (1925) 'Krisen', *Handworterb der Staatswissensch*, IV Aufi.

Stamp(1918) 'The effect of trade fluctuations on profits', *Journal of the Royal
    Statistical Society*.

Sternberg, F.(1926) *Der Imperialismus*(Berlin).

Tugan-Baranovsky, M.(1901) *Studien zur Theorie und Geschichte der
    Handelskrisen in England*.

———— (1904) 'Der zusammenbruch des kapitalistischen wirtschaftsordnung in
    lichte des nationalokonomik theorie', *Archiv für Soz.-wiss und Soz. pol*,
    Bd.XIX.

———— (1905) *Theoretische Grundlagen des Marxismus*(Leipzig).

———— (1908) *Der Moderne Sozialismus in Seiner Geschichtlichen
    Entwicklung*(Dresden).

———— (1913) *Les Crises Industrielles en Angleterre*(Paris).

Varga, E.(1926) 'Der uberimperialismus und das gesetz der ungleichmassigen entwicklung des kapitalismus', *Die Kommunist International*, October,(Berlin).

———— (1926) 'Der Marxistische sinn der rationalisierung', *Die Internationale, Jahrg*(Berlin).

———— (1927) 'Kapitalexport in der weltwirtschaft', *Die Internationale*(Berlin).

———— (1928) *Die Wirtschaft der Niedergangsperiode des Kapitalismus hach der Stabilisierung*(Hamburg).

Vogelstein, T.(1914) 'Die finanzielle organisation des kapitalistischen industrie und die monopolbildungen', *Grundr. d. Sozialokonomik.*

Weber, A.(1915) *Depositenbanken und Spekulationbanken.*

Woytinsky, W.(1925) *Die Welt in Zahlen*(Berlin).

붕괴 경향과
계급투쟁

결론: 붕괴 경향과 계급투쟁

임금이론은 부르주아 경제학에서 가장 강한 분야로 보이지 않지만,[29] 그 분야에서조차 우리는 마르크스의 임금이론에 대한 부르주아 경제학의 극악한 오만함에 부딪친다. 그 오만함은 대부분의 경우, 마르크스에 대한 비평가의 지식에 반비례한다. 기실, 마르크스에 대한 잘못된 해석 중에서 자신의 비판이 마르크스의 학설을 '타파하고 있다'고 주장하지 않는 것은 거의 없다. 따라서 유럽 학계의 권위자, 스톡홀름의 교수 G. 카셀은 사회주의가 현실(임금 수준)을 분명히 설명하려고 시도하지 않으면서, 도덕적 견지에서 현실을 비난한다고 주장한다. 그리고 그는 임금률을 언급하면서 간단한 가설을 제안한다.

---

29) 부르주아 임금이론의 현 상태에 관한 슘페터의 의견은 통렬하다. "이 분야는 그처럼 막다른 골목에 다다른 사회과학에 속한다. 그 분야에서 모든 진보가 멈춘 것으로 보인다"(Schumpeter, 1908, p. 330).

자본주의 체계의 축적과 붕괴 법칙

특히, 사회주의 강령은 "모든 노동생산물에 대한 소유권의 몰수"로 구성된다는 것이다!(Cassel, 1923, p. 332-33).

> 사회주의는 현재의 전체 임금체계가 비도덕적이라고 비난한다. 왜냐하면 노동자가 상품으로 취급되기 때문이라는 것이다. … 사회주의는 시장조건에 의한 임금과 노동의 규제에 반대하고, 객관적-윤리적 기초에 의해 결정되는 노동자의 소득을 요구(!)한다. 이러한 노동-소득의 결정 원리는 대체로 불분명하고 불확실하다.(p. 278)[30]

그러나 마르크스의 임금이론이 임금철칙에 기초를 둔 이론으로 묘사되기도 하는데, 임금철칙은 고전파 경제학자의 엄격한 궁핍화 이론이다. 궁핍화 이론은 노동계급의 생활조건이 악화된다는 것을 사실로 받아들이며, 임금률의 개선 가능성을 배제한다. J. 볼프도 다음과 같이 주장한다. 마르크스의 임금이론에 따르면,

> 노동자는 절대적으로 필수적인 최저생계비 이상을 받지 못한다. 따라서 모든 노동자는 기아의 위험에 직면하며, 먹고살기에 턱없이 부족한 아주 적은 돈을 임금으로 받아들일 준비가 항상 되어 있는데, 심지어 그 돈이라도 있어야 실제 기아를 면할 수 있기 때문이다. 이는 마르크스가 그 자신의 방

---

30) Schmoller, *Geschichte der Lohntheorien*(1914, p. 11)와 *Die soziale Frage*(1918, p. 281)도 유사하다. 또한 Weber, *Der Kampf zwichen Kapital und Arbeit*. Tübingen(1921, p. 374)를 보라. 슈판은 이렇게 설명한다. 즉 마르크스의 학설에 따르면, 산업예비군의 존재 때문에 "경제발전 과정에서 대중의 **빈곤화**(impoversihment)가 **지속적으로 점증한다.** 자본의 축적은 궁핍의 축적이다(궁핍화 이론)"(Spann, 1918, p. 120). 이브-기요 역시 사회주의가 "명백한 사실에도 불구하고, 라살에 의해 발명되고 마르크스주의자들이 보존한 임금철칙"을 받아들였다고 주장한다(Yves-Guyot, Journal des Économistes, 15, Ⅳ, 1927, p. 12).

식으로 추론한 것이지만, **궁극적으로는 임금철칙의 초기 공식과 다르지 않다.**(Wolf, 1892, p. 124, 131)

동시에, 슐체-개페미츠는 다음과 같이 주장했다. 즉, 급진 사회주의는 "노동자가 결코 형편이 더 나아질 수 없다는 명제를 불가피하게 포함한다. 즉, 노동자는 겨우 연명하는 생계 수준에서 벗어날 수 없도록 족쇄가 채워진다는 것이다"(Schulze-Gavernitz, 1892, p. 13). 급진 사회주의가 기초하는 기본적 관념에 따르면, "현대적 경제발전은 노동자가 겨우 연명하는 생계 수준에 머물도록 그에게 족쇄를 채운다. 즉 노동자 생활조건의 점진적 개선, 특히 임금의 상승은 발생할 가망이 없다는 것이다"(p. 16). 슐체-개페미츠는 사회적 비관주의라는 학설에 근거가 없음을 입증하길 원했다. "사회적 비관주의는 현대적 경제발전이 오직 화약과 탄환으로 해소될 수 있는 사회조직의 붕괴나 난국으로 나아간다고 가정한다"(p. 23).

우리는 다른 이론가, 즉 심코비치, 좀바르트, 마사리크, 오펜하이머 역시 동일한 개념화를 제시했다는 점을 이미 보여 주었다. 즉, 19세기 중반 이후로 유럽 노동계급의 생활조건이 실제로 개선되었다는 관점에서 보면, 마르크스의 임금이론은 사실에 부합하지 않으며, 따라서 분명히 오류라는 것이다.

K. 딜은 유일하게 분명한 예외다. 확실히 그는 마르크스의 임금이론에 따르면 임금이 상승할 수 있다고 결론을 맺는다. 그러나 그는 이러한 상승이 오직 일시적이며, 시장조건에 따라 노동력의 가격이 중력의 중심인 노동력 가치로부터 일시적으로 이탈한다고 생각했다(Diehl, 1898, p. 36). 이러한 중력의 중심, 즉 노동력 가치로부터 모든 진동이 발생하는데, 딜에 따르면, 노동력 가치는 "물리적 최소치"다(p. 35). 따라서 그에 따르면, 마르크스가 "자신의 노동력 가치 이론에도 불구하고 임금철칙이 그 자신의 관점으로부터 멀리 떨어져 있다고 말할 수 있다면" 그 의미는 오직 일시적 가격상승일 뿐이다. 마르크스

자본주의 체계의 축적과 붕괴 법칙

의 체계에서는, 노동력의 가치가 겨우 연명할 수 있는 생계 수준에 조응하고, 노동자 생활조건의 지속적인 개선은 불가능하다는 것이 영구적인 합의다.

하지만 마르크스주의 문헌에서도 마르크스의 임금이론에 대한 개념은 아류들의 슬픈 이야기로 가득 차 있다. 마르크스의 이론 체계 구조는 탁월하고 자기 완결적이지만, 로자 룩셈부르크의 말에 따르면, [아류들 때문에] 거대한 쓰레기 더미가 되었다. 이는 임금이론에 관한 모든 마르크스주의 해석자에게 적용된다. 베른슈타인 못지않게 카우츠키도, 엑스타인 못지않게 힐퍼딩도, 차라소프 못지않게 보댕도 여기에 해당되며, 룩셈부르크 본인도 예외가 아니다!

이러한 해석을 여기서 철저히 비판하는 것은 불필요할 것이다. 마르크스주의 문헌에서 제시되는 임금이론의 수준과 현재 조건이 어떠한지 그 특징을 제시하기 위해서라면 단지 몇 가지 사례로 충분할 것이다.

콘라드 슈미트는 그의 논문 '자연임금'에서 다음과 같이 주장했다. 즉 잉여가치 개념 그 자체를 전개하면서, 마르크스는

노동력의 착취가 불법이라고 비난한다. 따라서 마르크스적 의미에서 노동자의 **자연임금**은 그의 노동생산물 전체와 반드시 같아야 한다는 결론이 도출된다. 이러한 임금이론의 뚜렷한 특징은 바로 그 안에 있는데, 즉 자본주의적 이윤의 **정당성**[! H.G.]을 완벽히 부인한다는 것이다.(Schmidt, 1886, p. 43)

베른슈타인의 생각도 놀랍기는 마찬가지다. 일반적으로 말하면, 그는 임금이론의 실행 가능성을 부정한다.

매년 생산되는 소비재의 수량이 지속적으로 증가하는 추세가 있다. 생산되는 상품과 수행되는 서비스 중 얼마만큼이 사회계급들에 돌아가야 하고,

얼마만큼이 공납이 되어 소유물이 되어야 할지 규정하는 **경제적 자연법칙은 존재하지 않는다.** 사회적 부의 **분배**는 항상 권력과 조직의 문제다. … 임금 문제는 사회학적 문제이며, 순수한 경제학은 임금 문제를 결코 설명하지 못할 것이다.(Bernstein, 1901, p. 71, 75)

우리가 이미 살펴보았던 것처럼, 카우츠키는 마르크스의 임금이론을 궁핍화 이론으로 해석하는 논자들에 반대하고, 마르크스 학설의 뚜렷한 특징으로 임금의 **상승 경향**을 강조한다. 경제적, 지리적 의미로 규정할 수 있는 자본주의 산업의 '미개척 영역', 즉 자본주의에 의해 이제 막 새롭게 정복된 산업부문과 국가에서만 물질적 궁핍이 양적으로 증가한다. 그러나 자본주의 생산양식이 고도로 발전한 사업 부문과 영토는 그렇지 않다. 말하자면, 생산력의 발전과 함께 "개별 노동자 각각에게 돌아가는 생산물의 수량은 증가하고", 사회 전체의 생산물 중에서 노동자 전체에게 돌아가는 상대적 몫이 감소할 뿐이다. 이런 의미에서만 '사회적 궁핍화'의 증가를 말할 수 있다(Kautsky, 1899, p. 128). 카우츠키는 이러한 주장과 함게, 실질임금이 실제로는 오직 상승한다는 그의 관점을 은연중에 제시한다. 그러나 이러한 관점이 마르크스의 가치이론, 임금이론과 어떻게 실제로 조화를 이룰 수 있는가? 이에 관한 이론적 분석을 카우츠키에게서 한 단어라도 찾으려고 한다면 허사가 될 것이다. 카우츠키는 고도로 발전된 자본주의 국가에서 "물질적 빈곤화에 대한 저항이, 특히 **프롤레타리아의 강화**를 통해서 임금의 하향압력 경향에 대해 점진적으로 우위를 점한다"고 언급할 뿐이다(p. 127). 이러한 설명 전체는 마르크스의 임금이론을 근본적으로 포기하는 것이다. 따라서 노동력의 가치는 임금 수준을 결정하는 데 어떤 역할도 수행하지 않는다. 오히려, 이런 설명은 임금 수준이 수요와 공급에 의해 결정된다는 이론과 유사하게, 임금이 오로지 경쟁 당사자들의 힘에 의존한다는 개념을 이론적 기초로 삼는다. 노동계급의 조직이

자본주의 체계의 축적과 붕괴 법칙

아직 완벽하지 않는 한 궁핍화 경향이 발휘된다. 그 후, 프롤레타리아의 힘이 강화되면서 임금 상승 경향이 우세해진다. 이러한 설명이 임금의 실제 변화와 모순된다는 점을 우리는 이미 지적했다. 카우츠키 본인이 인정하지 않을 수 없었던 것처럼, 세계대전 후 모든 자본주의 국가에서 프롤레타리아 조직이 번창하고 그 권력이 증대되었음에도 불구하고 임금의 '상승 경향'이 중단되고 정지 상태에 머물러 있으며, 일반적으로 보면 실질임금이 상승하는 시기는 종료되었다. 게다가 노동계급의 생활조건 악화가 이제 발생하고 있으며, 또한 노동보호와 여타 사회개혁 영역도 완전히 정체상태다. 카우츠키는 있는 그대로의 사실을 보았다. 그러나 그는 그러한 사실 앞에 무기력했고, 이러한 사실을 마르크스의 임금이론 내로 통합시킬 수 없었으며, 임금 결정에서 이러한 변화를 야기한 심층적 원인이 무엇인지 제시할 수 없었다.

마르크스의 임금이론에 대한 로자 룩셈부르크의 설명 역시 뒤죽박죽이다. 그녀는 마르크스 임금이론의 근본적 요소를 믿을 수 없을 만큼이나 거칠게 훼손한다. 마르크스의 가치법칙과 임금법칙은 노동력 재생산 비용을 다루는 학설인데, 룩셈부르크의 분석에서는 어떤 역할도 하지 않는다. 실제로 그러한 법칙은 단 한 번도 언급되지 않는다(Luxemburg, 1908을 보라).

임금 수준은 가치법칙이나 노동력 가치에 의해 결정되지 않으며, 따라서 임금 수준은 정확하며 고정된 양이 아니며, 오히려 "수요에 대한 공급의 관계, 즉 생산적 자본의 양에 대한 이용 가능한 노동력의 관계"에 의해 결정된다.(Luxemburg, 1908, p. 67) 따라서 임금 수준은 **탄력적**이고, 신축적이다.[31] 임금 수준의 하한은 생리적 최소치이며, 그 상한은 "명백히도 전체 속도를 설정하는 이윤율"에 의해 결정된다!

---

31)   "생계에 필수적인 수단이라는 통념은 매우 가변적이고 신축적이다"(Luxemburg, 1925, p. 257).

너무 많은 말 속에 너무 많은 오류가 있다! 마르크스는 노동력 상품의 가치가 경쟁, 즉 공급과 수요에 의해 결정되게 했다! 마치 마르크스가 이러한 견해에 대해 수천 번이나 맞서 싸우며 조소를 퍼부었던 일은 없었던 것처럼 말이다(Marx, 1962, p. 843-4).[32] 마르크스에 따르면, 노동력의 가치가 "한 국가의 문명화 수준"에 의거하여 항상 변화한다는 점을 틀림없다. 그러나 "그러함에도 불구하고, 특정 국가, 특정 시기에 필수적 생계수단의 평균 수량은 알려져 있다"(Marx, 1977a, p. 168). 따라서 필수적 생계수단은 탄력적이라기보다는 고정된 양으로 구성된다. "명백히도 전체 속도를 설정하는" 이윤율이 임금 수준을 결정한다고 가정된다! 그렇다면 이윤율은 어떻게 결정되는가? 바로 이런 이유 때문에 마르크스는 아담 스미스에게 이견을 제시하지 않았는가? 즉 이러한 설명은 특정한 이윤율을 "당연한 것으로 받아들인다." 아담 스미스는 "자본주의적 생산의 대리인이 품는 생각을 말하는데, 사물은 보이는 대로 설명된다"(Marx, 1968, p. 219). 마르크스에 따르면, 소득의 개별적 범주(임금, 이윤, 지대)의 양을 결정할 때, 즉 소득 내에서 가치량이 분할될 때 "임금은 이러한 한계의 기초를 형성하며"(Marx, 1962, p. 837), "임금의 운동이 결정적이고", 이윤이 그 잔액을 차지하며, 따라서 이윤은 "노동계급이 자신의 연간 생산물 중 일부분을 수령한 다음에 남은 잔여물"이지 않은가?(Marx, 1910, p. 139).

다른 어떤 곳에서도 마르크스의 임금이론의 핵심을 다루지 않으며, 심지어 로자 룩셈부르크의 마지막 저작이자 그녀 사후에 발표된 저작(Einführung in die Nationalökonomie, 1925)도 이를 다루지 않는다. 이 저작에서는 '노동력 가치'라는 개념이 도입되지만, 임금이 결정되는 자본주의적 체계 내에서 그 개념

---

32) 놀랍지도 않게도, 오펜하이머는 자신의 저서, 『순수경제와 정치경제의 이론』 최신판에서 거침없이 말한다. "따라서 마르크스는 임금이 자본과 노동 각각의 공급과 수요 관계에 의해 결정되게 했다"(Oppenheimer, 1924, p. 1084).

에 아무런 기능도 할당되지 않는다. "'필수적 생계수단'이라는 통념(!)이 신축적이라는 점에서 보면, 자본과 노동의 투쟁은 임금의 양을 두고 발전하며, 이는 노동일의 길이에 대한 투쟁과 조응한다"(1925, p. 258). 따라서 임금 형성을 살펴보면, 두 가지 결정적인 경향이 존재한다. 첫째, 자본가가 "생계수단을 최저 수준으로, 생리학적 최소치로 인하하려는" 경향이 있는데, "달리 말하면, 노동력 가치 미만으로 지불하려는" 경향이다. 이러한 경향은 자본주의 초기에 대단히 강력했다. 그 시점 이후로는 노동자가 "사회계급으로, 즉 조직화되고 통일된 계급으로서" 부상했고, 그들의 생활수준을 방어하기 위해 그 이전에 강력했던 경향과 대립했다(p. 259). "노동조합과 노동자정당이 출현하기 전에도, 노동자는 그들의 생명력을 그 가치대로 판매할 수 있도록 강제했다. 즉 노동자는 그들의 생활수준을 자신의 사회적, 문화적 필요에 맞추었다"(p. 259). 노동조합 활동은 노동자를 지적으로, 정치적으로, 문화적으로 각성시켰고, 따라서(!) 노동자의 경제적 필요물을 증가시켰고, 따라서 노동력의 가치가 상승했고, 실질임금이 이를 뒤따랐다!

룩셈부르크에 따르면 임금 수준은 서로 대립하는 두 계급의 힘과 조직에 오로지 의존하며, 그에 따라 빈곤화를 향한 경향은 오직 **과거**의 일인 반면, **현재와 미래**의 임금은 노동조합을 통해 새로운 요구가 각성했으므로 상승경향을 보인다. 혹자는 놀라움을 느끼며 질문할 것이다. 여기에 마르크스 임금이론의 흔적이라도 존재하는가? 이러한 견해는 낙관주의적인 임시방편에 불과하며, 사실과 일치하는가 여부에 무관심하다. 이러한 견해와 비견할 때, 카우츠키는 뛰어난 거장이며, 최소한 이러한 낙관주의와 모순되는 사실을 관찰했다.

부하린 역시 마르크스의 임금이론에서 도출되는 난점을 해결할 수 없다. 그는 카우츠키와 룩셈부르크와 마찬가지로, 직접 대립하는 두 가지 경향이 마르크스의 임금이론을 구성하는 요소라고 간주한다. 즉 빈곤화 경향과 실질임금의 상승 경향. 이러한 경향의 상호관계는 무엇인가? 카우츠키와 룩셈부르크는 빈곤화를 향한 경향이 과거의 일이며, 미래에는 상승 경향을 유지한다고 보았다. 부하린 역시 유럽과 미국 노동계급의 조건이 개선되었다고 인정했다. 그럼에도 불구하고 그는 빈곤화 경향을 고수한다. 이에는 어떤 차이가 있는데, 그는 카우츠키와 로자 룩셈부르크에 반대하며 빈곤화 경향을 시간이 아니라 공간 차원에서 이동시킨다. 즉, 유럽과 미국의 노동자는 세계 프롤레타리아의 단지 일부분이다. "하지만 마르크스는 그의 이론에서 추상적인 자본주의 사회를 분석했고, 자본주의 발전의 내재적 법칙은 노동력이 처한 생활조건의 악화를 야기한다고 주장했다. 마르크스는 자본주의 사회를 **전체**로서 고려했다." 부하린에 따르면, 마르크스주의자가 정당하게 주장한 절대적 빈곤화는 바로 이것이며, 카우츠키가 말한 단지 상대적인 빈곤화로는 현실을 설명할 수 없다. 카우츠키가 언급한 생활조건의 개선은 "노동자계급을 오직 유럽과 미국 대륙의 노동자로 한정해서 이해할 때만" 적용될 수 있다.

> 이러한 프롤레타리아 계층의 조건은 점점 개선되고 있다. 그러나 카우츠키의 마르크스주의는 대륙 노동계급의 생활조건 개선이 **식민지 인민의 절멸, 식민지 인민에 대한 강탈을 대가로 한다**는 사정을 간과한다. 유럽-미국 범위를 넘어서 전체 세계 경제를 조망한다면, 우리는 카우츠키가 제시한 이론적 그림과는 완전히 상이한 그림을 얻게 된다.(Bukharin, 1923, p. 406)

이러한 주장은 대륙 노동계급의 생활조건 개선이 식민지 국가에 대한 제국주의적 착취의 결과라는 점을 인정할 것이다. 그렇지만 마르크스의 임금이론에 대한 부하린의 해석은 오류인데, 왜냐하면 그는 마르크스의 이론을 **오직** 빈곤화 이론으로 해석하며, 이러한 이론에 기초하여 전체 노동계급의 생활조건이 개선될 가능성을 부정하기 때문이다. 그리고 카우츠키와 룩셈부르크가 시도했던 설명도 마찬가지로 오류다. 그들의 설명은 노동계급의 생활조건이 개선된 이유를 경쟁에서 도출하는데, 즉 노동조합의 영향력 덕택에 노동시장의 상태가 우호적으로 바뀌었고, 따라서 노동력 **가격**이 개선되었기 때문인 것이다.

 따라서 우리의 분석은 노동력 상품의 가격 상승에 관한 이론이 되고, 이러한 가격 상승은 공급 대비 수요가 우호적인 상태로 바뀌었기 때문에, 즉 카우츠키가 말한 것처럼 프롤레타리아의 "힘이 증가했기" 때문에 발생하게 된다. 하지만 이러한 근거는 검토 단계에서 이미 배제되는데, 왜냐하면 우리가 알고 있는 것처럼, 마르크스의 분석은 경쟁을 제거한다는 가정, 즉 노동력 상품이 그 완전한 가치대로 판매된다는 가정을 전제로 하여 전개되기 때문이다. 이러한 가정에서는 고용주가 노동력 가격을 그 가치 미만으로 떨어뜨리려는 시도를 처음부터 배제할 뿐만 아니라,[33] 노동조합이 실질임금을 올리려는 행동도 배제한다. 이는 마르크스의 『자본』에서 임금 결정을 이론적으로 분석할 때 노동조합의 투쟁을 거의 언급하지 않는 이유이기도 하다. 앞에서 언급한 가정에 따르면, 임금은 하락할 수 있는데 "노동력 가치 미만으로 임금이 하락하기 때문이 아니라, 오히려 **노동력 가치 그 자체가 하락**할 때만" 하락할 수 있다(Marx, 1977a, p. 298). 역으로, 임금은 상승할 수 있는데, 임금이 노동력 가치를 초과하여 상승하기 때문이 아니라, 오히려 **노동력 가치 그 자체가 상승**하기 때문이다. 따라서 문제는 마르크스의 가치법칙을 기초로 하여 어떻게 임금의 상승 경향을 설명할 것이냐며, 동시에, 이와 모순을 빚지 않으면서도 어떻게 마르크스의 궁핍화 이론을 정당화할 것이냐다. 즉, 마르크스는 "자본

---

33) "임금의 실제 운동에서 이러한 방법에 중요한 역할을 수행하지만, 노동력 상품을 포함해서 모든 상품이 그 완전한 가치대로 구매되고 판매된다는 가정 때문에 여기서 그러한 역할은 배제된다"(Marx, 1977a, p. 298).

축적에 비례하여, 노동자 운명은 반드시 더 악화된다"고 언급했다(p. 604). 여기가 로두스다, 여기서 뛰어라!

마르크스의 임금이론에 대한 과거의 모든 왜곡은 성벽 안과 밖, 그 모든 곳에서 벌어졌고, 이러한 왜곡은 마르크스가 수행한 분석의 방법에 대한 그릇된 이해에 기인한다. 이러한 왜곡된 방법을 따른다면, 마르크스가 어느 곳에서도 그의 임금이론에 관한 단일하며 나눌 수 없는 설명을 제시할 수 없다는 결론이 도출된다. 정반대로, 마르크스는 그의 저작 여러 곳에서 임금 수준을 결정하는 **여러 요인**을 열거한다. 우리는 『자본』1권의 6장에서 노동력의 가치에 대한 정의를 발견할 수 있는데, 마르크스는 노동력 가치를 "노동력의 재생산 비용"으로 분해한다. 동시에 그의 분석은 단순하며 허구적인 가정에 기초하는데, 그 가정은 노동일의 길이와 강도가 일정하다면, 노동력의 재생산 비용의 크기는 오직 고정적일 수밖에 없다는 것이다.[34] 그러나 노동력 가치는 일정하지 않고, 오히려 수행하는 노동에 따라 변화한다. 마르크스는 노동력 지출의 크기에 반응하며, 따라서 노동력의 가치에도 반응하는 일련의 요인들을 열거한다. 따라서 1) 생산성 상승에 의해서 노동력의 가치가 하락한다. 2) 훈련 비용이 크거나 작을 수 있는데, 훈련 비용을 통해서 숙련 노동자가 비숙련 노동자에 대비해 더 비싸진다. 3) 기계의 도입에 영향을 받아서 그 정반대의 결과가 나타날 수 있는데, 기계의 도입에 의해서 숙련 노동자의 가치가 하락한다. 4) 노동력의 재생산 비용을 결정하는 추가적 요인 외에도, 노동강도라는 요인도 존재한다. 마지막으로, 5) 자본의 축적.

그렇다면 이제 이러한 요인의 작동에 의해 어떻게 임금 수준이 설정되

---

34) "이 장에서는 지금까지와 마찬가지로 노동력의 가치가 특정하게 주어지며, 불변의 [크기를] 지닌다고 가정한다"(Marx, 1977a, p. 287).

자본주의 체계의 축적과 붕괴 법칙

는가?

마르크스의 임금이론을 임금철칙이라는 고전파 교리에 입각해서 해석하는 것보다 더 큰 오류는 없다. 임금철칙에서 임금은 생리학적 최저치까지 하락하고 노동계급은 생활조건의 악화로 고통을 받으며 그 조건이 개선될 가능성은 배제된다. 노동력의 재생산 비용이라는 마르크스의 개념을 생리학적 최저치와 동일시하는 것은 결코 인정할 수 없다. 마르크스에 따르면, 고정적이며, 사전에 결정된 생활수준이란 존재하지 않는다. 영국인 노동자의 생활수준은 그들의 재생산 비용에 **필수적**이며, 이와 마찬가지로 중국인 하급 노동자의 낮은 임금도 그들의 재생산 비용에 **필수적**이다.

우리는 재생산 비용이 **불변**이라는 가설이 허구적 성격을 지닌다는 점을 이미 제시했다. 이러한 허구는 노동일의 길이가 불변이고, 최종적으로는 노동강도 역시 불변이라는 추가적인 허구적 가정을 세울 때만 성립 가능하다. 이러한 상황에서 노동력 지출이 불변이라면, 노동력 지출에 필요한 생계수단의 재생산도 동일하게 불변이다.

하지만 현실에서 이러한 요인은 변화한다. 노동 **생산성** 향상의 결과로 임금의 **가치**는 물론 반드시 하락한다. 우리가 **실질임금**을 고려하면, 임금 수준의 운동은 상이하다. 재생산 비용은 불변이 아니며, 마르크스는 노동일의 길이, 강도가 증가할 때 어떻게 노동력 재생산 비용이 필연적으로 상승하는지 입증한다. 정확히도 바로 이런 이유 때문에 마르크스는 리카도에 대해 이의를 제기했는데, 리카도는 노동강도가 실제로 증가한다는 점을 고려하지 않았고, 그의 분석은 "노동강도가 불변의 크기라는 가정을 전제로 이루어졌다"는 것이다(Marx, 1894, p. 222).

정반대로, 마르크스는 노동강도의 강화라는 현상이 얼마나 **"결정적으로 중요한지"**(Marx, 1977a, p. 385) 입증했다. 따라서 마르크스는 재생산 비용의 증가, 따라서 임금 수준의 상승이 어떻게 필연적으로 자본주의적 생산과정으로부터 도출되는지 입증했는데, 경쟁의 모든 변수(수요와 공급, 노동조합 투쟁 등등)를 배제할 때, 이는 **노동강도의 지속적 증가** 여부에 달려 있다. 분명히도,『자본』 1권의 22장은 임금의 민족적 격차를 다루는데, 이렇게 말한다. "모든 국가에 는 일정한 평균적 노동강도가 존재한다. 이러한 평균적 노동강도는 정상적인 질質을 갖춘 노동으로 간주된다"(Marx, 1977a, p. 525). 하지만 각 국가가 도달한 자본주의 발전 단계에 따라 각 국가의 평균적 노동강도는 서로 구별된다. "평 균적인 노동강도는 나라마다 변화한다"(p. 525). 한 국가에서 자본주의적 발전 이 더 진척될수록, 평균적인 노동강도가 더 강하고, 따라서 노동의 재생산 비 용도 더 크다. "기계 사용이 보급되고 기계사용에 익숙해진 특수한 노동자층 의 경험이 축적되면서, 그 **자연적 결과**로서 노동의 속도와 **노동의 강도가 증 가한다**는 사실은 자명하다"(p. 386. 강조는 필자가 추가한 것임). 그 결과 주어진 시 간 내에 수행되는 노동이 응축되고 압착된다. 이로부터 다음과 같은 결론이 도출된다. "노동일에 특정한 제한이 있더라도, 과거에 존재하던 표준적인 **노 동의 가치**를 유지하려면 임금 상승이 필연적일 것이다. 노동강도를 강화함으 로서 그 이전에 두 시간 동안 지출하던 생명력을 한 시간 동안 지출할 것이 다"(ME 20: 142). **단순한** 노동과 **노동강도가 높은 집약적** 노동은 완전히 상이한 크기를 의미하며, 각 유형의 노동에서 재생산 비용이 동일할 수 없다는 점은 자명하다. 집약적 노동의 경우에, "이처럼 [생명력] 지출의 증가는 더 많은 소득 을 필요로 한다"(Marx, 1977a, 168).[35] 따라서 자본주의적 생산이 발전하면서 노 동강도는 필연적으로 증가하며, 따라서 실질임금 수준도 상승한다. "세계시

---

35) "이러한 방식으로, 노동 생산성이 증가하면서 노동력의 가격이 계속 하락하는 것이 가능하다. 하지만 이처럼 노동력 가격의 하락하더라도, 이에 수반하여 노동자 생존수단의 양이 지속적으 로 증가할 수 있다"(Marx, 1977a, p. 490). "생산성 상승을 통해 임금의 **사용가치**가 증가하면서, 임 금의 가치가 하락할 수 있다"(Marx, 1910, p. 141).

자본주의 체계의 축적과 붕괴 법칙

장에서 한 국가가 다른 국가에 비해 생산성이 더 높으면, 그 국가의 임금은 다른 국가에 비해 더 높을 것이다. 영국에서는 명목임금뿐만 아니라 실질임금도 대륙에 비해 더 높다. 노동자는 [자신의] 더 많은 요구를 충족한다"(Marx, 1968, p. 16-17).

다른 곳에서 마르크스는 사례를 들어 이러한 사실을 설명하는데, "영국의 10시간 노동일은 그 노동강도가 더 높다는 점을 고려할 때, 오스트리아의 14시간 노동일과 같다"고 지적한다(Marx, 1962, p. 211). 따라서 **실질임금의 상승 경향**은(우리가 주기적인 이탈을 무시하고, 평균적인 수준만 고려한다면) 자본주의적 생산체계 그 자체로부터 귀결된 것이며, 그 경향을 설명하기 위해서 다른 요소를 도입할 필요가 없다. 왜냐하면 노동력 상품이 언제나 그 완전한 가치대로 지불 받으며 노동에 대한 수요가 불변이라고 가정하더라도, 마르크스의 임금이론에 따라 그러한 결론이 도출되기 때문이다.[36]

실제로 부하린은 노동력의 질이 변화하면서 그에 따라 장기적으로 보면, 노동력의 가격이 지속적으로 상승한다는 사실을 관찰했다. 하지만 이러한 사실에 관한 그의 설명은 오류다(Bukharin, 1914, p. 811). 부하린이 제시한 바에 따르면, 임금 상승, 생활수준 상승의 궁극적 원인은 **관습**이다. 노동력 가치를 상승시키는 모든 과정을 위한 **추동력**은 노동자의 임금투쟁으로부터 비롯된다. 임금 상승에 의해 노동력의 **가격**은 일시적으로 그 가치를 **초과**하여 상승하며, 이로 인해 노동자는 더 나은 생활을 할 수 있다. 이러한 상황이 지속되면, 개선된 생활수준은 노동계급의 새로운 관습이 되고, 노동력의 재생산 비용을 상승시키고, 그로 인해 노동 능력도 증가시킨다. "노동계급 생활조건

---

36) [영역자 케네스 라피데스의 역주] 바로 여기에서 그로스만은 각주를 통해서 부하린의 관점을 다시 검토한다. 각주의 길이가 길어서 그 내용을 본문에 통합했다. 다음 문단부터 그 내용이 나온다.

의 절대적 개선 과정은 계급투쟁에 의해 촉발되며, 노동 능력의 끊임없는 증가를 동반한다"(p. 811). 부하린의 설명에서는 실제 인과관계가 역전된다. 경쟁이라는 요인(임금투쟁)이 왜 오직 한 방향으로만, 즉 임금 상승 방향으로만 작용해야 하는가? 부하린의 논증은 그 자신에 의존하는데, [논증이 반전되면] 영구적인 임금 감소가 산출된다. 즉, 임금투쟁이 실패한 후, 임금 감소가 뒤따르고, 임금 감소가 오랫동안 지속되면 더 낮아진 생활수준이 노동계급의 새로운 관습이 되고 등등. 우리는 경쟁이라는 요인이 없다면 가치로부터 **가격**의 일시적 이탈만 나타날 수 있다는 점을 이해하고 있다. 하지만 우리는 마르크스가 그의 분석에서 모든 가격 상승을 직접 배제했고, 다음과 같은 문제를 공식화했다는 점을 살펴보았다. 즉, 노동력이 그 **가치**대로 판매된다고 가정하면, 어떻게 임금이 상승할 수 있는가? 노동과정에서 [노동강도의] 강화는 부하린의 주장처럼 생활수준 상승의 **결과**가 아니다. 오히려 노동강도의 강화는 객관적인 자본주의적 생산과정으로부터 비롯되어 그러한 과정의 결과로 나타나며, 따라서 노동강도의 강화는 **원인**이며, 임금투쟁과 생활수준 상승을 향한 추동력이다. 그러므로 노동강도 상승의 결과로서, 노동력의 **가치**에 조응했던 과거의 임금은 자동적으로 그 가치 **미만**으로 하락한다. 그러면 노동력은 완전히 재생산될 수 없다. 이는 임금투쟁을 촉발하며, 그 투쟁이 성공을 거두면 임금이 다시 노동력 **가치** 수준으로 상승한다. 따라서 이는 새로운 임금이 "상당히 오랜 시간 지속되어" 노동계급의 관습이 되는지 여부와는 전혀 무관하다. 격렬한 합리화의 시기에, 노동강도의 강화가 잇따라 이어지고, 임금이 여전히 어제의 노동력 가치와 조응하면, 오늘의 임금은 이미 그 가치 미만으로 하락한다. 따라서 노동계급은 새로운 임금 상승을 위해 반드시 곧바로 투쟁해야 하며, 간격을 길게 두지 말고 잇따라 투쟁을 전개해야 하며, 각각의 경우에 투쟁으로 달성하고자 했던 임금 수준이 관습이 될 때까지 기다리지 말아야 한다. 따라서 마르크스는 다음과 같이 말한다.

자본주의 체계의 축적과 붕괴 법칙

내가 고찰한 모든 경우에서(이 경우들은 100 가운데서 99를 차지한다) 여러분은, 임금인상 투쟁이 오직 [생산양식에 나타난 – H. G.] **과거**의 변화 경로를 따라가며 … 추출되는 노동의 크기나 강도에서 나타난 … 과거의 변화가 야기한 필연적 소산이라는 사실을 살펴보았다 … 한마디로 말하면, 임금인상 투쟁은 자본의 과거 행동에 대한 노동의 대응이다.("가치, 가격, 이윤", ME20:143-44)

어떻게 이러한 실질임금의 상승 경향을 마르크스의 다른 이론, 즉 노동계급 상태의 악화를 향한 경향이라는 학설과 조화를 이루게 할 것인가? 이처럼 상호 배타적인 입장 사이에 모순이 존재하는 것처럼 보인다. 그게 아니라면, 이처럼 서로 대립하는 경향을 분명히, 아무런 모순 없이 설명할 수 있는가? 이는 우리가 이제 반드시 주목해야 하는 과제다.

지금까지 제시된 설명에서 마르크스 임금이론의 모든 문제가 샅샅이 다뤄진 것은 아니다. 우리는 노동생산성의 상승 요인과 마찬가지로 노동강도의 강화 요인만을 언급했는데, 무엇보다도 자본축적의 지속적인 영향을 고려하지 않았다. 자본축적이라는 요인은 우리의 분석에서 진정한 주제다. 자본축적 요인을 검토할 때, 우리는 재생산과정에 대한 우리의 앞선 분석에서 도출된 결론에 기초하여 다음과 같은 점을 규명해야 한다.

완만한 수준의 자본축적은 생산과정에 **점점 더 많은 양**의 노동력을 지속적으로 편입시키며, 따라서 임금 수준의 상승에 기여한다. 하지만, 특정한 축적 수준에 이르면, 노동력을 **방출**하는 반대 과정이 발생하며, 불가피한 임금 감소가 뒤따른다. 실질임금의 상승 경향과 이와 모순되는 점증하는 빈곤화 경향은 이처럼 상이한 자본축적 단계를 반영한다. 이는 앞에서 언급한 사실, 즉 마르크스의 궁핍화 이론은 임금을 결정하는 다른 요인에 대한 분석과 함께 제시되지 않고, 오히려 오직 자본축적의 **역사적 경향**을 다룬 장에서 찾을 수 있다는 사실을 설명한다.

임금의 변화 경향을 보여 주는 하나의 구체적 사례로서 여기서 다시 인용하는 사례를 검토하기 위해, 재생산표식을 보여 주는 표 2.1, 표 2.2를 잠시 살펴보자. [이 책 66쪽의 표 2.1 바우어의 재생산 표식과 76쪽의 표 2.2 바우어 표식의 연장을 보라.] 바우어의 가정에 따르면, 축적은 명목 값이 증가하며, 화폐임금은 **항상 불변**이고 항상 노동자 1명당 $1v$라는 양으로 설정되며, 수요·공급 관계의 변화도 없고 균형 상태의 변화도 없다. 1차 생산연도에 임금은 특정 인구 수준에서 $100,000v$에 해당한다. 그 다음 해에 인구가 5% 증가하고 임금 총액도 동일한 양만큼 증가하는데, 즉 임금총액이 5% 증가하여 $105,000v$가 되며, 따라서 명목임금[률]도 변화하지 않는다.

하지만, 현실에서 화폐의 구매력을 고려하면, 바우어의 도식에서 임금은 불변일 수 없다. 우리는 자본축적 과정에서 유기적 구성이 상승하며, 그 결과 매년 노동 **생산성이 상승**하며, 또는 그와 동일한 사실로서, 모든 상품의 가격이 점진적으로 하락한다는 것을 알고 있다. 이러한 조건에서 그 이전과 동일한 $1v$의 가치 크기는 지속적으로 증가하는 상품 양에 조응할 것이며, 이는 **매년 상승하는 실질임금**으로 표현될 것이다.

이런 사실을 고려하면, 바우어의 재생산표식은 **자본주의적 생산이 발전하면서 실실임금이 상승한다**는 의미를 담는다. 따라서 이러한 실질임금의 상승은 노동시장에서의 힘이라는 요인의 변화가 낳은 결과일 수 없다. 노동력이 그 완전한 가치대로 판매된다는 가정을 따를 때, 실질임금의 상승은 노동강도의 강화로 인해 노동력의 재생산을 위해 필요한 생계수단의 양이 증가한다는 사실을 표현한다. 바로 이런 이유로 실질임금이 상승한다! 이런 측면에서 보면, 표식에서 임금의 변화 과정은 19세기 중반 이후 모든 자본주의 국가에서 나타난 임금의 실제 변화 과정에 조응한다. 마르크스의 임금이론은 실증적인 경험과 모순되지 않을 뿐만 아니라, 그러한 경험은 마르크스의 전체 체계를 구성하는 논리, 즉 마르크스의 가치이론 그 자체와 조화를 이루며,

임금을 설명하기 위해 경쟁과 같은 다른 요인을 필요로 하지 않는다.

　　동시에 표 2.2를 살펴보면, 실질임금의 상승 경향이 무한대의 시간 동안 지속될 수 없으며, 오히려 일시적 기간 동안만 지속된다고 확신할 수 있다. 즉, 실질임금의 상승 경향은 자본주의의 **특정한** 발전 국면에만 적용되며, 이는 자본축적의 초기 국면에 해당한다(우리의 도식에서는 실질임금의 상승 경향이 34년 동안만 발생한다). 축적 과정에서 고도로 발전한 단계에 이르면, 즉 정확히 특정한 시점(우리의 도식에서는 35차 연도)에 도달하면, 임금운동의 **역전**이 반드시 발생한다. 이 시점부터는 **임금이 하락해야만** 착취가 유지될 수 있으며, 따라서 자본주의 체계가 지탱될 수 있다. 따라서, 이 시점 전에는 임금이 상승했지만, 그 후부터는 장기간에 걸쳐 반드시 하락한다. "따라서, 자본축적에 비례해서, 고임금 노동자든 저임금 노동자든 간에, 그들의 운명도 반드시 점점 악화된다"(Marx, 1977a, p. 604). "이는 자본축적의 절대적인 보편적 법칙이다"(p. 603).

　　다음 그림의 곡선은 자본축적이 진행됨에 따라 임금 운동이 변화하는 경향을 그래프로 보여 준다.

[그림] 실질임금

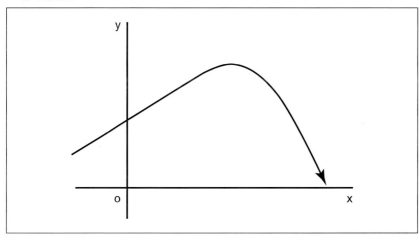

특정 시점에 이르러 실질임금의 상승이 중단되며, 일시적 정체 상태 이후에 급속히 하락하기 시작한다. 하지만, 자본주의 생산양식이 진전됨에 따라 노동강도가 지속적으로 증가하여 그 결과로 노동력의 재생산에 온전히 필요한 생계수단의 **양이 지속적으로 증가**한다. 그러므로 이는 곧 임금소득이 불변이더라도(임금소득이 감소할 경우에는 더더구나) 임금이 노동력 가치 **미만**으로 하락하며, 따라서 노동력을 완전히 재생산하지 못한다는 뜻이다. 하지만 노동계급 상태의 악화는 사회적 궁핍이 증가할 뿐만 아니라 신체적 궁핍이 증가한다는 의미다. 따라서 노동계급의 궁핍화는 카우츠키와 로자 룩셈부르크가 마르크스의 임금이론을 해석했던 것처럼, 노동계급 운동에 단지 **과거사**로 치부할 수 있는 현상이 결코 아니다. 궁핍화는 단지 노동계급 조직(노동조합)이 아직 존재하지 않았던 자본주의 시기에 나타났던 현상이 아니다. 궁핍화는 자본축적의 **후기 단계**에 그 결과로 나타날 수 있고, 실제로 나타날 수밖에 없다.

이는 자본주의 발전의 **필연적 최종점**이고, 자본축적은 불가피하게 그 최종점을 향해 가며, 그 최종점에 이르러 자본축적은 저지된다. 자본주의 생산양식에 기초하여 볼 때, 그 지점에 이르면 더 이상 노동조합의 강력한 저항이 존재할 수 없다. **여기에 노동조합 활동의 객관적 한계가 존재한다.** 축적의 특정 단계 이후로는, 임금 수준이 일정할 때, 축적을 지속하기에 이용할 수 있는 잉여가치가 충분하지 않다. 전반적인 임금 수준이 현존 수준 **미만**으로 반드시 하락하거나, 축적이 반드시 중단되어 자본주의의 붕괴가 발생할 수밖에 없다. 그러므로 이러한 진화 과정에 따라 자본과 노동의 내재적 대립이 펼쳐져 그 임계점에 이르게 되고, 그때에는 그들 간 상호 **투쟁**을 통해서만 어떤 해결책에 도달할 수 있다.

우리가 앞에서 살펴보았던 것처럼, 카우츠키는 세계대전이 발발하기 전 10년 동안 모든 구래의 자본주의 국가에서 임금 상승이 실제로 중단되고, 실질임금이 하락하는 수준에 이르렀다는 사실을 관찰했다. 전후에 독일, 영

자본주의 체계의 축적과 붕괴 법칙

국, 프랑스 등지에서 노동계급은 그들의 상태를 개선할 수 없었다. 노동계급은 단지 현재의 생활수준을 유지하기 위해, 노동계급에 대항하는 자본의 영속적인 음모를 물리치기 위해, 여느 때보다 거대한 노력을 기울여 투쟁해야 했다. 이러한 사실은 이미 잘 알려져 있기 때문에 증명할 필요도 없다. 자본은 이처럼 새롭고 지속적으로 노동계급에 공격을 가하고 있으며, 이러한 자본의 공격은 가장 거대한 압력을 받으며 수행되고 있다. 따라서 이는 자본주의가 수명을 다했다는 사실을 징후적으로 보여 준다. 즉, 자본주의는 노동계급 생활조건의 악화를 통해서만 생명을 유지할 수 있다는 것이다. 따라서 자본주의는 생산력을 발전시킨다는 역사적 임무를 완수했다. 즉 자본주의는 과거에는 발전에 박차를 가하는 역할을 했으나, 이제는 장애물이 되고 있다. 따라서 우리는 진보적 문명의 과실을 빼앗기고 있으며, 가장 거대하고 가장 중요한 생산력, 즉 인간 노동력을 빼앗기고 있다. 그로 인해 우리는 마르크스와 엥겔스가 『공산주의자 선언』에서 이미 예견한 상황에 훨씬 더 가까이 가고 있는 중이다. "부르주아는 자신의 노예에게 노예상태에서의 생존조차 보장해줄 수 없기 때문에, 지배할 능력이 없는 것이다"(ME 6:496). 이는 임금노예가 임금노예제 체계에 대항하여 필연적으로 봉기할 수밖에 없는 이유다.

앞에서 우리는 어떻게 힐퍼딩, 사라소프, 브라운탈이 붕괴이론을 거부했는지 살펴보았다. 그들의 의견에 따르면, 붕괴이론은 기계론적 개념화이고, 그 이론에 의하여 사람들은 자본주의가 '저절로' 종말을 맞이하길 기다리는 숙명론에 빠지게 되므로, 마르크스의 계급투쟁 이론과 일치하지 않는다.[37] 즉,

---

37) 이와 유사하게, 파르부스 역시 다음과 같이 주장했다. "[자본주의의] 객관적 한계는 자본주의적 생산을 파괴하고, 저절로(!) 프롤레타리아의 정치적, 혁명적 투쟁을 제거하므로, 자본가계급이 노동자에 대한 지배를 스스로 포기하는 가능성만 남게 된다. 붕괴이론은 진화론적 사회주의라는 오류를 범한다"(Parvus, 1910, p. 11).

[붕괴이론에 따르면] 자본주의의 발전이 프롤레타리아의 궁핍화를 향하는 경향이 있으므로, **즉각적인 목표**를 위한 모든 계급 **투쟁**은 결국 무가치하다는 것이다.

이러한 해석에 반대하는 우리의 설명에 따르면, 자본주의의 붕괴는 특정한 객관적 전제조건이 주어질 때라면 그 붕괴가 언제 발생할지 정확히 계산할 수 있지만, 예상하는 시점에 '저절로', 자동적으로 발생하지 않으며, 따라서 단지 수동적으로 붕괴를 기다리면 되는 것은 아니다. 오히려, 붕괴는 양 계급의 의식적인 행동을 통해 발생하는데, 그러한 행동에는 특정한 한계가 존재한다는 것이다. 붕괴가 발생하리라 예상할 수 있게 하는 조건 그 자체가 변화하며, 따라서 자본축적 과정과 그 종점 역시 수정된다는 사실은 자명하다. 우리가 알고 있는 것처럼, 특정 시점에 이르면 자본축적 그 자체의 결과로서 실현되는 잉여가치가 부족해지고, 그로 인해 자본이 노동계급에 가하는 압력이 증가한다. 이제 자본은 **임금 하락**을 강제하고, 따라서 잉여가치율을 상승시킨다(우리가 앞에서 이미 언급한 것처럼, 임금에 가해지는 압력은 특정할 수 있는 좁은 한계 내에서만 행사될 수 있다). 그에 따라, 자본주의 체계는 노동계급의 희생을 대가로 연장되며, 붕괴 경향의 증가가 **지연**되며, 따라서 자본주의 체계의 종점은 더 먼 미래로 연기된다. 노동자에 대한 착취의 증가는 자본주의 체계와 착취를 위한 일시적 안전판 역할을 한다. 노동계급은 임금투쟁에서 성공을 거둔다면, 반대 압력을 가할 수 있으며, 자본가 계급의 압력을 상쇄하거나 심지어 그 이상 보상을 받을 수 있다. 그에 따라 잉여가치율이 하락하고, 따라서 자본주의 체계의 붕괴가 **가속화**된다. 바우어의 재생산표식이 가정했던 것처럼, 잉여가치율이 100%라면 붕괴가 35차 연도에 발생한다. 잉여가치율이 100%를 **초과**하면, 붕괴가 아마도 40차 연도까지 발생하지 않을 것이다. 잉여가치율이 100%에 **미달**하도록 감소하면, 붕괴는 아마도 20차 연도에 발생할 것이다. 따라서 붕괴의 불가피성이라는 객관적인 기초라는 개념이 계급투쟁과 모순되지 않는다고 이해해야 한다. 오히려 붕괴는 객관적 필연성을 지니지만, 계급

자본주의 체계의 축적과 붕괴 법칙

투쟁의 활기에 상당히 의존하며, 계급들의 개입을 위한 경기장을 분명히 남겨둔다.

따라서 재생산과정에 대한 마르크스의 전체적인 분석은 정확히도 **계급투쟁**으로 나아간다. 마르크스는 1868년 4월 30일, 엥겔스에게 보낸 편지에서 『자본』 2권과 3권의 분석을 요약하며 다음과 같이 말한다.

> 요약하면, 이러한 세 가지 항목(임금, 지대, 이윤 [이자])이 토지 소유자, 자본가, 임금노동자 계급들이 얻는 소득의 원천이므로, 그 결론으로서 우리는 계급투쟁을 도출할 수 있다네. 부산을 떨고 있는 모든 허튼 소리들이 바로 그 계급투쟁 내부에서 결판날 것이라네.(ME 43:25)

자본축적에 대한 우리의 설명에서, 높은 단계의 축적에 이르면 왜 수익의 분할 그 자체를 둘러싼 투쟁이 그러한 분할에 참여하는 계급들의 더 나은 생활조건을 위한 투쟁뿐만이 아니라, **자본주의 체계** 그 자체의 **존재에 관한 투쟁**을 의미하는지 무엇보다 먼저 살펴보았다. 이제는 왜 자본축적의 높은 단계에서는 상당한 수준의 임금 상승을 쟁취하기가 점점 더 어려워지는지 이해할 수 있으며, 왜 모든 거대한 **경제투쟁**이 필연적으로 자본주의의 존재라는 문제를 제기하며, 따라서 **정치권력의 문제로 전환되는지** 이해할 수 있다(1926년 영국의 광부 파업에 주목하라).

모든 요구에 대한 노동자계급의 투쟁은 최종 목적을 위한 투쟁과 통합된다. 따라서 최종 목적을 향한 노동계급의 투쟁은 노동계급 운동 내부로 수입된 '외부적' 이상에 기초하는 관념적인 시도가 아니며, 현재의 투쟁과 무관하게 실현되는 것도 아니며, 먼 미래로 유보된 것도 아니다. 오히려, 붕괴이론이 여기서 설명하는 것처럼, 최종 목적을 향한 투쟁은 일상적인 계급투쟁으로부터 출현하는 결과이며, 이러한 투쟁을 통해 실현된다. Ⓜ